Die Madeleine-Kirche in Paris

Kunst
Geschichte und Theorie
Herausgegeben von Kunibert Bering

Band 11

Angelika Engbring-Strysch

Die Madeleine-Kirche in Paris

Entstehungsgeschichte – Rezeption – architekturtheoretische Debatte

verlag
DIE BLAUE EULE
essen

CIP-Titelaufnahme der Deutschen Bibliothek

Engbring-Strysch, Angelika:
Die Madeleine-Kirche in Paris : Entstehungsgeschichte – Rezeption – architekturtheoret. Debatte / Angelika Engbring-Strysch. – Essen : Verl. Die Blaue Eule, 1989

(Kunst – Geschichte und Theorie ; Bd. 11)
Zugl.: Bochum, Univ., Diss., 1986

ISBN 3-89206-226-9

NE: GT

ISBN 3-89206-226-9

printed in germany

herstellung:
horn-satz, essen druck: difo-druck, bamberg

Meinen Eltern

Inhalt

Seite

Vorwort

Den Anstoß zu der hier vorgelegten Arbeit gab ein Referat über die Madeleine-Kirche in Paris, das im Sommer 1982 während einer Paris-Exkursion des Kunstgeschichtlichen Institutes der Ruhr-Universität Bochum auf Anregung von Dr. Michael Hesse von mir gehalten wurde. Zwischen diesem - aus heutiger Sicht - als Informationsgerippe zu bezeichnenden Vortrag und der vorliegenden Arbeit lag ein weiter Weg. Studienaufenthalte in Frankreich, vor allem in Paris, ließen das Thema - dank des von Archiven und Bibliotheken reichlich und gern zur Verfügung gestellten Quellenmaterials - faßbarer werden. Erst die Erarbeitung der historischen Grundlage ermöglichte eine interpretatorische Einordnung des Themenkomplexes "Madeleine-Kirche".

Herrn Prof. Manfred Wundram danke ich für seine freundliche Anteilnahme, Dr. Michael Hesse für seinen fachlichen Rat. Gedanklich angeregt haben mich besonders die Professoren Max Imdahl, Werner Busch und Uwe-Karsten Ketelsen, auch ihnen gilt mein Dank.

Neben den Mitarbeitern von Archiven und Bibliotheken im In- und Ausland waren mir besonders Frau Margarete Stein und Herr Herbert Engbring bei der Beschaffung des zahlreichen Fotomaterials behilflich, ferner freue ich mich über das freundschaftliche Interesse von Angelika Gause, Gabriele Engbring-Fischer und Jutta Wrann.

"Hinsichtlich der gesuchten Wissenschaft müssen wir zuerst auf das, worüber notwendigerweise vornehmlich eine Schwierigkeit besteht, eingehen. Dahin gehört all das, wovon manche eine andere Meinung vertreten haben, wie auch anderes, das etwa bisher vielleicht übersehen worden ist. Und für diejenigen, die hierin ihren Weg finden wollen, ist es angezeigt, richtig die Schwierigkeiten zu untersuchen; denn der spätere richtige Weg bedeutet die Lösung der vorausgegangenen Schwierigkeiten, und es ist unmöglich, einen Knoten zu lösen, ohne ihn zu kennen, sondern vielmehr erst die Schwierigkeit, die in der Überlegung auftritt, zeigt diesen Knoten in der Sache an. Inwiefern man nämlich selbst in eine Schwierigkeit verstrickt ist, macht man dasselbe wie das Gebundene mit; denn in beiderlei Fällen kann man nicht vorwärtskommen. Man muß also zuerst alle Hindernisse überdacht haben ...".

Aristoteles, Metaphysik, III. Buch
(B) 995 a 24 - 34

Einleitung

Die überaus lange Bauzeit der Madeleine-Kirche in Paris - drei Architektengenerationen engagierten sich für dieses Projekt - der Epochenwechsel vom 18. zum 19. Jahrhundert, die von der Französischen Revolution ausgehende Zäsur und viele Einflüsse mehr, stellen das Bauwerk in ein äußerst komplexes historisches Spannungsfeld. Ein System ästhetischer Normen, Maßstäbe und Konventionen befindet sich im Umbruch, d.h. Geschmacksvorstellungen, Architekturnormen und Ideale ändern sich, die Baupraxis befindet sich im Wandel, die Verwissenschaftlichung des Architektenberufes setzt in der Mitte des 18. Jahrhunderts ein. Die Fülle an Informationen, die der Beobachtungszeitraum erschloß, und die fruchtbaren und interessanten Denkansätze, die sich - trotz oder aufgrund der Komplexität des Materials - anboten, ließen es angebracht erscheinen, die vorliegende Arbeit aus methodischen Gründen in zwei Teilen anzulegen.

Teil I der Studie umfaßt die Baugeschichte der Madeleine-Kirche von 1761 - 1842 in chronologischer Folge, die Rezeption des Bauwerks wird vorzugsweise anhand zeitgenössischer - teilweise unveröffentlichter - Kritiken eingefügt. Das hat den Vorteil, daß die baugeschichtlichen Quellen ihren spröden, nüchternen Charakter verlieren und an historischer Aussagefähigkeit gewinnen. Untersuchungen soziokultureller Art, z.B. zum Kulturbetrieb des 18. Jahrhunderts in Frankreich, waren unerläßlich, um offene Fragen zur Madeleine-Planung beantworten zu können. Die erarbeiteten allgemeinen Erkenntnisse - so zum Berufsbild des Architekten und zum Wandel der Baupraxis im 18. Jahrhundert - machten es erst möglich, eine von der Forschung bisher unbeachtete Baustatik des Architekten Pierre Patte aus dem Jahre 1769 für die Madeleine-Kirche kritisch-historisch zu werten. Mit beiden Informationsrastern - der soziokulturellen Makrostruktur und der baugeschichtlich-faktischen Mikrostruktur - konnte dann die Stagnation des Madeleine-Projektes in den siebziger Jahren des 18. Jahrhunderts erklärt werden.

Eine Vielzahl französischer populärwissenschaftlicher Veröffentlichungen ist bisher zur Madeleine-Planung erschienen - leider teilweise recht tendenziös oder ungenau. Drei Publikationen zur Baugeschichte der Madeleine wurden von Pfarrern der Kirche verfaßt, so 1803 von Abbé Costaz, dem ersten Pfarrer der Gemeinde, ferner von Kriéger 1937 und Raffin 1950, der auch die kirchlichen Archivbestände berücksichtigt hat. Neben den Quellenzusammenstellungen der Geistlichen ist besonders die Veröffentlichung von Léon Gruel, dem Vize-Präsidenten der Historischen und Archäologischen Gesellschaft des VIII. und XVIII. Arrondissements in Paris, zu nennen. Gruel hatte 1910 Quellenunterlagen des kirchlichen Archivs und des Nationalarchivs in Paris gründlich gesichtet.

Eine Monographie zum ersten Baumeister der Madeleine-Kirche, Pierre Contant d'Ivry, verdanken wir F.J. Kretzschmar, der 1981 in Köln eine Dissertation zum Gesamtwerk dieses Architekten veröffentlicht hat. Sämtliche zeitgenössischen Kritiken zur Madeleine-Planung befinden sich in den Archiven von Paris, insbesondere in den Beständen der Nationalbibliothek und des Nationalarchivs; sie sind zum Teil bisher unveröffentlicht. Zitate wurden in Originaldiktion übernommen, da ihr Aussagewert nicht durch eine Übersetzung geschmälert werden sollte. Die Statik von Pierre Patte aus dem Jahr 1796 ist noch in älterem Französisch abgefaßt, es wurde versucht, die fachsprachlichen Termini in moderne ingenieursprachliche Diktion zu übertragen.

Mit der Anfertigung des ersten Teils der Arbeit, der die chronologische Baugeschichte und die zeitgenössische architekturtheoretische Debatte umfaßt, war zwar das Bedürfnis nach faktischer, historisch-informativer Aufklärung befriedigt, dennoch blieben - im Sinne Aristoteles - viele gedankliche "Knoten" weiterhin ungelöst. Unerklärbar war das Gefühl kultureller Entfremdung, das die heutige Madeleine-Kirche verspüren läßt. Gerade dieses Erlebnis erzeugte aber jene Art historischer Spannung, aus der heraus sich - auch bei der vorliegenden Arbeit - kunsthistorisches Denken konstitutiert und legitimiert.

Der II. Teil dieser Arbeit, der architekturtheoretische Diskurs, versucht die Entwicklung eines Diskussionsangebotes in Form einer vergleichenden Studie, in der historische, soziokulturelle, sprachwissenschaftliche und stilgeschichtliche Sichtweisen gleichberechtigt nebeneinander zur Verfügung gestellt werden. Es soll weder ein programmatisches entitätisches Vorstellungssystem vorgeführt werden, noch sollen unter dem Mäntelchen des Methodenpluralismus 'letzte Wahrheiten' verkündet werden.

Der praktizierte Anschauungspluralismus ist einzig Mittel, eine Vielzahl der Facetten des wissenschaftlichen Diskurses aufzuzeigen, wobei es für illusorisch gehalten wird, programmatische Vorstellungen oder gar Lösungen zu entwickeln. Dafür rückt eine Vielfalt an Ansätzen und Perspektiven ins Blickfeld, die in drei Großkapiteln strukturiert sind und die Madeleine-Konzeption immer zum Aufhänger der Diskussion haben.

"Architektur als Sprache - Architektursprache?" untersucht eine der Grundfragen der Hermeneutik der Architektur, nämlich ob Gebäude Zeichencharakter haben können, d.h. eine Aussage über etwas treffen oder nicht.

Zudem werden Fragen nach dem architektonischen Kanon und seiner Tradierung gestellt. In "Klassizismus, Neoklassizismus und Probleme der Historizität" werden kunsthistorische Epochendefinitionen auf ihre Relevanz überprüft, sowie Fragestellungen der Rezeptionsästhetik aufgeworfen. "Von der Louvrekolonnade zur amerikanischen Bahnhofshalle" schließlich untersucht, in welcher Weise und in welchem Umfang sich 'klassische' französische Stilideale entwickelt und verbreitet haben, wo ihre Tradierung aussetzt, an welchen Stellen neue Leitbilder in den architektonischen Formenkanon aufgenommen werden. Mögliche Einflußbauten für die Madeleine-Planung, Konkurrenzprojekte und ideelle Nachfolgebauten werden aufgezeigt, was aufgrund der Dichte des Materials und der Länge des Zeitraums etwas vermessen wirken könnte. Sicherlich muß ein derartiges Unterfangen Abbreviaturcharakter haben, dennoch hoffen wir, daß die Darstellung zwar vergröbert, aber nicht unklar wirkt.

Erster Teil

Baugeschichte der Madeleine-Kirche in Paris von 1761 bis 1842

1. Die erste Bauphase 1761 bis 1777 unter dem Architekten Pierre Contant d'Ivry

Die Baugeschichte der Madeleine-Kirche in Paris umschließt eine 81-jährige Planungs- und Bauzeit. 1761 erstellte Pierre Contant d'Ivry (1698 - 1777) die ersten Pläne, die Grundsteinlegung erfolgte 1764. Doch erst 1842 wurde die Kirche geweiht. Sie hat mehrere Planänderungen erfahren, von denen die erste 1777 nach dem Tod des ersten Architekten vorgenommen wurde. G.M. Couture (1732 - 1799) änderte die Entwürfe seines Vorgängers und gab der Madeleine-Kirche den beeindruckenden Portikus. Der Ausbruch der Französischen Revolution im Jahr 1789 brachte die Bauarbeiten zum Stillstand. Couture verließ übereilt Paris, um zwecks "vergleichender Kapitelstudien"[1] - so lautete seine Begründung an den Baudirektor von Paris - nach Rom zu gehen. Auch während der Revolution (1789 - 1799) stand die Madeleine-Kirche im Zentrum des planerischen Interesses. Die Kirche war in jener Zeit bis in Kapitellhöhe nach den Plänen Coutures errichtet (Abb. 42) und regte daher die Phantasie zahlreicher Architekten an, die das Gebäude - da nicht mehr Kultstätte - neuen Funktionen zuführen wollten. Schließlich wurde unter Napoleon I. im Jahr 1807 ein Wettbewerb für ein Monument zu Ehren der Französischen Armee ausgeschrieben, an dem 82 Architekten und Laien teilnahmen. Der Gewinner des Wettbewerbs, C.-E. Beaumont, der in mehreren Sitzungen der Ecole des Beaux-Arts als Preisträger ermittelt worden war, konnte seine Pläne nicht zur Ausführung bringen. Napoleon I. intervenierte persönlich und erklärte P. Vignon (1763 - 1828), den zweitplazierten des Wettbewerbs, mit seinem Projekt zum Sieger. Die Kommission der Ecole des Beaux-Arts fühlte sich brüskiert, mußte sich aber der Entscheidung Napoleons beugen. Vignon wurde der dritte Architekt in der Geschichte der Madeleine-Planung.

Seit der Wiedereinführung des religiösen Kultus 1805 und verstärkt ab 1814 mit dem Niedergang des Kaiserreichs unter Napoleon I. stand das Gebäude erneut zur Disposition. Louis XVIII, der das Königtum wieder in Frankreich einführte, deklarierte die Madeleine zur "Sühnekirche" und Gedenkstätte für Louis XVI und Familie, die während der Französischen Revolution auf dem Schafott hingerichtet worden waren. Vignon wurde erneut zum Architekten ernannt. Er sollte der neuen Aufgabe durch

---

[1] *Gruel* 1910, 37

Planänderungen Rechnung tragen. Die Innengestaltung änderte man in der Folgezeit. 1828 starb Vignon. J.-J.-M. Huvé, sein langjähriger Mitarbeiter und Bauleiter an der Madeleine, übernahm daraufhin die Verantwortung für den Bau. Seit 1830, unter dem Bürgerkönig Louis-Philippe, ist die Madeleine erneut kirchliches Gebäude. Die Weihe fand am 25. Juli 1842 statt.

Zunächst zur ersten Bauphase von 1761 bis 1777 unter dem Architekten Pierre Contant d'Ivry.

Im Jahr 1761 werden von König Ludwig XV. die Pläne Contant d'Ivrys für einen Neubau der Madeleine-Kirche in Paris gebilligt. Damit wird ein neues Stilideal, die Verbindung von nationaler, gotischer Tradition mit antikisierendem Formengut im Modell der Kolonnadenkirche verbindlich für die französische Sakralarchitektur der Mitte des 18. Jahrhunderts. Diese Erneuerung des Kirchenbaus wird - neben Contant - von J.-G. Soufflot, dem Architekten des Konkurrenzprojektes zur Madeleine, der Kirche Sainte-Geneviève in Paris (später Panthéon), wesentlich mitbestimmt. Wie Contant in seinem Hauptwerk, der Madeleine, versucht auch Soufflot, gotische Wölbungskunst und antike Tempelkolonnade in einem neuen Kirchentypus miteinander zu versöhnen.

Soufflot und Contant greifen in ihrem architektonischen Formenapparat auf die französische Tradition seit Perrault zurück. Contant bildet - im Kontrast zu den radikalen Theorien des zeitgenössischen Architekturtheoretikers Laugier - ein eher bewahrendes architektonisches Formengut aus. Die Kritik aus dem Umfeld Laugiers, die Contants Innovationsversuche als zu gemäßigt bezeichnet, deckt sich nicht mit dem Haupttenor der Architekturkritik der sechziger Jahre des 18. Jahrhunderts. Diese hält beide Projekte des neuen Freisäulenarchitravstils, Soufflots Sainte-Geneviève und Contants Madeleine, für bedeutend und richtungsweisend für den zukünftigen französischen Kirchenbau:

> "Si le systeme qu'on y suit d'employer les colonnes de la manière la plus générale dans les Eglises, réussit, comme tout semble le faire présumer, elles pourroient donner à notre Nation un rang assez considérable entre celles qui ont excellé dans l'Architecture."[2]

Der befürwortenden Kritik der Traditionalisten steht aber schon bald eine mißbilligende Aufnahme der Pläne Contants durch die französische Avantgarde gegenüber. Insbesondere Laugier kritisiert 1765 die Konzep-

---

[2] *Leroy* 1764, 88

tion Contants heftig und hält sie Soufflots Entwürfen für die Kirche Sainte-Geneviève für unterlegen.[3] Hinzu kommt, daß Soufflot die ästhetischen und konstruktiven Schwierigkeiten des neuen Kolonnadenstils in der Folgezeit besser zu meistern weiß, so daß seine Gesamtkonzeption letztlich ausgereifter ist.

An der ausgeprägten architekturtheoretischen Diskussion, die diese beiden Konkurrenzprojekte im 18. Jahrhundert auslösten[4], läßt sich ihre Einschätzung als königliche Prestigebauten ablesen. Auch sollten sie der französischen Sakralarchitektur, die in latenter Konkurrenz zu italienischen Kirchenbauten stand, einen eigenen Stellenwert sichern.

Die Baugeschichte der Madeleine-Kirche vom Hochmittelalter bis 1761 läßt - wie wir hören werden - ihre spätere Bedeutung noch nicht erkennen.

Im 13. Jahrhundert stand im Weiler von Ville-l'Evêque, der dem Bischof von Paris gehörte, eine Kapelle, die der Heiligen Magdalena geweiht war.[5] Diese wurde unter Karl VIII. (1470 - 1498) im Jahr 1492 durch einen Neubau ersetzt; 1659 wurde die Madeleine-Kirche zur Pfarrkirche.[6] Sowohl das schnelle Wachstum des Stadtteils Ville-l'Evêque[7] als auch eine weitläufigere Stadtplanung mit der Anlage der Place Louis XV (heute Place de la Concorde)[8] führten schließlich im 18. Jahrhundert zu Neubauplänen. Pierre Contant d'Ivry, derzeit Hausarchitekt des Herzogs von Orléans, gelang es, seinen Namen ins Gespräch zu bringen. Bevor wir die Entwicklung der Sakralarchitektur des Architekten aufzeigen, sei seine Biographie kurz zusammengefaßt.[9]

Pierre Contant wurde am 11. Mai 1698 in Ivry-sur-Seine, unweit von Paris, geboren.[10] Seine Herkunft ist bürgerlich. Die Ausbildung ist nicht

---

3 *Laugier* 1765, 185

4 Vgl. dazu Kap. 1.4

5 Die Magdalenenkirche des Stadtteils Ville-l'Evêque ist zu unterscheiden von der Kirche gleichen Namens im Stadtteil der Cité von Paris, die schon im Jahr 1140 gegründet worden war. Vgl. dazu *Jaillot* 1782 I, 57; *Thiery* 1787, I, 90-94; *Dulaure* 1791 II, 174

6 *Christ* 1956, 46

7 *Dumolin/ Outardel* 1936, 203

8 *Christ* 1956, 46

9 Eine ausführliche Biographie hat *Kretzschmar* 1981 zu Contant erstellt. Vgl. *Kretzschmar* 1981, 3 ff

10 Vgl. *Thieme/Becker* und auch *Contant* 1769

mehr nachzuzeichnen, beschränkte sich aber wahrscheinlich auf Frankreich, da Contant weder als Italienreisender der Königlichen Akademie, noch als Schüler derselben vermerkt ist.[11] Möglicherweise ist Contant kurze Zeit Eleve des Malers Watteau und auch des Architekten Dulin gewesen.[12]

Contants berufliche Laufbahn ist bemerkenswert. Schon mit dreißig Jahren, am 15. November 1728, gelang dem Aufsteiger die Aufnahme in die Zweite Klasse der Königlichen Architekturakademie[13], womit er sich in der französischen Architektenelite befand. Seine Mitschüler waren Gabriel, Courtonne, Villeneuve, Benoist, Blondel, Legrand und de l'Espée. Doch war Contant zu diesem Zeitpunkt noch keineswegs mit städtebaulichen Prestigeprojekten betraut. Zunächst scheint er sich im Zeitraum von 1728 bis 1742 hauptsächlich durch die Errichtung von Wohn- und Geschäftshäusern für das Bürgertum zu profilieren. Zudem nimmt Contant Umbauarbeiten in Stadtpalästen vor.[14]

Erst die vierziger Jahre bringen für den jungen Architekten die Wende von den einfachen Aufträgen des Bürgertums und der Geldaristokratie zu den größeren Aufträgen des Hochadels und der Kirche: die Planung von Schlössern, Kirchen und Platzanlagen. Dennoch bilden profane Aufgaben den Hauptteil des Werkes von Contant.

Ein erster Kirchenentwurf Contants geht schon auf das Jahr 1736 zurück[15], doch die Kirche Sainte-Clotilde des Couvent de Penthémont in Paris, ein weitaus wichtigeres Projekt, wird erst ab 1747 errichtet.[16] In den fünfziger Jahren, 1751 bis 1756, erfolgt der Bau der Kirche St-Wasnon in Condé-sur-Escaut. St-Wasnon ist entwicklungsgeschichtlich betrachtet auch für die spätere Konzeption der Madeleine-Kirche von Bedeutung.[17] In den sechziger Jahren entstehen die Pläne für Contants Hauptwerk, die

---

11 A.N. 01 1929 6/143

12 *F.J. Kretzschmar*, der sich in seiner Dissertation über Pierre Contant d'Ivry sehr bemühte, die bruchstückhaften biographischen Daten über Contant zusammenzufügen, hält diese Vermutung für nicht beweisbar. Vgl. ders., 1981, 14

13 A.N.: 01 1929 6/143

14 *Kretzschmar* listet diese Arbeiten detailliert auf. Vgl. dazu *Kretzschmar* 1981, 5

15 Entwurf für die Petits Pères, in: *Contant* 1769, Tafel 42

16 Zur Kirche des Klosters von Penthémont siehe *Boinet* 1964 III, 269

17 Vgl. Kap. 1.1 dieser Arbeit

Madeleine-Kirche in Paris, die aber - tragisch für das Ansehen Contants - nicht zur Ausführung gelangen.

Die Kirche Saint-Vaast in Arras ist ein Spätwerk Contants. Erst 1774, das heißt drei Jahre vor seinem Tode, reichte Pierre Contant Pläne ein.[18] Das Bauwerk, das sich ab 1750 im Bau befindet, kann erst in der ersten Hälfte des 19. Jahrhunderts vollendet werden. Contant scheint mit seinen Kirchenprojekten nicht so erfolgreich gewesen zu sein wie mit seinen Profanbauten, die er in großer Zahl konzipiert hat.[19]

Der Höhepunkt im Schaffen Contants ist in den fünfziger Jahren noch nicht erreicht, wohl aber der Gipfel höchsten Ansehens in der Gesellschaft. Contant wird schon 1751 in die Erste Klasse der Königlichen Architekturakademie übernommen, obwohl er erst 1742 den Aufnahmeantrag gestellt hat.[20]

Mit dem Titel 'Architecte du Roy' ist der Zenit seiner Laufbahn erreicht. Pierre Contant ist seit 1752 Hausarchitekt des Herzogs von Orléans, dessen erster Auftrag schon in das Jahr 1743 fällt.[21] Ab 1746 arbeitet Contant öfter für den Herzog, der das Oberhaupt einer der mächtigsten Adelsfamilien Frankreichs ist, und er arriviert zu einer Art 'Modearchitekt' des Hochadels, zu der auch die einflußreiche Familie Rohan gehört. Durch stete Empfehlung dieser Gönner gelingt es Contant, seine Einflußsphäre immer weiter auszubauen. In einem Empfehlungsschreiben heißt es:

> "S'il n'était question que de rajuster et de mettre à la mode une ancienne maison, il faudrait se servir du S. Contant, aussi de l'Académie Royale d'Architecture. -
> Il a du goût, et entend bien les ajustements modernes."[22]

Mögliche Qualitäten Contants scheinen geschicktes Taktieren und eine gewisse Verbindlichkeit gewesen zu sein, die den ehemaligen Kanzler des

18 *Richard* 1875, 140-150

19 Vgl. *Kretzschmar* 1981

20 A.N. 01 1929 (7/229)

21 Es handelt sich um die Anlage eines kleinen Lustschlosses im Park von Saint-Cloud. Vgl. *Poncet de la Grave* 1788 IV, 92

22 Empfehlung von Louis Petit de Bachaumont an den Marschall d'Isenghien, der sich ein Landhaus in Suresnes gestalten lassen will
B. de l'Arsenal, Ms. 4041 (327 HF) 584

Herzoghauses Orléans, Comte d'Argenson, zu dem Ausspruch veranlaßt haben soll:

> "Contant d'Ivry, architecte de jardins, homme d'un goût à la mode, intéressé et charlatan ..."[23]

Contant, der sich zunächst geschickt in die Gesellschaft einführen kann, verliert gegen Ende seines Lebens zunehmend an Ansehen. Die Madeleine-Kirche, die unter Contant unvollendet bleibt, wird ab 1773 von der Kritik stark angegriffen. In den letzten Lebensjahren leidet Contant an Gesundheitsschwächen. Er stirbt am 1.10.1777 in Paris.[24]

1.1 Die Sakralbauten von Contant d'Ivry - der Weg zur Madeleine-Planung

Die Auseinandersetzung Pierre Contant d'Ivrys mit der zeitgenössischen Sakralarchitektur begann schon in den vierziger Jahren des 18. Jahrhunderts. So legte Contant 1744 einen Entwurf für die Fassade von Saint-Eustache vor.[25] Doch erst mit der Kirche Sainte-Clotilde des Pariser Klosters Penthémont (Abb. 1,2) gelangte eine Kirchenkonzeption des Architekten zur Ausführung. Die Grundsteinlegung war am 2. Juli 1753, die Weihe 1756.[26]

Es handelt sich um einen einfachen überkuppelten Zentralbau mit kurzen, gestauchten Kreuzarmen. An den Altarraum schließt sich ein Nonnenchor an. Contant wählte Pfeiler jonischer Ordnung, das Gebälk ist verkröpft, es dient den Stützgewölben und den mit Eckemporen ausgestatteten Pendentifs sowie der Kuppel als Auflage. Die Kuppel besitzt keinen Tambour. Die schwach angedeuteten Querarme der Kirche schließen in flachen Apsiden, die durch große Lünettefenster belichtet sind. Stichkappen durchbrechen das Gewölbe. Die kurzen Querarme

---

23 Comte *d'Argenson*, zitiert nach *Kretzschmar* 1981, 14

24 Vgl. *Thieme/Becker*, 1912, Bd. 7, 327 f

25 Originalzeichnung von 1744 mit dem Titel "projet presenté pour le portail de St. Eustache"; im Stich wiedergegeben bei *Contant* 1769, fol. 4, mit dem Titel "Projet proposé en 1744 pour le Portail de St. XXX. Paris"
Vgl. *Kretzschmar* 1981, 304; *Eriksen* 1974, 289

26 Zur Baugeschichte der Kirche von Penthémont siehe *Rousseau* 1918 und ders., 1925-1934; *Boinet* 1964 III, 269; *Kretzschmar* 1981, 140-153

werden zur Kuppel hin durch doppelte Arkaden mit Randgurtbändern akzentuiert. Die achtteilig segmentierte Kuppel ist aus vier geöffneten und vier blinden Bogenfenstern komponiert.

Bemerkenswert an diesem frühen Entwurf Contants scheint mir das Ringen des Architekten um eine größere Transparenz des Raumes durch Auflösung der Scheidbögen: eine Maßnahme, die zugleich eine stärkere Durchlichtung des Kultraumes bewirkt. Contant orientiert sich jedoch nicht nur bei der Raumwirkung, sondern auch bei der Konstruktion des Ziegelgewölbes an gotischen Kirchenbauten.

Neben dieser Orientierung an gotischen Konstruktionsprinzipien bleiben aber weiterhin barocke Gestaltungsmittel verbindlich[27]; die Fassade der Klosterkirche (Abb. 2) entspricht in ihrer Ausführung dieser Tradition. In Contants "Oeuvres" von 1769 bietet allerdings ein Fassadenriß, den er als ersten Entwurf bezeichnet hatte, einen Neuansatz. In dem Entwurf wurde der Fassade ein Giebelportikus mit vier korinthischen Säulen vorgeblendet.[28] Dieses Zitat eines antiken, klassischen Motivs sollte später bei den Entwürfen für die Madeleine-Kirche wieder aufgenommen werden.

Der entscheidende Durchbruch zur Konzeption der Kolonnadenkirche gelang Contant d'Ivry mit den Entwürfen für St-Wasnon in Condé sur-Escaut (Abb. 3). Die Kirche wurde in den Jahren 1751 bis 1756 erbaut.[29] Bei St-Wasnon handelt es sich um einen dreischiffigen, basilikalen Longitudinalbau, dessen fünfjochiges Mittelschiff ein gerades Vorjoch und einen apsidialen Schluß aufweist. Das Querschiff wird durch die Verbreiterung der letzten Travée vor dem Chor angezeigt. Für alle drei Schiffe des Langhauses sind aufgesockelte Freisäulen jonischer Ordnung verbindlich, an den Chor- und Seitenschiffwänden werden Pilaster verwendet.Das Horizontalgebälk ist verkröpft, wie schon in Sainte-Clotilde de Penthémont. Die Längstonne des Mittelschiffes wird durch Gurtbögen

---

27 *Kretzschmar* 1981 äußert sich ausführlich zu den Planungen für Penthémont. Bzgl. der Raumkonzeption verweist er auf Guarinis San Lorenzo in Turin und nennt die Jesuitenkirche Saint-Paul-St-Louis als Beispiel für eine Auflösung der Scheidbögen, ein Motiv, das auch später bei Soufflots Sainte-Geneviève Verwendung finden sollte, a.a.O., 150

28 Vgl. folgende Abbildungen in *Contant* 1769: Tafel 20, Tafel 55 zeigt sogar eine Doppelturmfassade mit Giebelportikus

29 Zur Baugeschichte von St-Wasnon in Condé-sur-Escaut vgl. *Notice* 1951; *Parent* 1926, 185; *Platelle* 1951

in Joche aufgeteilt, die Stichkappen der Obergadenfenster schneiden in die Tonne ein.

St-Wasnon ist der erste Bau nach den Kapellen von Versailles (Abb. 4) und Lunéville, der das Ideal des antiken Freisäulenarchitravsystems als Träger der Wölbung im Inneren der Kirche in einer bis dahin unbekannten Konsequenz propagiert, d.h. den Typus der Kolonnadenkirche in den Kirchenbau der zweiten Hälfte des 18. Jahrhunderts einführt. Die Forschung bezeichnet mit dem Begriff "Kolonnaden-" oder "Freisäulenarchitravkirche" einen Kirchentypus, dessen gewölbtes Mittelschiff durch zwei Reihen von Freisäulen, auf deren Kapitellen ein Horizontalgebälk aufliegt, von den flachgedeckten Seitenschiffen geschieden ist. Während die Bezeichnung "Freisäulenarchitravkirche" eher Aufschluß über die konstruktive Systematik geben kann, darf in dem Begriff der "Kolonnadenkirche" eher eine stiltypologische Umschreibung gesehen werden.

Man kann aber bezüglich dieser neuen Kirchenform nicht von einer allein von Contant hervorgebrachten Innovation sprechen, da sich die Entwicklung der Kolonnadenkirche aus verschiedenen Quellen speist.[30] Zum einen wird die in Nordfrankreich lebendige Tradition der Hallenkirche aufgearbeitet (Abb. 5, 6), zum anderen führt die allgemeine Bewunderung des "Perrault-Stils" (Ostfassade des Louvre) (Abb. 7) zu einer Übernahme als normative Stilvorgabe für den zeitgenössischen Kirchenbau. Neben diese Aufarbeitung von Bauvorgaben tritt als geistige Strömung die rationalistische Gotikrezeption, die sich mit dem aufkeimenden Interesse an der Antike verbindet.[31] Der Kolonnadenstil ist also keine Innovation, die sich ausschließlich an die Namen Soufflot und Contant binden läßt, sondern eine zeitgeschichtliche Erscheinung, in der nationale Bautradition, Gotik- und Antikenrezeption ineinander vermittelt werden. Die technischen und ästhetischen Vorzüge gotischer Kirchenbauten sollen sich mit der Reinheit und Schlichtheit antik-griechischer Bauglieder verbinden.

Als Idealform des Säulenarchitravbaus gilt der antike Tempel. In der Architekturtheorie der Mitte des 18. Jahrhunderts werden Funktion und Stellenwert der Freisäule neu reflektiert. In der Konstruktion des neuen Kirchenbaus nimmt die Freisäule eine herausragende Stellung ein. Sie veranschaulicht in der Rangordnung der Bauglieder ihren Wert als essentielles Architekturelement. Die Freisäule als Träger der Wölbung zeigt,

---

30 Vgl. *Hesse* 1984, 77 ff

31 Vgl. Kap. 8 meiner Arbeit

daß Form und Funktion, das heißt Ästhetik und Konstruktion, ineinander vermittelt werden. Die Bauglieder 'Säule' und 'Architrav' zeigen baustatische Notwendigkeiten auf und bringen Tragen und Lasten der Konstruktion in der Ästhetik zur Verschmelzung.

Auch Contant hatte schon 1751 erkannt, daß die Säulen im Schiff von St-Wasnon in der Lage sind, ein Gebälk und die darauf ruhende Obergadenzone samt Hauptschiffdach zu tragen. Er ist der Ansicht, daß konstruktive Hilfsmittel wie Strebebögen überflüssig sind und daß sich sogar die Massive des Baus reduzieren lassen. Grundbedingung sei allein die Qualität des verwendeten Baumaterials und eine sorgfältige Ausführung der Arbeiten.[32]

Die tief einschneidenden Stichkappen der Obergadenfenster von St-Wasnon bewirken eine Kräfteableitung, die die Stützen belastet und Intervalle entlastet. Diese bautechnische Vorgehensweise ist der Gotik entlehnt. Auch die starke Lichtdurchflutung des Raumes ist ein Vorzug gotischer Sakralbauten. Contant gelingt in der Innengestaltung die Verbindung gotischer Wölbungsideale mit dem antiken Freisäulenarchitravsystem.

Im Vergleich zum innovativen Innenbau wirkt die Fassade von St-Wasnon in Condé traditionell. Sie folgt den Konventionen des römischen Barock, wie sie von Il Gesù vorgegeben sind. Erwähnenswert ist aber, daß Contant nach Sainte-Clotilde in Penthémont erneut versucht, die zweigeschossige, reliefartige Fassade mit einem freistehenden Säulenportikus zu versehen. Dieser erreicht aber - gegenüber der barocken Fassadenvorgabe - noch keine Eigenständigkeit.

Die ehemalige Abteikirche St-Vaast in Arras, die heutige Kathedrale (Pas-de-Calais), ist das wohl letztausgeführte Werk Contants im Kolonnadenstil (Abb. 8). Da die Quellenlage zu dieser Kirche höchst unergiebig ist - fast alle Dokumente und Bauunterlagen wurden während der Revolutionszeit vernichtet oder fielen der Zerstörung von Kirche und Abtei im Jahre 1915 zum Opfer - wurde die Planung von St-Vaast von der Forschung häufig in die fünfziger Jahre des 18. Jahrhunderts datiert[33], also als gleichzeitig mit St-Wasnon in Condé angesehen. Die uns bekannten Daten

[32] Brief des Duc de Croy aus Paris v. 15.3.1751 Condé, Stadtarchiv, DD 23

[33] *Parent* 1926, 170 Fußnote 4; *Leclerq* 1933, 48; *Middleton* 1963, 92 mit Fußnote 154. Allein *Kretzschmar* 1981, 158 widerspricht diesen Angaben. Mit den von ihm vorgefundenen Quellen muß St-Vaast dem Spätwerk Contants zugeordnet werden

weisen St-Vaast als Spätwerk Contants aus. Anhand von gesicherten Quellen läßt sich folgendes rekonstruieren: im 18. Jahrhundert zählte St-Vaast, das lange Zeit unter der Leitung der mächtigen Adelsfamilie Rohan stand, zu den bedeutendsten Abteien Frankreichs. So beschloß man am 22.7.1746 unter Abt Kardinal de Rohan den Neubau von Abtei und Kirche.[34] Da die Vorgängerkirche baufällig war - 1757 stürzte das Gewölbe ein - wurde sie in den folgenden Jahren abgerissen. Der Neubau war aber wohl von langer Hand geplant, da sich der Pariser Architekt Jean-François Labbé schon am Jahresende 1742 in Arras befand, um für Kardinal Rohan ein Gutachten über Abriß- und Neubaukosten zu erstellen.[35] Er scheint dem Abt des Benediktinerordens die ersten Entwürfe für Klosteranlage, Kirche und Dependanzen angefertigt zu haben.[36] Labbé starb 1750. Aber noch für 1751 werden Fundamentierungsarbeiten mit dem Abrißschutt des Vorgängerbaus nachgewiesen, folglich kann man von vorliegenden und gebilligten Plänen Labbés ausgehen.[37]

Gegen die Pläne Labbés wurde 1754 von einem Architektenteam unter Führung von Michel de Brissy protestiert. Es konnte sich aber mit den eigenen Planänderungen bei Dom Lefebvre nicht durchsetzen.[38] So hat man sich in den folgenden zwanzig Jahren auf die Errichtung des weitläufigen Klostergebäudes beschränkt. Wir erfahren aus Briefen des Vogtes Dom VanDenDriesche, daß Contant erst im Frühjahr 1774 Entwürfe für die Klosterkirche St-Vaast eingereicht hat.[39] Erneut gehen Proteste ein. Diesmal sind es die Architekten aus dem Team de Brissys, der Bauleiter Linque, sein Mitarbeiter Marville und ein Bauprüfer, Dom Boubaix, die die Entwürfe Contants nicht akzeptieren wollen. Dieser verteidigt sich aber erfolgreich[40] und so kommen seine Pläne mit der Zustimmung des Magistrats im April 1775 zur Ausführung. Die Revolutionsunruhen brachten die Bauarbeiten 1793 zum Stillstand, Kirche und Kloster werden

---

34 Beschluß eines Neubaus von Abtei und Kirche, 22.7.1746 A. du Pas-de-Calais, Arras Liasse H 171, H 1103

35 Siehe Manuskript des M. La Voine zur Geschichte von St-Vaast, nach 1900, in: A. du Pas-de-Calais, Arras. 1 J 738 (6) 1-13

36 *Decaux* 1937, Bd. 14, 166; *Lestocquoy* 1944, 30

37 Ebenda

38 *Kretzschmar* 1981, 202 f

39 *Richard* 1875, 140-150

40 A. du Pas-de-Calais, Arras H 1103 (verloren)

erst 1833 fertiggestellt.[41] Nach erneuter, fast vollständiger Zerstörung im Jahre 1915 konnten Kloster und Kirche erst 1934 wiederaufgebaut werden.[42]

Mit der Abteikirche St-Vaast ist Contant eine formal stringente Konzeption gelungen. Die Kirche erhebt sich als dreischiffige Anlage über dem Grundriß des lateinischen Kreuzes, die Seitenschiffe setzen sich als Umgang mit Kapellenkranz um das Chorrund fort. Eine Marienkapelle ist dem Chorhaupt angegliedert. Für das Mittelschiff der Kirche wählte Contant unkannelierte, aufgesockelte Freisäulen korinthischer Ordnung, die von einem scheitrecht gefügten Horizontalgebälk überfangen werden, das sich im Vierungsbereich verkröpft. Im Chor werden die Freisäulen gekoppelt. In der Vierung bilden Stützenbündel von jeweils drei Säulen Auflager für eine schlichte, flache Pendentifkuppel ohne Tambour. Zwei Säulen, die aus der Flucht der Kolonnaden herausspringen, akzentuieren die Ecken des Vierungsbereichs; im Obergeschoß entsprechen diesen Säulen aufgesockelte Vasen.

Eine Verschleifung von Hochschiffswand und Gewölbe erreichte Contant dadurch, daß er über die Kolonnade eine aufgesockelte Pilasterordnung gesetzt hat, die zu den Gurtbögen überleitet, welche das Tonnengewölbe rhythmisieren. Die ebenfalls aufgesockelten Rundbogenfenster des Obergadens schneiden über die Kapitellzone der Pilastervorlagen hinaus in die Wölbung der Tonne ein und unterstreichen so den starken Vertikalismus des Raumes. Die Schwerelosigkeit des Gewölbes läßt an die Wölbekunst gotischer Bauten denken. In den Seitenschiffen sind die Architravgevierte flach gedeckt. Zwischen die Blendarkaden der Seitenschiffwände treten - der Säulenordnung des Hauptschiffes entsprechend - korinthische Pilaster. Rundbogen- oder Okulusfenster in den Wandflächen der Blendarkaden belichten die Seitenschiffe.

In der Außenansicht ist St-Vaast sowohl den Konventionen gotischer Baukunst als auch barocken Traditionen verbunden. Die Schubkräfte der Wölbung werden am Außenbau durch das Strebewerk abgeleitet; das Strebewerk dokumentiert ein Weiterleben gotischer Hilfskonstruktionen. Die Hauptfassade von St-Vaast ist im Sinne des Barock orchestriert. Die zweigeschossige Schauwand ist fünfachsig und dominiert mit einem dreiachsigen Mittelteil, der im oberen Geschoß von einem Tempelgiebel

41 *Lestocquoy* 1944, 32

42 *Richard* 1875, 140

überfangen wird. Hohe Sockel- und Attikazonen versuchen die Gliederung des Kircheninneren am Außenbau zu veranschaulichen. Die Stirnseiten der Querhausarme entsprechen in etwas vereinfachter Ausstattung der Hauptfassade der Kirche.

St-Vaast ist ein Spätwerk Contant d'Ivrys, in dem Freisäulenarchitravbauweise und gotische Wölbekunst eine ausgewogene Verbindung eingegangen sind. Sicherlich haben auch die Pläne für die Madeleine-Kirche, die in den sechziger Jahren entstanden, den Architekten zu dieser reifen Lösung für St-Vaast inspiriert.

Aus der Madeleine-Planung ist die für Contant typische Verwendung einer Dreisäulenstellung in der Vierung abzuleiten. Bei St-Vaast entschied sich der Architekt für eine einschalige Pententifkuppel, während er für die Madeleine zunächst eine Zweischalenkuppel (1761), dann eine Einschalenkuppel (1764) und letztlich erneut eine Hohlkörperkuppel (1765) geplant hatte.

Bei der Madeleine-Kirche, die in den sechziger Jahren des 18. Jahrhunderts zu den wichtigsten Repräsentationsbauten von Paris zählt, werden aber für Contant ungleich gewichtigere technische Probleme zu lösen sein als bei der konventionelleren Abteikirche von St-Vaast.

1.2 Exkurs: Die Place Louis XV (Place de la Concorde) - ein Beispiel Pariser Stadtplanung

Im Zusammenhang dieser Arbeit soll auch die Gestaltung des Königsplatzes für Louis XV, der heutigen Place de la Concorde (Abb. 9 - 11) betrachtet werden[43], da die frühklassizistische Platzplanung die spätere südliche Portalausrichtung der Madeleine bedingt. Beide Bauvorhaben sind zudem durch ein wechselvolles Schicksal miteinander verbunden.

Aus Anlaß des Friedens von Aachen und unter dem Druck des Hofes sah die Stadt Paris sich 1748 veranlaßt, Ludwig XV. ein Reiterdenkmal zu stiften.[44] Um einen repräsentativen Rahmen für das Denkmal zu schaffen,

---

[43] Zur Forschungslage der Place Louis XV muß besonders auf die zahlreichen Veröffentlichungen seit 1959 von Solange *Granet* hingewiesen werden, die insbesondere die Pariser Archivbestände sorgfältig aufbereitet hat. Siehe *Granet* 1962 und 1963

[44] *Lavedan* 1960, 134

wurde im gleichen Jahr ein Wettbewerb für einen Königsplatz veranstaltet[45], zu dem auch Contant einen Entwurf beisteuerte.[46] Trotz der Vielzahl der Entwürfe, es sollen neunzig gewesen sein, kam es zu keiner schnellen Entscheidung, wohl auch, weil der König sich noch nicht über die Lage des Platzes klar war. Erst 1753, als man einen zweiten Wettbewerb ausschrieb, war die Lokalität festgelegt. Der König hatte der Stadt Gelände aus seinem Besitz geschenkt.[47]

Dem Architekten Jacques-Ange Gabriel gelang es, unter neunzehn Mitbewerbern als Sieger aus dem 2. Wettbewerb hervorzugehen; er erhielt aber in der Folgezeit die Auflage, Baugedanken aus den Konkurrenzentwürfen zu berücksichtigen. Gabriel konnte einen überzeugenden Plan für die Platzgestaltung vorlegen. Seine 1753/54 projektierten Bauten für die nördliche Front des Platzes, Hôtel Grillon (früher Garde-Meuble) und das Marineministerium, geben dem Platz ein frühklassizistisches Gepräge.

Zwischen diesen Gebäudetrakten richtet sich der Blick, der einheitlichen Bebauung der Rue Royale folgend, auf das Portal der Madeleine-Kirche, das für diesen Point de Vue nach Süden ausgerichtet ist, eine Seltenheit im Kirchenbau (Abb. 11).

Pierre Contant bestätigt in seinem "Plan General de l'église de la Magdeleine" von 1761 (Abb. 12) ausdrücklich diese Zuordnung. In der Rue Royale sieht er eine "Ligne de direction de la Statue du Roi", also eine Bezugsachse zum Platz mit seinem Reiterstandbild. Contant legt in dieser Architektenzeichnung eine Hilfsachse durch die Rue Royale, die ihren Ausgangspunkt im zentral plazierten Reiterstandbild der Platzanlage hat und ihren Endpunkt im Vierungszentrum der Madeleine findet.[48]

Die Rue Royale wird somit zur Symmetrieachse, an der die Bauten der Nordfront des Platzes gespiegelt sind. Werden diese aber mit dem Gebäude am Endpunkt der Achse, der Madeleine-Kirche, zusammengelesen, so erzielen sie in der Gesamtschau einen - um in der Fachsprache des 18. Jahrhunderts zu formulieren - "effet pyramidal", eine formale Steige-

[45] Sitzungsprotokoll der Akademie vom 27.6.1748 A.N. 01 1929 (7/184)

[46] *Patte* 1765, 201 ff mit zahlreichen Abbildungen

[47] Sitzungsprotokolle der Akademie vom 18.1.1753; A.N. 01 1929 (7/264), A.N. 01 1930 (8/4)

[48] "Plan de la Magdeleine. Presenté au Roi par M. le Marquis de Marigni et approuvé par sa Majesté le 14 fevrier 1761". Diese Zeichnung findet sich abgebildet bei *Gruel* 1910, 32

rung zur Mitte hin. Die Madeleine ist Kulminationspunkt in diesem architektonischen Arrangement.

Der Platz wird aber - neben der schon beschriebenen Nord-Süd-Verbindung - kompositionell noch einer zweiten Lesart gerecht: er leistet eine Verbindung von Tuilerien und Champs-Elyssée, ist also gleichfalls Ost-West-Verknüpfung.

Zur Form des Platzes: es handelt sich um eine rechteckige Platzanlage, deren Besonderheit darin besteht, daß tiefe ballustradengesäumte Gräben an den äußeren Begrenzungen dem Platzgrund Plateaucharakter verleihen. Die Ecken der Plattform sind abgeschrägt, es entsteht die Form eines gerichteten Achteckes. An den Schrägen befinden sich je zwei kleine Wachhäuser (Pavillons), allegorischer Figurenschmuck vervollständigt die Ausschmückung.[49] Die zentral postierte Reiterstatue Ludwig XV. wird auf der Nord-Süd-Achse von Brunnen flankiert. Vom Platzzentrum aus führt ein dreistrahliges Straßensystem aus Cours la Reine, Avenue des Champs-Elyssée und einer dritten kurzen (namenlosen) Straße, die auf das Château d'Eau zuläuft, nach Westen. Die südliche Allee, die Cours la Reine, war bereits seit dem 17. Jahrhundert vorgegeben, die nördliche kam nicht zur Ausführung. Die Verbindung zwischen Plateau und anliegenden Straßen bilden steinerne, ebenfalls ballustradenbegrenzte Brükken.

Mit dieser Platzanlage wurde erstmals eine Platzform in Paris vorgestellt, die binnenräumliche Qualitäten, wie sie von anderen Königsplätzen vorgeführt werden, aufgibt. Der Platz wird zum Zentrum großer städtebaulicher Achsen, ohne unverbindlich zu werden. Seine besondere Qualität liegt darin begründet, daß es ihm gelingt, landschaftlichen Umraum einzubeziehen, ohne ihn zu vereinnahmen. Der Kontakt zu den Tuilerien im Osten, der Seine im Süden, den Baumreihen der Champs-Elyssée im Westen und dem Boulevard im Norden gibt dem Betrachter eine Erfahrung, in der Naturraum und Kulturraum wechselseitig ineinander vermittelt sind.

Die Platzanlage erfuhr in der Folgezeit noch einige Veränderungen. Während der Französischen Revolution war sie Schauplatz bedeutender historischer Ereignisse. Ludwig XVI. wurde hier hingerichtet; das Reiterstandbild fiel schon 1792 der Zerstörung zum Opfer. Unter Napoleon I.

---

[49] Vgl. *Bruck-Dresden* 1908, 223-232. Er äußert sich ausführlich zur Vermaßung und dekorativen Ausstattung des Platzes

wurde der Platz in "Place de la Concorde" umbenannt, auch die Revolution von 1830 blieb bei dieser Bezeichnung. 1829 erhielt der Bürgerkönig Louis-Philippe vom ägyptischen Vizekönig einen Obelisken aus der Zeit Ramses II. zum Geschenk. Der Stadtarchitekt Lusson sollte einen Umgestaltungsentwurf für die Place de la Concorde vorlegen.[50] Der Obelisk wurde in Luxor demontiert, er konnte aber erst am 25.10.1836 im Zentrum des Platzes aufgerichtet werden.[51] Der Architekt Jacob Ignaz Hittorff nahm in seiner Funktion als Amtsnachfolger Lussons ab 1836 eine Neugestaltung der Platzanlage vor.[52] 1854 ging durch die Auffüllung der Gräben der ursprüngliche Charakter des Platzes verloren.[53]

1.3 Contants Projekt für die Madeleine-Kirche

Schon am 21.6.1757 wurde in den "Lettres patentes"[54] von König Ludwig XV. die Planung eines Kirchenbaus offiziell bestätigt. Frankreich befand sich zu diesem Zeitpunkt in der Anfangsphase des finanziell sehr belastenden Siebenjährigen Krieges (1756-1763). Schon bald stellten sich Geldschwierigkeiten bei den Grundstückskäufen für dieses große Kirchenprojekt ein.[55] Vorentwürfe Contants dürften zu dieser Zeit schon existiert haben[56], aber erst am 22. Februar 1761 lagen seine Baupläne vor,

50 Vgl. *Damiron* 1961, 162. Siehe auch a.a.O., 160; dort verweist *Damiron* auf eine Ordonnance von 1826, die dem Platz erneut die Bezeichnung "Louis XV" gab

51 Vgl. *Katalog* des *Musée Carnavalet*: De la Place Louis XV à la place de la Concorde. Paris 1982, 112. Mit zahlreichen Abbildungen

52 Vgl. Abb. 265, *Katalog Architektenzeichnungen* 1479-1979
L.-A. Lusson, für Place Louis XV (Place de la Concorde) mit Obelisken

53 *Norberg-Schulz* 1975, 43

54 A.N. 01 1134 (2)

55 Der Großteil der erforderlichen Grundstücke war im Besitz religiöser Vereinigungen, die einem Verkaufsverbot bzgl. ihrer Grundstücke unterlagen. Vgl. *Kretzschmar* 1981, 177 und ders., Anmerkung 441

56 A.N. 01 1688 (5) Es findet sich folgender wichtiger Hinweis: "... En conséquence, le sieur Contant de l'académie d'architecture chargé de faire les dessein, plans, coupe et elevations de cette Eglise, les a redigées sur les avis que Monsieur le Marquis de Marigny a bien voulu luy donner"

zusammen mit einem Kostenvoranschlag an den Baudirektor Marigny.[57] (Abb. 12-15)

Warum keine Ausschreibung für ein solch repräsentatives Projekt erfolgte, läßt sich nicht mehr mit Sicherheit nachvollziehen. Es mögen die 'guten Verbindungen' Contants zu höchsten Adelshäusern dafür verantwortlich gemacht werden. Zudem favorisierte die Kulturpolitik unter Marigny den neuen Kirchentypus der Kolonnadenkirche; Contant und Soufflot galten als Vertreter dieses neuen Stils. Schon am 24. Februar 1761 lag die Zustimmung des Königs für den Neubau vor[58], und es gibt Spekulationen, wonach seine Maîtresse, die Marquise de Pompadour, Schwester des Baudirektors Marigny, Interesse an der Madeleine als Grabeskirche bekundet haben soll.[59] Ausschlaggebend für die endgültige Inangriffnahme des Madeleine-Projektes dürfte jedoch die am 7.9.1762 sichergestellte Finanzierung sein. Es wurden Mittel aus der "Loterie de Piété" zur Verfügung gestellt[60], eine Art der Baufinanzierung übrigens, auf die auch der Architekt Soufflot beim Konkurrenzprojekt zur Madeleine, der Sainte-Geneviève, zurückgreifen konnte.[61] Das königliche Dekret vom 6.2.1763 bestätigte Contant als Architekten und räumte letzte Unklarheiten im Planungsbereich aus. Das Verkaufsverbot für kirchliche Grundstücke wurde aufgehoben, ein Recht zur Enteignung von Privatpersonen eingeräumt. Auch die Arbeiten an der Platzanlage und den einmündenden Straßen konnten aufgenommen werden.[62]

Beginn der Fundamentierung und Grundsteinlegung der Madeleine sind für das Jahr 1764 dokumentiert.[63] Noch im August des Vorjahres, am 25.8.1763, war von dem Architektur- und Theatermaler DeMachy eine in

---

57 A.N. N2 Seine 100 (1-5), A.N. 01 1688 (5) Kostenvoranschlag Contants vom 22.2.1761 und Vermerk Marignys über die Unterrichtung des Königs

58 Siehe Anmerkung 4

59 Madame Pompadour starb aber schon am 15.4.1764. Zur Theorie einer Einflußnahme der königlichen Maitresse auf das Baugeschehen siehe *Leon* 1954, 405-426

60 A.N. 01 1688 (1) "Arrest du conseil d'état du Roi" vom 7.9.1762

61 *Petzet* 1961, 21

62 A.N. 01 1688 (3) "lettres patentes", A.N. 01 107

63 A.N. 01 1688 (3) 2

Öl gefertigte Innenansicht der Madeleine (Abb. 18) der Öffentlichkeit im Salon präsentiert worden[64] und man sprach vom

"... plus beau temple qu'il y ait à Paris, sans exception".[65]

Auch die Salonbesprechung Diderots lobte das Prospekt DeMachys mit enthusiastischen Worten:

> "Ce que je priserai donc dans le morceau de l'Eglise de la Madeleine, ce n'est pas l'architecture: l'éloge, si elle en mérite, appartient à M. Contant; ce n'est pas la perspective: c'est l'affaire d'Euclide. Qu'est-ce donc? C'est l'effet de la lumière, c'est l'art de rendre l'air pour ainsi dire sensible. Cette vapeur légère qui règne dans les grands édifices est telle qu'on la remarque dans ce morceau de de Machy."[66]

1764 wurde das Projekt einem größeren Publikum bekannt gemacht, indem im "Avantcoureur" vom 18.6.1764 auf die Möglichkeit hingewiesen wurde, durch die Druckveröffentlichungen von Lerouge Einsicht in die Madeleine-Konzeption und ihren städtebaulichen Zusammenhang zu nehmen.[67] Bis dato waren Contants Pläne aus dem Jahr 1761 unangefochten und lagen dem Bauvorhaben von 1764 zugrunde.

Diese Entwurfszeichnungen wurden als Stiche von herausragender Qualität 1765 in den "Monumens érigés en France à la Gloire de Louis XV" von Pierre Patte veröffentlicht[68] (Abb. 11 und 13-15), zudem liegen fünf Pläne des Jahres 1761 im Nationalarchiv in Paris vor.[69] Ein Gipsmodell im

---

64 Karton: "élevation de la Nouvelle Magdeleine dont les fondations ont été commencées en mars 1764 sur l'allignement de la statue de Louis XV". In: Paris, Musée Carnavalet, Cab. des Est., Karton 95

65 Das Museum Carnavalet ist im Besitz des Ölbildes von DeMachy "Vue intérieure de l'eglise Sainte-Madeleine, d'après les plans de Contant d'Ivry"; 0,54 x 0,65 m, Inv. P. 85

66 *Diderot* 1876, 215

67 Lerouge hat folgende Pläne veröffentlicht: "Plan de la Place Louis XV et de la Nouvelle paroisse de la Magdeleine" A.N. 01 1688 (13) und "Plan général de l'eglise de la Magdeleine sur le dessein de Mr. Contant d'Ivry Architecte du Roi" A.N. 01 1688 (305)

68 *Patte* zeigt im Detail geringfügige Änderungen gegenüber den Entwürfen Contants von 1761. Vgl. *Patte* 1765, Pl. IX, X, XI; 4, 7, 126

69 A.N. N2 100 (1-5) v. 22.2.1761 "Contant d'Ivry in. et delin. 1761"
- Grundriß, Tusche rötlich laviert 224 x 73 cm, Langhaus mit sieben Travéen und plattem Chorabschluß
- Lageplan der Kirche in Bezug zum Platz
(Louis XV) Tusche 78 x 39 cm
- Portalansicht, Tusche, 68 x 62,5 cm

Musée Carnavalet verdeutlicht die Plastizität des Portalbaus der Madeleine (Abb. 17)[70], die Innenansicht der Madeleine wird uns sowohl in dem schon erwähnten Gemälde von DeMachy aus dem Jahr 1763 (Abb. 18) als auch durch Stiche wiedergegeben.[71]

1.3.1 Die Planung von 1761

Die Innengestaltung der Madeleine erreichte schon mit den ersten Plänen Contants aus dem Jahr 1761 eine konzeptionelle Reife, die in der Folgezeit keiner Änderungen mehr bedurfte. Der Grundriß der Kirche genügte dank seiner Klarheit sowohl liturgischen als auch ästhetischen Anforderungen. Planänderungen wurden daher von Contant nur am Außenbau vorgenommen. Ferner bemühte er sich um eine neue Kuppellösung.

Über dem Grundriß eines lateinischen Kreuzes erhebt sich ein dreischiffiger, basilikaler Bau mit Langhaus, Querhaus und Chor, der in eine aufwendige Vierung mit angegliederten Wölbungen kulminiert (Abb. 13, 14). Das mit sieben Travéen außerordentlich lange Hauptschiff wird von den angesockelten, schlanken und kannelierten Freisäulen korinthischer Ordnung beherrscht, deren Gebälk sich oberhalb jeder Stütze verkröpft. Das Mittelschiff ist durch eine niedrig aufgesockelte Tonne, die durch Gurtbögen rhythmisiert wird, geschlossen. In die Wölbung schneiden, wie in Saint-Vaast, Stichkappen für die Rundbogenfenster des Obergadens ein. Die Seitenschiffe sind mit Kassetten flach gedeckt.

Hinter der Kolonnade des Hauptschiffs öffnet sich eine Pfeilerarkadenwand, über der sich Scheinoratorien befinden, zu niedrigen Seitenkapellen. Vorgelagerte Halbsäulen nehmen das Motiv der Kolonnade im Hauptschiff wieder auf. Die Kapellenfolge der Seitenschiffe, die durch einen Laufgang verbunden ist, umzieht den gesamten Bau, wobei am

---

- Längsschnitt, Tusche, teilw. rötl. laviert, 116 x 56 cm
- Querschnitt, Tusche, teilw. rötl. laviert, 58,5 x 57 cm

70 Modell der Fassade der Madeleine-Kirche in Paris mit angeschnittenem ersten Langhausjoch nach dem Projekt Contant d'Ivrys von Merault; 100 cm breit, 46 - 49 cm tief, 84 cm hoch, incl. Sockel; Paris, Musée Carnavalet, E. 11 288, P.M. 29. Vgl. *Gallet* 1965

71 Stich der Innenansicht der Madeleine nach dem Entwurf Contant d'Ivrys von P.A. DeMachy; datiert 1763.
Stich der Innenansicht der Madeleine nach dem Entwurf Contant d'Ivrys, Paris, B.N., Cab. des Estampes, Va 259 b, t. III

Übergang zur Vierung eine runde Kapelle, die einen Viertelkreis beschreibt, das strenge Kreuzschema des Grundrisses nach außen durchbricht. Die Außenwände der Kapellen sind bis auf Lünettenfenster, unter denen sich Figurennischen befinden, geschlossen. Die Querhausarme wirken mit zwei Travéen Länge etwas gestaucht, können aber noch einem kleinen Altar Raum geben. Der Chor bietet einem dritten Nebenaltar Platz und schließt nach drei Jochen gerade ab. Flankiert wird der Chorschluß von zwei im Grundriß quadratischen Glockentürmen.

Bestimmend für den Charakter des Kircheninnern ist, neben der starken Durchlichtung der Obergadenzone, das Freisäulenarchitravsystem, das in allen vier Kreuzarmen verwendet wird und eine Art Umgang bildet. Interessant ist die Lösung, die Contant für den Vierungsbereich und für die Anbindung der dreischiffigen Kreuzarme an diesen Bereich vorsieht: in der Vierung tragen vier Stützen aus drei gebündelten Freisäulen eine Pendentifkuppel mit niedrigem Tambour. An diese Hauptkuppel schließt sich zu jedem Kreuzarm hin ein einjochiges Kreuzgratgewölbe an, so daß die Mittelschiffe an das Zentrum der Kirche angebunden sind. Die Seitenschiffe der Kreuzarme sind durch polygonale dreikappige Gratgewölbe mit Stichkappen miteinander und mit dem Mittelschiff verbunden. Zusammen mit den kreuzgratgewölbten Travéen bilden sie sodann, durch Freisäulen gestützt, einen Umgang um die zentrale Kuppel über dem Hauptaltar.

Die Kuppelsystematik betont den Zentralbaucharakter der Kirche. Contants Entwurf nimmt die Tradition der Kreuzkuppelbauten - so der Hagia Sophia - wieder auf.[72] Man braucht aber nicht nur auf übernationale Architekturideale zurückzugreifen, um die Madeleine-Konzeption zu erklären. Bei der Vierungslösung konnte Contant auf die nordfranzösische Hallenkirchentradition zurückgreifen, man denke an St-Aubert (St-Géry) im Cambrai, wo ebenfalls ein hallenartiges Gewölbe die aufgesokkelten Freisäulen der Vierung überfängt (Abb. 5). Zudem ist bezüglich der Raumwirkung auch ein Vergleich zu Soufflots Sainte-Geneviève angebracht. Der Kolonnadenstil, der in beiden Kirchen Hauptmerkmal ist, evoziert einen ähnlichen Inneneindruck. Sainte-Geneviève ist aber ein reiner Zentralbau (Abb. 50). In Contants Entwurf für eine Kolonnadenkirche verbinden sich letztlich basilikaler Richtungsbau und Zentralbau in

---

[72] Vgl. *Petzet* 1961, 108 ff

einem neuen Kirchentypus, der - wie wir gesehen haben - aus seinem Sakralbauschaffen abgeleitet werden kann.

Der Madeleine-Kirche ist im Süden eine eingeschossige, siebenachsige Fassade vorgestellt, die etwas breiter als das Langhaus ist, aber noch den Blick auf die Querhausarme zuläßt (Abb. 15). Sie besteht aus drei Kompartimenten: einem fünfachsigen Portikus eines Antentempels in korinthischer Ordnung und zwei flankierenden, je einachsigen Seitenkompartimenten in korinthischer Pilasterordnung. Die vier Freisäulen des Portikus werden von einem Tempelgiebel überfangen. Dieser so ausgezeichnete Fassadenteil kennzeichnet das dahinterliegende Hauptschiff, während die Seitenkompartimente mit Pilasterordnung die dahinterliegenden Kapellen bedienen. Das Gebälk, das alle Gebäudeteile überfängt, springt jeweils in der vollen Tiefe der Säulenvorhalle und der Seitentrakte nach der ersten und der fünften Achse zurück. Über dem Gebälk der Fassade befindet sich eine vasengekrönte Balustrade, vor dem Langhaus sehen wir eine Blendmauer, die seitlich von kleinen Türmen gerahmt wird.[73] Dieses Halbgeschoß erhebt sich hinter dem Giebel des Portikus, der dadurch herausgehoben wird. Zusammen mit Attika, Tambour und Kuppel geht von diesem Fassadenteil eine starke Vertikaltendenz aus, der aber die eingeschossigen Baukörper des unteren Fassadenabschnitts aufgrund ihrer Fragmentierung in drei isolierte Kompartimente einen spürbaren Horizontalakzent entgegensetzen.

Contants Fassadenprojekt von 1761 zeigt verschiedene motivische Einflüsse. Berninis Projekt zur Neugliederung der Petersdomfassade in Rom kann hier zitiert werden, was die Rücksprünge zwischen Portikus und Glockentürmen anbetrifft; zu den Türmchen im Halbgeschoß der Madeleine-Fassade könnten Contant zum Beispiel Berninis Glockentürme für das römische Pantheon inspiriert haben.

Das Hauptproblem des Architekten der Madeleine dürfte in einer überzeugenden Portikusgestaltung gelegen haben. Vor allem, weil Contant angesichts der Leistungen des Konkurrenten Soufflot unter dem Druck stand, seinem Portikus eine eigene Handschrift zu geben. Auch Soufflot hatte für Sainte-Geneviève einen eingeschossigen Portikus entworfen, mit

---

73 Vgl. Modell der Madeleine-Kirchenfassade des Museums Carnavalet (Abb. 17) Dieser Fassadenentwurf (mit den Türmchen) muß wohl als spätere Konzeption (ca. 1770) Contants eingestuft werden. Die Fassaden von 1761 und 1764 zeigen diese Details noch nicht. Auch die Attikazone ist leicht verändert.

dem Unterschied, daß seine Tempelfront die gesamte Fassade einnahm (Abb. 20), während Contant sich mit einer Mittelstellung des Säulenportikus zufrieden gab. Auch der zeitgenössische Kritiker Leroy mochte 1764 - keine der beiden Kirchen ist bis zu diesem Zeitpunkt errichtet - noch kein abschließendes Urteil zu den beiden Lösungen abgeben.[74] Er gibt aber in seiner Rezension schon einen ersten Hinweis zum Ursprung der - ständig wachsenden - Vorliebe für den Freisäulenportikus. Seiner Ansicht nach ist die Servandoni-Fassade der Pariser Kirche Saint-Sulpice dank ihres beeindruckenden Peristyls Inspirationsquelle für die Kirchen Sainte-Geneviève und Madeleine.[75] Auch Pierre Pattes Entwurf eines Kolossalportikus für Sainte-Eustache, der 1755 in den "Etudes" veröffentlicht wurde, darf wohl als ideeller Vorläufer sowohl der Portalkonzeption Soufflots als auch der Contants angesehen werden.[76] Während sich der Portikus von Sainte-Geneviève im Laufe der Planung verselbständigt, autonom wird, vermag die Tempelfront in den Entwürfen Contants sich nicht herauszulösen und bleibt auch weiterhin dem Gesamtsystem der Fassade eingeschrieben.

1.3.2 Die Planung ab 1764

Zunächst sah es so aus, als ob das Bauvorhaben 'Madeleine-Kirche' zügig hätte abgewickelt werden können. Im Januar 1763 begann Contant mit der Auswahl der Bauunternehmer[77], königliche Ordonnancen vom Februar 1763 nahmen erneut zu den bevorstehenden Grundstücksankäufen Stellung, hoben das Verkaufsverbot für kirchliche Grundstücke im Planungsbereich auf[78] und regelten das Recht zur Enteignung von Privatper-

---

74 *Leroy* 1764, 88

75 *Leroy* 1764, 84

76 Vgl. *Petzet* 1961, 103. Petzet hält Pattes Entwurf für einen Vorläufer des Portikus von Sainte-Geneviève, will aber nicht ausschließen, daß Soufflot bereits zum Zeitpunkt seiner Berufung zum Architekten der Sainte-Geneviève im März 1755 einen eigenständigen Entwurf vorgelegt hatte

77 A.N. 01 1688 (2)
Brief des Baudirektors Marigny v. 20.1.1763 an den Pfarrer Cathlin und an Contant gerichtet

78 Privatpersonen und div. religiöse Gemeinschaften und auch die Gemeinde besaßen Grundstücke im Planungsbereich

sonen. Diese "Lettres patentes" vom 6. Februar 1763 bestätigten Contant ausdrücklich als leitenden Architekten, die Schätzungen der zu enteignenden Grundstücke werden Contants Schwiegersohn Dulin, Bauleiter an der Madeleine[79], übertragen, der dann auch im folgenden Jahrzehnt an diesem Bau beschäftigt sein sollte.

Alle weiteren Fragen, z.B. nach Presbyterium, Platz und Straßenanlagen im Bereich der Madeleine, sollten gemäß der Ordonnance vom 21.6.1757 geklärt werden.[80] Im März begann man mit der Fundamentierung[81], am 3.4.1764 erfolgte die Grundsteinlegung durch Louis XV.

Obwohl das Dekret des Königs vom 24.2.1761 einen Entwurf mit sieben Langhaustravéen vorschrieb[82], wurde am 18.6.1764, womöglich aufgrund von Schwierigkeiten beim Grundstücksankauf, im "Avantcoureur" ein Projekt mit fünf Langhaustravéen veröffentlicht.[83]

In der Folgezeit kam es zu Verzögerungen des Bauablaufs, da die Steinlieferungen für die Madeleine gar nicht oder in teilweise unzumutbarer Qualität eintrafen. Der Pfarrer der Gemeinde, Cathlin, sah sich sogar am 19.9.1764 zu einem Beschwerdebrief an Gabriel, den ersten Architekten des Königs, veranlaßt. Darin beklagt er sich, daß der Mangel an Baumaterialien die Arbeiten an der Kirche beinahe zum Stillstand brächten.[84] Cathlin äußert darüber hinaus die Vermutung, daß andere königliche Bauten, wie das Schloß von Versailles, das dortige Opernhaus oder auch die Kirche Sainte-Geneviève, vorrangig beliefert werden, was Gabriel in seinem Antwortschreiben vom 5. Oktober 1764 abstreitet. Gabriel begründet das Verschwinden von Baumaterialien mit dem korrupten Vorgehen von Privatleuten, die sich, wie er vermutet, auf diese Weise Baustoffe sicherstellen wollen.[85] Baudirektor Marigny, der sich noch bis Ende No-

---

79 A.N. 01 1688 (3), A.N. 01 107

80 A.N. 01 1688 (3) 2

81 Karton: "Elevation de la Nouvelle Magdeleine dont les fondations ont été comencées en mars 1764 sur l'allignement de la statue de Louis XV" in: Musée Carnavalet, Cab. des Est., Karton 95

82 Neben den offiziellen Plänen Contants zeigt auch ein Lageplan von Lerouge aus dieser Zeit den Grundriß mit sieben Travéen; A.N. 01 1688 (13)

83 Veröffentlichungen im "L'Avantcoureur" vom 18.6.1764, Seite 394. Schnitt, Fassade, Grundriß der Madeleine, "Monument de Piété de Louis XV", Stiche von Lerouge A.N. 01 1688 (305); A.N. 01 1688 (13); A.N. 01 1688 (304)

84 A.N. 01 1688 (6); A.N. 01 1688 (7)

85 A.N. 01 1688 (8)

vember mit diesem Problem auseinandersetzen mußte[86], erhielt von Gabriel eine Rechtfertigung ähnlicher Art zugeschickt.

Die Arbeiten an der Madeleine liefen weiterhin schleppend, in den Jahren 1765-1767 ist die Bausohle noch nicht überschritten.[87] Contant erhielt aber seine halbjährlichen Honorarzahlungen.[88] Man war weiterhin mit Gründung und Fundamentierung befaßt, und zwar im Bereich des Chorhauptes, der Vierung und der Seitenarme. Die Grundstücksverhandlungen für das Gelände des Langhauses waren noch nicht abgeschlossen[89], als Contant den Entschluß faßte, das Langhaus erneut zu kürzen.

Das Portrait des Titelkupfers der "Oeuvres" von 1769 zeigt Contant mit dem Handwerkszeug des Architekten und aufgerollten Plänen der Madeleine. Der Kirchenentwurf weist nur drei Langhaustravéen auf, die Madeleine wird damit zum Zentralbau[90] (vgl. Abb. 21).

Diese tiefgreifende Planänderung, die Contant in den folgenden Jahren ohne offizielle Zustimmung vornehmen ließ, erregte bald die heftige Kritik des Pfarrers Cathlin, was Contant aber nicht daran hinderte, die Arbeiten weiterführen zu lassen.[91] Darauf wandte sich Cathlin hilfesuchend an die Académie Royale d'Architecture. Ein Skandal bahnte sich an.

In der Akademiesitzung vom 28. Juni 1773 wurde der anwesende Contant um die Aushändigung sowohl seiner ursprünglichen als auch der neuen - abgeänderten - Pläne gebeten, sowie um eine begründete Stellungnahme seines Vorgehens.[92] Am 12. Juli 1773 erklärte die Akademie den ursprünglichen Plan mit fünf Langhaustravéen für maßgeblich.[93] 1774 wurde dem fünfundsiebzigjährigen Contant ein jüngerer Architekt, Guil-

86 A.N. 01 1688 (9-12)

87 Für diesen Zeitraum sind Pflasterungsarbeiten nachgewiesen. "Mémoire d'ouvrage de pavé fait pour la nouvelle église de la Madeleine de la ville l'Evêque, faubourg St Honoré en janvier mai et juin 1767..." A.N. 01 1689 (57)

88 Zahlungen vom 6. Juli und vom 31. Dezember 1767, je 4000 Livres an Contant, A.N. 01 1689 (56)

89 Ein nicht datierter Plan Lerouges zeigt die im Wege liegenden Grundstücke; A.N. 01 1688 (13)

90 Siehe Contant 1769

91 A.N. 01 1688 (14)

92 A.N. 01 1931 (4/17) 2 "Nota: M. Contant continue toujours l'ouvrage d'après ses changements"

93 A.N. 01 1929 (9/178)

laume-Martin Couture (1732-1799), zur Seite gestellt.[94] 1775 erkrankte Contant, und von diesem Zeitpunkt an bis zu seinem Tode am 1. Oktober 1777 wurde nicht mehr auf der Baustelle gearbeitet.[95] Couture reichte einen neuen Entwurf ein[96], der jedoch wie das Hauptwerk Contants nicht zur Ausführung gelangte. Er starb im Jahr 1799.

1.4 Zeitgenössische Kritik an den Entwürfen Contants - eine Chronologie der Quellen

Die Rezeption der Madeleine nach Plänen Contants läßt sich an Auszügen aus kritischen Besprechungen dokumentieren, die man als Gradmesser der öffentlichen Meinung betrachten kann. Zudem soll untersucht werden, ob es Hinweise darauf gibt, warum es Contant in einem Zeitraum von zehn Jahren nicht gelungen ist, den Bau der Kirche entscheidend voranzutreiben.

Wie erwähnt, wurde die Konzeption der Madeleine bereits 1763 einem kleinen Publikum im Salon präsentiert. Ausgestellt war damals das Ölgemälde von DeMachy, das den Innenraum des Gebäudes zeigt (Abb. 18). Es wurde von Diderot hochgelobt.[97]

1764 war die Grundsteinlegung. Eine Kritik im "Avantcoureur" hat die Planung einer größeren Öffentlichkeit zugänglich gemacht.[98]

Im selben Jahr vergleicht der Pariser Architekt Leroy in einer Schrift die Madeleine mit dem zeitgenössischen Konkurrenzprojekt, der Kirche

94 Siehe A.N. 01 1929 (9/127)
Interessanterweise gelang Couture erst im fünften Versuch die Aufnahme in die Akademie, und zwar am 23. August 1773. Contant hatte seinen Schwiegersohn Dulin als Nachfolger für die Bauleitung der Madeleine vorgesehen. Durch die Berufung Coutures wurde dieser ausgestochen. Es ist anzunehmen, daß die Akademie auf diesem Wege den Einfluß Contants auf den weiteren Bauverlauf unterbinden wollte

95 A.N. 01 1688 (89/6)

96 A.N. 01 1688 (223)
"Plan qui donne le comparison entre le projet de M. Contant et celui de M. Couture, son successeur"

97 *Diderot* 1876, 214 f

98 "L'Avantcoureur" v. 9.12.1765, 672 f

Sainte-Geneviève von Soufflot, und untersucht die konzeptionellen Unterschiede. Er hält beide Entwürfe für gleichrangig.[99]

1765 veröffentlicht Pierre Patte in seinem Stichwerk diverse Ansichten der Madeleine (Abb. 11, 13-15). Er hält die Entwürfe für überzeugend.[100] Im gleichen Jahr kritisiert die französische Avantgarde unter Führung des Abbé Laugier die ihrer Ansicht nach konservative Konzeption der Madeleine.[101]

1769 analysiert Pierre Patte in seinen "Mémoires sur les objets les plus importants de l'architecture" die konstruktiven Bedingungen der Madeleine, sprich ihre Gründung und Fundamentierung.[102] Er untersucht vier Kirchen: St. Peter in Rom, Sainte-Geneviève und die Madeleine-Kirche in Paris sowie St-Louis in Saint-Germain-en-Laye. Dabei stellt er fest, daß Gründung und Fundamentierung der Madeleine unzureichend sind und unfachmäßig vorgenommen wurden. In seinem Baugutachten spricht er der Madeleine-Kirche jede Chance ab, die Fertigstellung zu erreichen und prognostiziert ihr zudem eine Flut an Folgekosten durch sich einstellende Bauschäden.

1771 loben zwei Architekturtheoretiker, E.-M. Gauthey und J.-F. Blondel den neuen Kolonnadenstil der Architekten Soufflot und Contant und bezeichnen diesen als Innovation der französischen Sakralarchitektur.[103]

1773 kommt es zu dem schon beschriebenen Eklat in der Akademie, und ein anonymer Kommentar spricht vom "mauvais goût" des Architekten Contant.[104] Damit hat Contant endgültig an Glaubwürdigkeit verloren, nicht nur in fachlicher, sondern auch in persönlicher Hinsicht.

Das Scheitern Contants an einem so bedeutenden städtebaulichen Projekt wie der Madeleine ist durch eine Vielzahl zusammentreffender Faktoren verursacht worden: die anfänglichen Schwierigkeiten mit den Grundstücksankäufen und der Baumaterialzufuhr waren nicht ausschlaggebend. Auch die im Vergleich zu Soufflots Geneviève konservative Gestaltung des Außenbaus der Madeleine war für den Mißerfolg Contants nicht maßgeblich. Die 1769 veröffentlichte, schwerwiegende Kritik Pattes

---

99 *Leroy* 1764, 76-89

100 *Patte* 1765, 127

101 *Laugier* 1765, 185

102 *Patte* 1769, 192-205

103 *Gauthey* 1771, 67; *Blondel* 1771 I, 108

104 A.N. 01 1688 (15); zum Geschmacksbegriff vgl. *Knabe* 1972

an der Baustatik der Madeleine zeigt dagegen, wo das Hauptproblem lag: Contant war mit den konstruktiven Erfordernissen eines großdimensionierten Kirchenbaus nur unzureichend vertraut. Er schien den mittlerweile erreichten theoretischen und praktischen Forschungsstand des französischen Kirchenbaus geflissentlich ignoriert zu haben.[105] Zudem zeigte er Schwächen als Bauleiter. Es sieht so aus, als ob er sich von den Bauunternehmern auf seiner Baustelle kostenmäßig hat übervorteilen lassen, da ein Werkvertrag mit den Unternehmern erst 1771 zustande kam.[106] Außerdem waren keine bedeutenden französischen Architekten als Bauleiter an der Madeleine angestellt.[107] Es scheint, als habe Contant alle technischen und organisatorischen Probleme persönlich bewältigen wollen. Womöglich hatte er sie auch seinem technisch unversierten Schwiegersohn Dulin anvertraut. Darüber hinaus war Contant nicht flexibel genug, sich den veränderten politischen Bedingungen anzupassen. Während Soufflot, der ebenfalls mit einer Vielzahl von Problemen zu kämpfen hatte, schon im Juni 1774, im Todesjahr Ludwigs XV., seinem Nachfolger Ludwig XVI. und dessen Frau Marie-Antoinette im Park von La Muette Modelle und Entwürfe für die Kirche Sainte-Geneviève zeigte und erklärte[108], war Contant, der sich im Eklat 1773 mit seinen akademischen Kollegen überworfen hatte, endgültig ohne politische Protektion.

Letztlich kann das königliche Dekret vom 21. Dezember 1777, das sich schon zwei Monate nach dem Tode Contants zum weiteren Bauverlauf äußert, nur als Beschönigung bezeichnet werden. Es stellt die ständigen Planänderungen Contants - von einem sieben- zu einem fünf- zu einem drei-Travéenentwurf - als konzeptionelle Maßnahme dar, die erfolgte, weil die

> "difficultés sur le prix des terrains nécessaires á l'emplacement de cet édifice"

---

105 Vgl. Kap. 1.4.1 dieser Arbeit

106 Werkvertrag der Bauunternehmer vom 7.8.1771; A.N. 01 1689 (290)

107 Vgl. *Kretzschmar* 1981, 15 "Die Namen seiner Bauleiter lassen sich in der Regel nicht feststellen. Chaussard und Pierre d'Ixnard werden solche Tätigkeiten durchgeführt haben." Zu d'Ixnard vgl. Hautecoeur 1952 III, 613. D'Ixnard befand sich allerdings schon ab 1764 in Deutschland, kam also für die Bauleitung an der Madeleine nicht mehr in Frage

108 *Petzet* 1961, 52 f

nicht ausgeräumt werden konnten.[109] Die Schrift gibt keinen Einblick in die Schwierigkeiten Contants. Nur durch diese Verschleierungstaktik läßt sich nachträglich erklären, warum in den Unterlagen zu dieser Bauphase große Lücken klaffen und kritische Überlegungen nur schwer zu überprüfen sind. Deshalb zunächst eine Untersuchung zu den Funktionszusammenhängen des Kulturbetriebes im 18. Jahrhundert in Frankreich. Diese soll helfen, die Schrift Pattes zur Statik der Madeleine werkkritisch einzuordnen.[110]

1.4.1 Exkurs: Kulturproduktion im 18. Jahrhundert in Frankreich. Die Bauproduktion

Die zeitgenössischen Rezensionen zur Madeleine-Planung Contants müssen unverständlich und farblos bleiben, wenn sie nicht mit Hintergrundwissen zur Kulturproduktion im Frankreich des 18. Jahrhunderts kontrastiert werden. Es soll geklärt werden, in welchem Rahmen Bauproduktion stattfand.

Man kann feststellen, daß die tiefgreifende soziokulturelle Änderung, die mit der Französischen Revolution gegen Ende des 18. Jahrhunderts offenkundig wurde, schon in den vorhergehenden Jahrzehnten in ihren Grundtendenzen vorbereitet war. Das Berufsbild des Architekten befindet sich schon um die Jahrhundertmitte im Wandel, da eine zunehmende Verwissenschaftlichung die Aufgabenbereiche dieses Berufszweiges weitet. Vorangetrieben und getragen wird diese Entwicklung von einer kleinen Bevölkerungsgruppe, die man vielleicht als Bourgeoisie bezeichnen darf. Sie stellt in einer feudalen, höfischen Gesellschaft das intellektuelle Potential für diese Umwälzungen. Die gesellschaftlichen Emanzipationsbestrebungen des Bürgertums münden gegen Ende des 18. Jahrhunderts in der Gründung eines bürgerlichen Institutes, der Ecole Polytechnique.

Die Anfänge einer organisierten Form des Architektenberufes liegen aber weiter zurück. In der mittelalterlichen Bauhütte kann man als zeitlich

---

109 B.H. P. 138450 T. 53 (Nr. 35) 2 "Arrest du Conseil d'Etat du Roi. Du 31. Decembre 1777" Geklärt wird darin auch die Nachfolge Coutures als Bauleiter der Madeleine. Contant war ja im Oktober gestorben.

110 Pattes Schrift wird dann in Kapitel 1.4.2 untersucht, die Kritik an den Planungen Contants, die sich mit ästhetischen Gesichtspunkten befaßt, soll in Kapitel 1.4.3 behandelt werden

begrenzte Werkstattvereinigung sicher auch eine Art von Institution sehen. Sie war aber vornehmlich praxisorientiert und wies keinerlei Tendenz zur Theoriebildung auf. Erst die 1671 von Colbert gegründete Académie Royale d'Architecture wächst zu einer Organisation mit - in späteren Jahren - starken bürokratischen Verkrustungen heran. Sie wird zu einer Institution, in der Normen gesetzt werden, die für den Kulturbereich verbindlich sind.

Über ein gestaffeltes Aufnahmeverfahren - es gab eine Erste und eine Zweite Architekturklasse - versuchten fortan bürgerliche Architekten, sich Zugang zu diesem französischen Architekturolymp zu verschaffen. Gelang dies, so durfte man sich fortan 'Architecte du Roi' nennen und der gesellschaftliche Aufstieg war geschafft. Überdies erschloß der Titel den Zugang zu Aufträgen höfischer und bürgerlicher Klientel, die für gute Einnahmen bürgten. Der bürgerliche Akademiearchitekt (académicien-architecte) hatte sich auf diese Weise eine - am Sozialprestige gemessen - gesellschaftliche Spitzenposition gesichert. Dem Hofe wiederum gelang es mittels der Institution 'Akademie' bürgerliche Kulturproduzenten an sich zu binden und diese als Übermittler absolutistischer Repräsentationsstrategien zu nutzen. Das aufstrebende Bürgertum verinnerlichte schnell die ihm auferlegte Rolle. Der Dessin, die Architektenzeichnung, ist nicht allein Dokumentation künstlerischer Originalität, sondern auch "Zeichen"[111] in einem auf Repräsentation ausgelegten absolutistischen Regime. Savignat erläutert die Funktion der Architektenzeichnung folgendermaßen:

> "En effet, la production architecturale, qui recouvre alors la grande architecture de pouvoir et l'architecture monastique, traduit dans l'espace le mode domination monarchique: le role des architectes est donc de produire les signes construits de cette domination."[112]

Während die Bauproduktion des 17. Jahrhunderts noch von den großen Architektenfamilien beherrscht war, man denke an Namen wie Blondel, LeVau, Mansart, versuchten im 18. Jahrhundert immer mehr Individualkünstler Zugang zur französischen Architektenelite zu bekommen. Aufgrund dieser zunehmenden Profilierung stieg auch die Zahl der Entwurfszeichnungen sprunghaft an. Diese waren von beeindruckender Bildhaftigkeit, ließen aber den Charakter einer technischen Zeichnung, die Hilfs-

---

111 Zur Anwendung des Zeichenbegriffs in der Ästhetik vgl. *Morris* 1975, 283 ff sowie allgemein *Foucault* 1974, 78 ff

112 *Savignat* 1983, 104

mittel bei der Bauwerksausführung ist, vermissen. J.-F. Blondel bezeichnete diese Architektengeneration als "peintre de ruines"[113]. Für die Aufnahme in die Akademie aber war die Anfertigung beeindruckender Architekturzeichnungen nicht das einzige Kriterium. Die Qualifikation des Bewerbers sollte dadurch überprüft werden, daß man ihm einen Nachweis schon errichteter Gebäude abverlangte. Diese Auflage wurde in § 8 der "Lettres patentes" von 1717 festgelegt, den ersten Statuten der Akademie.[114] Auch die Hierarchie war festgeschrieben: man konnte nur nach der Aufnahme in die Zweite Architekturklasse in die Erste aufsteigen. Erst gegen Ende des 18. Jahrhunderts wurden auch Plätze für "freie Mitglieder" und andere Fremdzugänge geschaffen.[115] Auf diese Weise wurde durch ein strenges Reglement die Exklusivität der Akademie gewahrt. Sie bildete in der Gesellschaft eine Art Enklave mit steigender Tendenz zur Selbstreferenzialität. (Vgl. Anhang; I. Graphik)

Der Königlichen Architekturakademie erwuchs aber im gesamtgesellschaftlichen Produktionsprozeß ein Gegengewicht: die ständig steigende Einflußnahme des praktischen Bauwesens und der daraus erstarkenden Berufszweige. Dieser vornehmlich wirtschaftliche Einfluß wurde so stark, daß Pingeron 1771 klagte:

> "L'Architecture n'est presque plus qu'un métier en proie à la cupidité du premier entrepreneur."[116]

Den Mitgliedern der Architekturakademie war es untersagt, als Unternehmer zu fungieren. Da die Berufsbezeichnung 'Architekt' aber ein ungeschützter Titel war, kam es immer häufiger zu Übergriffen von Seiten der Bauunternehmer oder auch der Meisterberufe. Der Zeitgenosse Le Virloys beschrieb 1770/71 die entstandene Situation recht anschaulich:

> "Dès qu'un homme aujourd'hui sait un peu dessiner, il se donne pour Architecte; il n'est pas jusqu'aux Appareilleurs, Menusiers ou autres Ouvriers de cette espèce qui ont cette témérite. Un Maçon a-t-il bâti deux ou trois maisons de particuliers, *il se décore du nom d'Architecte*."[117]

---

113 *Blondel* 1771-1777, zitiert nach *Savignat* 1983, 108

114 *Ottomeyer* 1971 (1974), 141

115 Ebenda

116 *Pingeron* 1771, XLIX, zitiert nach *Minvielle* 1921, Anmerkung 288, 71

117 *Le Virloys* 1770/1771, V° Arch., zitiert nach *Minvielle* 1921, Anmerkung 287, 71

Letztlich kann man das Unbehagen der Académicien-architectes verstehen: ein Heer von nicht mehr zunftgebundenen Meistern verschiedener Baubereiche, ja sogar Tischler und Maurer okkupierten zusammen mit den Bauunternehmern selbstbewußt die Baudurchführung, d.h. Planung und Bauleitung, und maßten sich zudem die Bezeichnung 'Architekt' an. Die Ausführung eines Bauwerks war von der Kompetenz dieser Bauhandwerker in hohem Maße abhängig geworden. Das Zunftwesen, das jahrhundertelang die Rangordnung im Bausektor bewahren half, begann sich aufzulösen.

> "Tout d'abord, le port du titre d árchitecte permettait d'exercer librement en dehors des corporations. C'est cette recherche du titre que le Conseil essaie de réprimer en publiant un arrêt qui impose aux entrepreneurs l'obligation de payer une somme à l'Etat pour avoir le droit d'exercer (octobre 1767)."[118]

Mit dieser Verordnung von 1767 war das letzte Privileg des bürgerlichen Architekten, nämlich das Etikett 'Architekt', für Bauunternehmer käuflich geworden.

Eine Vielzahl von Strukturänderungen im Kulturbetrieb des 18. Jahrhunderts verursachen Reibungen, die das ehemals fest verankerte Aufgabensystem in Frage stellen. Während die geistige und wirtschaftliche Einflußnahme des Hofes schwindet, formiert sich als Auffangbewegung ein neues intellektuelles und wirtschaftliches Potential von der Basis her. Folgende Strömungen können beobachtet werden:

- das Berufsbild des Architekten weitet sich[119];
- neue Baumethoden schaffen endgültig den Übergang von der Holz- zur Steinbauweise[120];
- die Bourgeoisie erstarkt, finanziell potentes Bürgertum vergibt zunehmend wichtige Aufträge;
- die Verwissenschaftlichung des Bauwesens führt auf der Ebene der Institutionen 1794 zur Gründung der Ecole Polytechnique (vormals Ecole des Travaux Publics), darstellende Geometrie und techni-

---

118 *Savignat* 1983, 113

119 Auch in einem modernen französischen Lexikon findet man unter dem Begriff "architecte" noch folgende Synonyme: Architekt, Baumeister, Bauverständiger, Bautechniker, *Bertaux/Lepointe* 1965

120 *Savignat* 1983, 113

sche Zeichnung sind geboren, Probleme der Statik werden erforscht (s. Kap. 1.4.2);
- die Akademie ist im Umbruch. Sie entzieht sich der Verwissenschaftlichung und wird mehr und mehr zum Hort esoterischer Académicien-architectes, die sich als Künstler fühlen. Das Primat in der Baupraxis liegt aber nicht mehr ausschließlich auf 'Dessin' sondern auf dem Bereich der Bauausführung.

Die übersteigerte Produktion von Architektenzeichnungen, die von Architekturtheoretikern des 19. Jahrhunderts registriert wird[121], ist Zeichen einer Privatisierung der Kunstproduktion. Das Kunstwerk wird autonom, verliert aber auf diesem Wege den Bezug zur Lebenspraxis. Konkret bedeutet das hier, daß die Flut an Zeichnungen im fast reziproken Verhältnis zur Umsetzbarkeit in der Baupraxis steht.

Der aufkommende ingenieurwissenschaftliche Diskurs stärkt das Wissen von der Realisierbarkeit der Projekte. Die Kluft zwischen Architekten und Ingenieuren ist geschaffen. Letztlich kollidiert die Auffassung vom Architekten als Verfertiger von Zeichnungen und Entwürfen mit den technisch-konstruktiven Ansprüchen, die z.B. ein Monumentalbauwerk stellt.

Pierre Patte, den wir heute als Ingenieur bezeichnen würden, erkannte 1769 in seinen "Mémoires sur les objets les plus importants de l'architecture", daß Contants Planungen für die Madeleine-Kirche nicht ausführbar sind, da sie den Erkenntnissen moderner Statik widersprechen.[122] Contant wurde vom wissenschaftlichen Fortschritt eingeholt und scheiterte, wie man es heute formulieren würde, an mangelndem technischen "know-how".

1.4.2 Pierre Pattes Kritik an den bautechnischen Planungen Contants für die Madeleine

Während sich Architekturtraktate des 17. Jahrhunderts in Frankreich, z.B. Pierre LeMuets "Manière de bien bastir pour toutes sortes de per-

121 Siehe dazu das Stichwort "dessiner" in: "Dictionnaire historique d'architecture." Paris 1832. *Quatremere de Quincy* 1832

122 Vgl. *Patte* 1769

sonnes" von 1663[123] noch wie Erfahrungsberichte mit Handlungsanweisungen lesen, zeugen die Neuerscheinungen im frühen 18. Jahrhundert von einem stetig ansteigenden Forschungsinteresse. Bernard Forest de Bélidor darf als einer der ersten angesehen werden, der eine Art Grundlagenforschung im Bauwesen fordert. In "La science des ingénieurs dans la conduite des travaux de fortification et d'architecture civile" von 1729[124] bedauert er, daß es noch keine Konstruktionstheorie gebe, die auch Kenntnisse über Mauertechniken vermittelt. Zudem vermißt Bélidor Informationen über die Statik der Gewölbe. Er hält die Kenntnisse von der Materialbeschaffenheit für unzureichend. Zwar erfahren praktisches Bauwissen tradierende Standardwerke, wie "L'architecture des voûtes"[125] des Jesuitenpaters Derrand, auch im 18. Jahrhundert - 1743 und 1755 - Neuauflagen, aber erst mit Amédée François Frézier[126] (Abb. 22) und Lafont de Saint-Yenne[127] wurden die konstruktiven Probleme - besonders durch die ästhetischen Forderungen des neuen Kolonnadenstils - immer dringlicher und verlangten einen klärenden Theorieschub.

Lafont de Saint-Yenne äußert 1753 seine bautechnischen Bedenken zu der genannten Bauweise:

> "Les colonnes isolées, il est vrai, présentent à l'oeil une légèreté agréable, mais cette légèreté s'accordera-t-elle avec la masse de la voûte d'une église?"[128]

Erst Pierre Patte erhebt 1769 den Anspruch, nicht nur Spekulationen anzustellen, sondern Erfahrungsschatz und neue ingenieurwissenschaftliche Erkenntnisse miteinander zu verbinden. In dem Vorwort zu seinen "Mémoires" wendet er sich an den königlichen Baudirektor Marquis de Marigny und erläutert seine Absichten:

> "... j'ai fait ensorte de déduire des principes capables d'éclairer les routines de Constructeurs, & de les mettre en état de ne plus opérer au hasard. A ces paralleles, j'ai joint des dissertations sur plusieurs objets intéressans de l'Architecture, ainsi que différens

---

123 Siehe *Le Muet* 1663

124 Siehe *Bélidor* 1729

125 Siehe *Derrand* 1643

126 Siehe *Frezier* 1754 und *Frezier* 1755

127 Siehe *Lafont de Saint-Yenne* 1753

128 *Lafont de Saint-Yenne* 1753, 46

développemens d'édifices qui peuvent concourir aux progrès de cet Art."[129]

Die von der Fachkritik bisher nur oberflächlich erörterte Schrift Pattes soll ausführlich analysiert werden, da sie sich unter ingenieurwissenschaftlichen Aspekten mit den konstruktiven Bedingungen der Madeleine-Kirche befaßt und diese überprüft. Pattes systematische Ausführungen[130] sind zur Verdeutlichung mit einer technischen Zeichnung versehen[131] (Abb. 23). Sie zeigt die Fundamente der Kirche und - angeschnitten - den Erdgeschoßbereich. Zudem enthält sie konstruktive Details, die Aufschluß über Mauertechnik, verwendete Baumaterialien und Gewölbestruktur geben. Zunächst beschreibt Pierre Patte die Abmessungen des Bauwerks und stellt die Grundprinzipien der Kräfteableitung des Baus vor. Diese konzentriert sich seines Erachtens auf zwei Hauptangriffspunkte. Betroffen sind die Seitenschiffsmauern und die Kapellen in den Zentriwinkeln der Vierung. In einem zweiten Schritt untersucht er die Maßnahmen, die Contant bereits im Gründungs- und Fundamentbereich vorgenommen hat.[132] Pattes Ausführungen sollen in moderner Fachterminologie referiert werden.[133]

Zunächst nahm der Bauverlauf der Madeleine seinen gewohnten Gang. Contant ließ, um sich Kenntnisse über den Baugrund zu verschaffen, Schürfgruben ausheben. Patte kennt auch den Befund:

> "Avant de fonder cette église, il fut fait plusieurs puits dans l'emplacement où il s'agissoit de l'élever, afin de connoître la nature de son sol. On trouva à seize pieds de profondeur, une couche de terre-franche ou terre à four, d'environ quatre pieds & demi d'épaisseur, & au-dessous un gros sable".[134]

Für die Bausohle des Gebäudes hat Contant also die Wahl zwischen Muttererde (terre-franche), einer Kalkschicht (terre à four) und einer

---

129 *Patte* 1769, Widmungsschreiben an Monsieur Marquis de Marigny, o.S.

130 *Patte* widmet diesen Problemen ein ganzes Kapitel mit dem Titel: De la Manière de fonder les Edifices, Chapitre Quatrième, Article Troisième, Description des procédés employés pour fonder l'Eglise de la Magdeleine de la Ville-l'Evêque, à Paris; a.a.O., 192-205

131 *Patte* 1769, 204, Planche V. Dévelopement de la construction des fondations de l'Eglise de la Magdeleine

132 *Patte* 1769, 192

133 Ich beziehe mich in der Terminologie auf Schmitt 1974

134 *Patte* 1769, 193

Kiesschicht (gros-sable) gehabt. Um so mehr erstaunt Patte das weitere Vorgehen Contants:

> "M. Contant, Architecte de cet Edifice, se détermina à préférer la terre-franche pour asseoir ses fondations, tant à cause de l'économie qui lui parut devoir en résulter, que parce qu'il jugea cette couche de terre suffisament solide. Il est à remarquer que, sous les nouveaux bâtimens en colonnades de la Place de Louis XV, qui sont dans le même quartier, quoiqu'on eût rencontré un semblable sol, on avoit pris au contraire le parti de lui préférer les gros sable pour plus de sûreté".[135]

Contant nahm eine unkonventionelle Gründung mit Muttererde vor, obwohl er auf die Erfahrungen Gabriels hätte zurückgreifen können, der zur gleichen Zeit die Bauten an der Nordfront der Place Louis XV hochzieht und einen vergleichbaren Bodenbefund hat. Zwar mag diese Wahl unter wirtschaftlichen Gesichtspunkten preisgünstiger gewesen sein - da die Muttererde als Baugrund schon auf der Baustelle als oberste Bodenschicht vorhanden war und nur noch abgetragen und nach erfolgtem Baugrubenaushub neu angekippt werden mußte - doch hätte Contant bekannt sein müssen, daß Muttererde der denkbar schlechteste Baugrund ist.[136] Es ist mit ungleichmäßigen Setzungen zu rechnen. Ein modernes Fachbuch erläutert den Vorgang so:

> "Die Ursache für die Setzungen der Bauwerke liegen zunächst in der Zusammendrückbarkeit der belasteten Bodenschichten, die nach ihrer Beschaffenheit und Stärke verschieden sind. Ungleiche und starke Setzungen sind schädlich, gleichmäßige dagegen nicht".[137]

Schmitt führt zur Dauer der Setzungen aus:

> "Die Zeitdauer der Setzungen ist sehr verschieden. Während bei nichtbindigen Böden der Setzungsprozeß meistens nach der Vollendung des Bauwerks und nach Aufbringen der Nutzlast abgeschlossen ist, kann er bei bindigen Böden weit über die Bauzeit hinausreichen, sich oft über Jahrzehnte, in Folge Veränderungen von Grundwasserverhältnissen sogar über Jahrhunderte auswirken.

---

135 Ebenda

136 *Schmitt* beurteilt Muttererde und aufgeschütteten Boden als "schlechten Baugrund" mit einer Tragfähigkeit von nur 0-1,5 Kp/cm^2. *Schmitt* 1974, 1

137 *Schmitt* 1974, 5

Ursache und Maßstab für die 'Konsolidierung' eines bindigen Baugrunds ist das Einpendeln eines veränderten Porenwassergehaltes".[138]

Auf diese Bausohle - Muttererde ist bindiger Boden - bringt Contant dann nach Aushub der Baugrube die Fundamente des Gebäudes auf. Nach Schmitt sind die Fundamente

"... die untersten tragenden Teile eines Bauwerks. Sie haben die Aufgabe, alle auftretenden Lasten (Eigengewicht, Nutzlast, Schnee- und Windlast) in das Erdreich abzuleiten. Voraussetzung einer einwandfreien Gründung ist die genaue Kenntnis des Baugrundes".[139]

Patte weist in seinen folgenden Erörterungen nach, daß Contant die Fundamente der Madeleine unfachmännisch geplant hat. Auch die unter seiner Leitung vorgenommene Ausführung ist unzulässig. Die Gründungskörper der Freisäulen haben fast keine Verbindung, sei es untereinander, sei es mit den Fundamenten aus anderen Bereichen der Kirche.[140] Bei eventuellen Bauwerkssetzungen bewirkt die erhöhte Anfälligkeit der Einzelkompartimente, daß sich die Kolonnaden wie Pfähle in den Boden rammen. Dazu Pierre Patte:

"Nous avons dit que c'étoit une couche de terre-franche d'environ quatre pieds & demi d'épaisseur, au-dessous de laquelle il s'est trouvé un lit de sable; or il s'en faut bien qu'un pareil sol ait une grande consistance pour soutenir un poids aussi considérable que celui de ce bâtiment: tout doit porter à croire aux contraire que lorsqu' il sera plus élevé, ces piliers isolés agissant comme autant de pilots sur la terre-franche, à raison des différens fardeaux dont ils seront chargés, imprimeront leur action jusques sur le sable, au hasard d'y occasionner des tassemens inégaux qui, de tous les inconvéniens, sont les plus à craindre dans un édifice de cette espece".[141]

Hinzu kommt noch, daß sich Contants Bauarbeiten nur auf Apsis, Vierung und Seitenschiffarme erstrecken, das Langhaus ist noch nicht an-

---

138 *Schmitt* 1974, 5

139 *Schmitt* 1974, 1

140 *Patte* 1769, 193-194

141 *Patte* 1769, 198

gefangen[142], da - wie auch Patte berichtet - das benötigte Baugrundstück noch nicht frei ist.[143] So muß das Langhaus zu einem späteren Zeitpunkt an die schon errichteten Bauabschnitte angegliedert werden, was wiederum ungleichmäßige Setzungen befürchten läßt. Bedenklich ist neben der technisch unversierten Planung der Fundamente auch ihre unfachmäßige Ausführung. Contant gebraucht hochwertige Werksteine nur an den - seiner Ansicht nach - wichtigsten Stellen, ansonsten verwendet er den Bruchstein, der bei der Bearbeitung von Steinen auf der Baustelle anfällt oder unbehauene Bausteine, die er für Bruchsteinmauern, "murs en moilon"[144], verwertet. Die Fundamente der Freisäulen sind durchgängig, d.h. von der Bausohle bis zum Bodenpflaster der Kirche, mit fehlerhaften Quadersteinen "en libages" errichtet.[145] Hinzu kommt, daß der Mauerverband der genannten Fundamente in ungleichmäßigen Lagen gearbeitet ist. Der Stein wird in der Dicke verbaut, in der man ihn vorliegen hat und erst wenn das Bodenniveau erreicht ist, wird die Steinschicht beigeschliffen.[146] Pierre Patte beschreibt ausführlich die Mauertechnik der Säulenfundamente:

> "Toutes les pierres-libages employées dans cette construction ont été équarries & rustiquées sur leurs lits, sans y pratiquer de renfoncemens pour le mortier: on les posoit d'abord sur de gros coins de bois, ensuite on couloit entre ces pierres force mortier avec une pelle: quand cet intervalle étoit bien rempli, on retiroit doucement les coins pour faire reposer la pierre sur le mortier, & on leur substituoit des calles; enfin on finissoit par bien battre chaque pierre avec une demoiselle pour la faire tasser suffisamment, & par remplir les intervalles qui se trouvoient entre les pierres, de bons clausoirs enfonces avec force".[147]

---

142 *Patte* 1769, 193
Patte bestätigt, daß Contants Bauarbeiten an der Madeleine sich bisher nur auf diesen Bereich bezogen haben.

143 *Patte* 1769, 198
"Ajoutons à ces considérations que le terrain ou l'on fonde cette Eglise n'étant pas tout-à-faire libre, ..."

144 *Patte* 1769, 198

145 *Patte* 1769, 193

146 *Patte* 1769, 193

147 *Patte* 1769, 195

Als Grundlage der Bruchstein- und Werksteinmauern ist auf die Bausohle eine Lage Steine trocken, ohne Mörtel "posée à sec" aufgelegt.[148] Man hat begonnen, die Steinlagen der Fundamente mit Eisenankern vor dem Verrutschen zu sichern, gab dieses Vorhaben aber aus Kostengründen auf. Es ist nur noch jede zweite Steinlage verankert.[149] Auch bei diesen Eisenankern gibt es jeweils eine preisgünstige und eine teure Ausführung, wobei sich Contant für die erstere entschieden hat.[150] (Abb. 23)

All diese Momente, die mangelhafte Qualität des Steines, die bedenkliche Mauertechnik, die zahlreichen Bruchsteinmauern im Kellergeschoß der Kirche, die wenig belastbaren Eisenanker, die untereinander unverbundenen Einzelfundamente, bilden eine unsichere Basis für das Gebäude. Patte ist der Ansicht, daß die Madeleine im Vergleich zu anderen Kirchenbauten, auch anderer Baustile und Jahrhunderte, bautechnisch schlecht abschneidet:

> "Quiconque a fait attention à ce que nous avons dit précédemment, à tous les procédés des Anciens & des Goths pour fonder leurs Edifices, aux principes de Statique qui prouvent la nécessité de ces procédés, aux inconvéniens qui sont résultés de leur négligence en batissânt l'Eglise de Saint Pierre de Rome, & enfin aux précautions qu'on a prises pour assurer les fondemens de celle de Sainte Genevieve, doit être sans doute surpris en voyant la maniere dont est fondée l'Eglise de la Magdelaine".[151]

Pierre Patte macht zahlreiche Vorschläge, um die Solidität des Baus zu verbessern. Er rät, alle Fundamente miteinander zu verbinden, "comme de coutume", und zusätzlich zu verstärken. Patte drängt darauf, mit den Fundamenten der Freisäulen ebenso zu verfahren, da Contant nur die oberen beiden miteinander und mit dem Seitenschiff verbunden hat.[152] Zudem fordert er, im Kellergeschoß unterhalb der Seitenschiffe die Wände zu

---

148 *Patte* 1769, 193

149 *Patte* 1769, 195

150 *Patte* 1769, 198
Siehe auch Abb. 23, Figur 4. Sie zeigt beide Ausführungen der beziehbaren Eisenanker.
(= Planche V bei *Patte*)

151 *Patte* 1769, 196-197

152 *Patte* 1769, 197

verstärken, da Contant diese nur aus Bruchstein fertigen ließ.[153] Pierre Patte hält diese Baumethode für schädlich:

> "Enfin la façon de construire en réduisant dès les plus basses fondations la bâtisse à un nécessaire absolu, jusqu'à faire en moilons les fondemens même des murs de séparations des chapelles & des sacristies, dans lesquels doit résider toute la force de la construction de cet édifice, paroît devoir lui être préjudicable: de forts libages en pareil cas auroient sans contredit une toute autre solidité que des moilons, par la raison que des grands corps continus ont beaucoup plus de consistance qu'une multitude de petits corps contigus".[154]

Patte will die äußere Umfassungsmauer der Kirche von der Sohle bis zum Boden des Gebäudes verstärken, um die allgemeine Festigkeit zu erhöhen. Er betont, daß es sich bei der Madeleine-Kirche um ein Prestigeobjekt handelt, das mit Blick auf die Nachwelt konstruiert werden soll.[155] Daher solle in seinen Augen kein Risiko eingegangen werden:

> "Bâtir ainsi, n'est-ce pas supposer dans les ouvriers une perfection qu'ils n'apportent presque jamais dans l'exécution? n'est-ce pas se mettre dans le cas de rendre la moindre négligence, ou la moindre inégalité de tassement funeste à un semblable Edifice?"[156]

Dann bringt Patte eine neue Konstruktionsschwierigkeit in die Diskussion ein. Die Errichtung der Freisäule "B" (siehe Abb. 23), der ersten Säule des Peristyls, hält er für technisch unmöglich:

> "De toutes parts l'imagination n'entrevoit aucune solution à toutes ces difficultés, mais ce qu'elle voit clairement, ce sont des obstacles véritables pour l'exécution de cette colonne B."[157]

Die erste Säule der Kolonnaden hat den Anschluß des Langhauses und der Seitenarme an das fünfteilige Gewölbesystem der Vierung einschließlich Hauptkuppel zu gewährleisten. Ferner trägt diese Säule, wie die anderen Säulen auch, die Last der Halbtonne des Mittelschiffs. Patte sieht keine Chance, die technischen Notwendigkeiten dieser komplizierten Zentrikuppelsituation mit den Ausführungswünschen Contants zu verein-

---

153 *Patte* 1769, 197

154 *Patte* 1769, 199

155 *Patte* 1769, 199

156 *Patte* 1769, 199

157 *Patte* 1769, 203

baren. Notwendige Zugeisen würden seiner Ansicht nach unliebsam hinter der Obergadenzone sichtbar werden:

> "Quant aux tirans diagonaux les plus efficaces, sans contredit, pour opérer de la résistance en pareil cas, ils ne peuvent pas quadrer, comme on pourroit le croire, avec la construction indiquée dans le modèle & les desseins. Car les entrecolonnes au-dessus des bas-côtés étant ornées de calottes au lieu de plafonds, il résulte qu'on ne pourra poser ces sortes de tirans à la hauteur des plate-bands où ils seroient nécessaires, & qu'il faudra les placer vers le haut de la corniche de l'entablement, c'est-à-dire dans un endroit où ils ne pourront opérer aucun effet."[158]

Zudem fragt Patte sich, ob die Zugeisen überhaupt stark genug sind, die auftretenden Kräfte aufzunehmen.[159] (Abb. 23, Fig. 2.) Patte gibt zu, daß in diesem komplizierten Fall Ausführungserfahrungen fehlen. Die Gründung der Madeleine muß seines Ermessens ganz neu überdacht werden, wobei Grundkenntnisse der Statik zur Anwendung kommen müssen. Pierre Patte erklärt auch, was er darunter versteht:

> "... principes de la statique, c'est-à-dire à la maniere dont les corps agissent sur le sols qui les reçoivent, & qu'enfin, quand bien même ses fondemens seroient bâtis avec une solidité convenable ou qu'on pût parvenir à les rectifier, il y a lieu de croire que la premiere colonne de la nef ne scauroit être exécutée avec une apparence de succès."[160]

Die Prognose für die Errichtung der Madeleine unter Contant ist niederschmetternd. Pattes Ruf als Architekt mit guten statischen Kenntnissen war schon seinerzeit unumstritten.[161] Obwohl keine Rezension dieser Schrift von 1769 auffindbar ist, wird sie wohl auf großes Interesse in akademischen Kreisen gestoßen sein. Die darin geübte - und berechtigte - Kritik an den Planungen Contants wird dem Ansehen dieses Architekten sehr geschadet haben. Ob und wie Contant auf die Vorwürfe reagiert hat, ist nicht mehr nachzuvollziehen. Meines Erachtens hat er sie nicht berücksichtigt. Beweisen läßt sich diese Vermutung mit einem Ereignis, das sich vierzig Jahre später zutrug.

---

[158] *Patte* 1769, 202

[159] *Patte* 1769, 201

[160] *Patte* 1769, 203

[161] Zur Bedeutung von Pierre Patte siehe *Teyssot* 1978, 67 ff und *Mathieu* 1940

Der dritte Architekt an der Madeleine, Pierre Vignon, mußte 1810 eine Untersuchung der Gründung der Vorgängerbauten vornehmen. Dabei entdeckte er die statisch unsicheren Fundamente und beschloß, diese restlos entfernen zu lassen, obwohl das zu einer weiteren Verteuerung des Baus führte.

Vignons Maßnahme bestätigt im nachhinein die Berechtigung von Pattes Kritik und zeigt, daß Contant dem Kirchenprojekt fachlich nicht gewachsen war. Der schleppende Bauablauf in den siebziger Jahren macht folgende Hypothese wahrscheinlich: die königliche Baudirektion verzögerte die Baumaßnahme, um Contants Planungen zu überprüfen. In der Zwischenzeit mußte Soufflot, der von Patte genauso angegriffen worden ist, mit seinem Projekt Sainte-Geneviève in technischer und ästhetischer Hinsicht Vorreiter des neuen Kolonnadenstils sein.

1.4.3 Die zeitgenössische Kritik unter ästhetischen Gesichtspunkten

Die zeitgenössische Kritik der Madeleine-Kirche kann als eine Art Gradmesser der architekturtheoretischen Diskussion in Frankreich ab der Jahrhundertmitte betrachtet werden.

Es wird deutlich, daß zwei architekturtheoretische Strömungen, Gotikrezeption und Antikenrezeption, eine Synthese in einem neuen französischen Baustil, dem Kolonnadenstil, eingehen werden. Einige Auszüge aus der öffentlichen Kritik sollen unter diesen Gesichtspunkten vorgestellt werden.

Zunächst waren die zeitgenössischen Kritiker von den Entwürfen Contants einhellig begeistert. Die "Affiches" vom 14.9.1763 bezeichnen die Madeleine als "... plus beau temple qu'il y est à Paris, sans exception".[162]

Auch Diderot verleiht in der Salonbesprechung 1763 seinem Enthusiasmus Ausdruck:

> "Ce que je priserai donc dans le morceau de l'Eglise de la Madeleine, ce n'est pas l'architecture: l'éloge, si elle en mérite, appartient à M. Contant; ce n'est pas la perspective: c'est l'affaire d'Euclide.
>
> Qu'est-ce donc? C'est l'effet de la lumière, c'est l'art de rendre l'air pour ainsi dire sensible. Cette vapeur légère qui règne dans les

162 "Les Affiches" v. 14.9.1763

grands édifices est telle qu'on la remarque dans ce morceau de de Machy".[163]

Konkreter wird der "Avantcoureur" vom 9.12.1765. Er spricht die genannte Verbindung von gotischem und antiken Formenvokabular an:

> "... La disposition ingénieuse et sçavante exposée dans les desseins, a eu l'approbation de tous les connoisseurs. Il a sçu réunir ce que nos temples d'un bon gothique ont de frappant par la légèreté de leur construction, et leur majesté. Il y joint la belle simplicité de l'Architecture Grecque, et le bon goût de dessein dans toutes ses parties.
> Cette Eglise fera honneur aux Architectes François, et au siècle où elle aura été construite".[164]

Sogar Pierre Patte, der die Statik der Madeleine heftig kritisiert hatte, war von ihrer Konzeption begeistert:

> "Enfin, la voûte de la nef, qui doit tourner au tour des pendentifs, contribuera à donner à cet ensemble une légèreté & une élégance qu'il n'est pas ordinaire de rencontrer dans l'intérieur des Eglises modernes".[165]

Auch Pierre Contant d'Ivry hat sich zu den Intentionen geäußert, die er mit der Madeleine verfolgt. Er will die Schwerelosigkeit der gotischen Konstruktion mit den Formen der klassischen Architektur versöhnen:

> "Dans la composition de la nouvelle Eglise, l'architecture s'est principalement attaché à luy donner le caractère grand & simple qui convient à la dignité d'un Edifice consacré au culte de la Religion. Il a taché de concilier dans une construction noble & commode, la légèreté des beaux monumens gothiques avec le Stile & l'élégance de la bonne Architecture".[166]

Zur Frage nach ideellen Vorbildern der Madeleine soll Contants "Plan de la Magdeleine" vom 14. Februar 1761 hinzugezogen werden.[167] Der Architekt hat den eigenhändigen Grundriß der Madeleine seitlich des Langhauses mit jeweils zwei Umrißzeichnungen anderer Kirchengebäude

---

163 *Diderot* 1876, 215

164 "L'Avantcoureur" v. 9.12.1765, 762 f

165 *Patte* 1765, 127

166 Contant in seinem Kostenvoranschlag an den Marquis de Marigny. A.N. 01 1688 (5)

167 Plan *Contants* vom 14.2.1761. Vgl. *Gruel* 1910, 32 sowie Abb. 27 (hier)

versehen und diese namentlich genannt. Zuerst sehen wir links oben die Miniaturausgabe der "Nouvelle Magdeleine", darunter "Sainte Genevieve", rechts oben neben dem Langhaus "Notre Dame" und darunter "Saint Sulpice". (Abb. 24)

In den Umrißzeichnungen von Madeleine und Sainte-Geneviève ist der Vierungsbereich durch einen eingezeichneten Kreis hervorgehoben, darüber hinaus akzentuiert Contant auch noch den Hauptaltar der Madeleine gesondert.

Der Sinn der Einzeichnung dieser Kirchen ist offensichtlich: Contant erläutert den Stellenwert seiner Projektierung anhand namhafter Vergleiche beziehungsweise ideeller Vorbilder. Zwei erst zu seiner Zeit konzipierte Kirchen stehen zwei schon ausgeführten gegenüber. Sainte-Geneviève ist ein reiner Zentralbau auf dem Grundriß des griechischen Kreuzes, Notre-Dame und Sainte-Sulpice sind Longitudinalbauten. Die beiden letztgenannten Kirchen sind in der zeitgenössischen Architekturtheorie als Gegensatzpaar gesehen worden[168]:

An Notre-Dame schätzte man die beeindruckende Gesamtwirkung der gotischen Struktur, bemängelte aber die barbarischen Einzelformen, St-Sulpice hingegen galt als Kirche mit unbefriedigender Gesamtwirkung, bei grundsätzlich befriedigenden antikisierenden Einzelformen. Die Verwendung des Pilasters im Innern von St-Sulpice wurde allerdings abgelehnt; das Peristyl der Fassade von St-Sulpice dagegen war bewundernswert, da es dem Ideal der antiken Freisäule entspricht. Sainte-Geneviève folgt dem klaren Konzept der Kolonnadenkirche. Sie ist die Verschmelzung der "légèreté" der gotischen Konstruktion mit der "simplicité" des antikisierenden Freisäulenstils.

Contant muß gewußt haben, daß er den Stil des Architekten Soufflot nicht kopieren konnte. Er scheint bei seiner Madeleine an eine bei weitem gewagtere Synthese gedacht zu haben. Contant will nicht nur die Verbindung der Gotik mit dem antiken Freisäulenarchitravstil - für den der antike Tempel maßgeblich ist - sondern darüber hinaus will er ein Drittes in die Konzeption integrieren. Wenn Contant St-Sulpice als positiv zu bewertenden Bau zitiert, kann das nur bedeuten, daß er auch die französische Barockkirche für verpflichtend hält. Damit will er drei verschiedene Architekturtraditionen, Antike, Gotik und Barock, miteinander versöh-

[168] Siehe *Laugiers* Vergleich Notre-Dame und St-Sulpice. In: *Laugier* 1753/55, 174 f

nen. Mit diesem Anspruch setzt er sich von seinem Konkurrenten Soufflot ab.

Beide Architekten, Contant d'Ivry und J.G. Soufflot, modernisieren in den Augen der Zeitgenossen bei konzeptionellen Unterschieden den französischen Kirchenbau. Der Kolonnadenstil, der Gotik und Antike versöhnt, wird zum Programm erhoben, wie auch Gauthey 1771 betont:

> "On leur aura l'obligation de nous avoir ramenés à la pureté & à élégance de l'architecture grecque en la concilant avec les excempels savans que nous ont laissée architectes goths pour l'art des constructions".[169]

Im gleichen Jahr bestätigt auch J.-F. Blondel in seinen "Cours d'architecture" den epochemachenden Charakter des Contantschen Planes und seine Gleichrangigkeit mit dem Bauvorhaben Soufflots:

> "Les nouvelles églises de Sainte Geneviève par M. Soufflot et de la Madeleine par M. Contant suffiront pour immortaliser notre architecture".[170]

Auch Johann Wolfgang von Goethe war die französische Sakralbauinnovation des 18. Jahrhunderts bekannt. 1774 äußert er sich im "Hymnus auf Erwin von Steinbach" zu den zeitgenössischen Tendenzen:

> "Und unser ævum? hat auf seinen Genius verziehen, hat seine Söhne umhergeschickt, fremde Gewächse zu ihrem Verderben einzusammeln.
>
> Der leichte Franzose, der noch weit ärger stoppelt, hat wenigstens eine Art von Witz, seine Beute zu einem Ganzen zu fügen, er baut jetzt aus griechischen Säulen und deutschen Gewölben seiner Magdalene einen Wundertempel".[171]

Die Aktualität der Entwürfe Contants sollte aber nicht lange gegeben sein: 1753/55 war es dem Theoretiker Laugier gelungen, Stilideale des Vitruvianismus[172] und der Gotikrezeption miteinander zu verbinden.[173] Um 1775 erfolgte ein Geschmackswandel. Der an Contants Plänen hochgepriesene "bon goût de dessein", den der Avantcoureur 1765 herausstellte, diminuierte zum "mauvais goût". Dazu eine anonyme Notiz, ver-

---

169 *Gauthey* 1771, 67

170 *Blondel* 1771 I, 108

171 *Goethe* o.J., Bd. 4, 347

172 Vgl. *Germann* 1980

173 *Laugier 1753/55*

mutlich aus Akademiekreisen, die den letzten Entwürfen Contants beigefügt war:

> "Tout ce qui pouvoit arriver de plus facheux c'est que cette église fut continuée sur les mêmes erremens, car le modèle est une preuve du mauvais goût de l'auteur, qui a sçu, avec des moyens grecs faire une espèce d'Eglise gothique du moins pour l'intérieur".[174]

Nach dem Tode Contants im Jahre 1777 änderte der Architekt G.-M. Couture die Pläne für die Madeleine. Heute würde man bei seiner Maßnahme von einer 'Modernisierung' sprechen. Er fügte - dem Zeitgeschmack entsprechend - der Madeleine einen Tempelportikus an.

---

[174] A.N. 01 1688 (15)

2. Der Bauverlauf 1777-1789 unter G.-M. Couture

Im Jahr 1774 wurde, wie berichtet, der jüngere Architekt Guillaume-Martin Couture (1732-1799) Contant zur Seite gestellt, nachdem dieser im Jahr zuvor das Langhaus der Madeleine eigenmächtig auf drei Travéen eingekürzt hatte, eine Maßnahme, die von König und Kurie nicht gebilligt wurde. Von 1775 bis 1777 ruhten die Bauarbeiten. Ein königlicher Bescheid vom 31. Dezember 1777 bestätigt einen neuen Plan Coutures für die Madeleine[175] (Abb. 25).

Die etwas undurchsichtigen Umstände, unter denen der namenlose Architekt den Auftrag erhalten hatte - Contant deutet in seinem letzten Brief an die Akademie mit vorsichtigen Worten eine Intrige an, der er und sein Schwiegersohn Dulin zum Opfer gefallen seien[176] - verursachten Mißtrauen von seiten anderer Akademiemitglieder. Die Lage spitzte sich zu. Ein 1785 vermutlich von Dulin verfaßter Schmähbrief "Lettre à un ami sur monument public" beschuldigte den Architekten Couture der Unstetigkeit in der Bauausführung und verurteilt seine Planänderungen heftig:

> "Il prend aujourd'hui un parti qu'il abandonne demain; il n'élève une année que pour détruire l'année suivante. Ses idées ne sont ni nettes, ni fixes; ..."[177]

Ein Dekret des Staatsrates verbot am 19.7.1785 die Schmähschrift, dem König waren aber schon über den Baudirektor die Beschuldigungen angetragen worden und man leitete eine Untersuchung ein.[178] Hauptbeschwerdepunkte waren Coutures menschliche Führungsschwäche und seine unangemessene Reaktion auf die eingeleiteten Untersuchungen.[179] Der Architekt schien aber nicht gewillt zu sein, das Madeleine-Projekt aus der Hand zu geben. Trotz der Angriffe blieb sein Selbstbewußtsein ungebro-

---

175 Der königliche Bescheid befindet sich im Privatbesitz von L. Gruel. *Gruel* 1910, 33-34

176 Brief Contants vom 26.7.1777 an die Akademie; A.N. 0 1688 (15)

177 A.N. K. 982, n 74 oder
Dulin: Lettre à un ami sur un monument public, 1785, 1-23, ohne Ort. B.A.A. 8 I 553
Siehe auch *Gruel* 1910, 35, Anm. 1. Gruel erwähnt in dieser Anmerkung die Ansicht von Maurice *Tomeux* in der "Bibliographie de l'Histoire de Paris pendant la Revolution française" III, daß der Schmähbrief entweder Pierre de Courde de Montaiglon oder eher Claude-Etienne Beaumont zuzuschreiben sei, der von Couture entlassen worden war

178 *Gruel* 1910, 35

179 *Gruel* hält die Beschwerden für berechtigt. Vgl. *Gruel* 1910, 35

chen und er forderte den Baudirektor d'Angiviller in einem Schreiben vom 22.1.1788 sogar auf, eine hinter der Madeleine liegende Straße "Rue Couture" oder "Rue Couture Sainte Madelaine" zu nennen; dieses Ansinnen wurde abgelehnt.[180] In der Folgezeit wurde Couture aber für den St.-Michaels-Orden nominiert.[181]

Auch ein Schreiben an die Akademie vom 17. Mai 1789 gibt Einblick in die Persönlichkeitsstruktur Coutures. Darin empfiehlt sich der Architekt für ein "projet d'un monument public sur L'emplacement de La bastille en memoire du retablissement des Etats generaux" und bezeichnet dieses von ihm entworfene Bauwerk als:

> "... digne de la nation et du Monarque bienfaisant qui vous gouverne, mais il demande des talents superieurs, quon ne peut exiger d'un amateur; ..."[182]

Die Französische Revolution holte die vermeintlich ruhmesträchtigen Pläne Coutures für die Madeleine ein. Am 14. Juli 1789 wurde die Bastille erstürmt, am 20. Juli begann eine emotionale Massenunruhe, die heute von der Mentalitätsgeschichtsforschung als "Grande Peur" bezeichnet wird, am 26. August 1789 wurden in Paris die Menschenrechte ausgerufen.[183] Vier Tage vorher beantragte Couture beim Baudirektor von Paris die Erlaubnis, zu "Studienzwecken" nach Rom gehen zu dürfen. Diesem Ansinnen wurde stattgegeben. Nach seinem Romaufenthalt lebte Couture bis zu seinem Tode 1799 zurückgezogen in Passy.[184] Eine Order der Communes, die sich zur Assemblée Nationale erklärt hatten, führte am 30.12.1791 zur endgültigen Schließung der Baustelle.[185] Couture gelang es nicht mehr, Einfluß auf die Madeleine-Planung zu nehmen.

---

180 *Gruel* 1910, 36

181 Ebenda

182 *Ottomeyer* 1971/1974, 166

183 Siehe Zeittafel in *Vovelle* 1982, 160 ff

184 *Gruel* 1910, 37

185 Ebenda

2.1 Coutures Projekt für die Madeleine 1777 im Vergleich zu den Planungen Contants

Coutures Entwurf für die Madeleine nimmt die ursprüngliche Lösung Contants in vielen Momenten wieder auf (Abb. 25, 26). Der Umriß des lateinischen Kreuzes ist beibehalten, dem Innenraum aber ist ein Kreuz mit zentralisierender Tendenz eingeschrieben. Couture rekurriert auf die fünf Langhausjoche Contants, als Abschluß der gestauchten Seitenschiffe werden halbkreisförmige Apsiden eingebracht, die Chorapsis beschreibt einen Dreiviertelkreis. Diese Formen sind dem rechteckigen Grundriß des Baus einbeschrieben. Der Chorarm ist gelängt und besteht aus fünf Jochen. Dem Chorabschluß sind rechteckige Räume angegliedert, die einen Rücksprung zur Apsis bilden. Die Vierung hat dank einer dominierenden Kuppel ihren ursprünglichen Charakter behalten. Das Kapellenumgangssystem der Seitenschiffe des Vorgängerbaus ist aufgelöst und die dafür typische Eckakzentuierung durch Kapellen (im Übergang von Lang- zu Querhaus) entfällt ebenso.

Die größte Veränderung betrifft den Außenbau, da dieser im Langhausbereich eine Angleichung an einen griechischen Peripteros erfährt. Acht gleichmäßig gereihte Freisäulen auf einheitlichem Niveau bilden eine dominante Fassade, die Langhausseiten werden von je sieben mit Architravgevierten gedeckten Freisäulen gebildet. Der Portikus besitzt eine dem Grundrißschema integrierte Säulenvorhalle, der Fassade ist eine Freitreppe mit flankierenden Podesten vorgelagert.

Coutures Entwurf für die Madeleine ist merkwürdig uneinheitlich. Die Anordnung des Freisäulensystems im Innern der Kirche korrespondiert nicht mit dem Säulenumgang am Außenbau, zwei Grundrißschemata treffen aufeinander. Der Außenbau entspricht im Grundriß einer Rasterplanung und rekurriert auf die geometrische Grundform des Rechtecks. Im Bereich der Vierung greift Couture wieder auf die Konzeption Contants zurück, was seinem Entwurf aber die Stringenz nimmt. Auch die Innengestaltung kann aufgrund ihrer Uneinheitlichkeit nicht überzeugen. Der zeitgenössische Kritiker Dulaure ist der Ansicht, daß der imposante Portikus eine ebenfalls überzeugende Innengestaltung erwarten läßt. Da diese Vorstellung des Betrachters aber nicht eingelöst werde, könne man nur von "Betrug" sprechen.[186]

---

[186] *Dulaure* 1791, II, 178

Dulaure begründet seine Ablehnung der Entwürfe Coutures für das Innere der Madeleine:

> "... M. Couture ignore l'art des développemens d'un vaste intérieur, l'art de la prolongation des lignes qu'on admire avec extase dans les temples d'Italie, et que nos architectes gothiques avoient quelquefois employé avec un grand succès dans nos anciennes Eglises."[187]

Im Vergleich zu Coutures Konzeption muß man Contants letzte Planstufe mit dem 3-Travéen-Langhaus (Abb. 21) als rückschrittlich bezeichnen. Sie veranschaulicht die Wiederaufnahme barocker Kompositionsprinzipien. Der Grundriß basiert auf dem griechischen Kreuz, die Fassade besitzt einen eingeschriebenen Säulenportikus. Im Innern wurde dem Zentralbau, vermutlich um liturgischen Einwänden vorzubeugen, eine Chorapsis angefügt, die Kapellen im Eingangsbereich sind geräumig angelegt. Die Gesamtwirkung der Kirche hat eine Änderung erfahren. Weder Kapellenumgangssystem noch Kolonnadenstil bestimmten eindeutig den Charakter des Baus. Die Kuppel über dem Hauptaltar beherrscht jetzt alles, ihrem Eindruck müssen sich die übrigen Raumteile fügen. Das Freisäulenmotiv wird in verschiedenen Modi verwendet. Dreiergruppen tragen die Hauptkuppel, sie flankieren ebenfalls die Chorapsis. Am Eingangsbereich des Langhauses stehen zwei versetzte Freisäulen. Die ehemals stringent konzipierte Kolonnadenstruktur ist zugunsten eines verunklarten Systems aufgegeben. Erst E.-L. Boullée sollte es 1784 mit seinem Idealprojekt für die Madeleine gelingen, eine überzeugende Planung vorzulegen; sein Entwurf (Abb. 27-29) wurde aber nicht ausgeführt.

2.2 Die zeitgenössische Rezeption der Planungen Coutures

Es bleibt die Frage offen, wie die Architekturkritik des späten 18. Jahrhunderts die Planungen Coutures bewertet hat. In dem bekannten zeitgenössischen Werk von Jaillot "Recherches critiques, historiques et topographiques sur la ville de Paris" von 1782 finden wir keinen Hinweis auf die Neukonzeption der Madeleine oder auf Bauarbeiten unter Leitung Coutures. Es ist nur die ältere Baugeschichte dokumentiert.[188] Auch Lan-

187 *Dulaure* 1791, II, 177

188 *Jaillot* 1782, I, 60

don und Legrand in ihrer "Description de Paris et ses Edifices" von 1806 zeigen einzig die Geschichte der Kirche im Mittelalter auf.[189] Die "Essais historiques sur Paris" von Saint-Foix[190] wissen in der Ausgabe von 1777 noch keine Neuigkeiten zu berichten. Thiery gibt 1787 in seinem Stadtführer "Guide des amateurs et des étrangers voyageurs à Paris ..." einen kurzen Abriß der bisherigen Baugeschichte, bestätigt die Wahl des Architekten Couture le jeune durch ein königliches Dekret vom 7. Februar 1777 und umreißt kurz die Planänderungen, die der neue Architekt vornehmen soll:

> "... & en même tems de dresser un nouveau plan pour satisfaire aux répresentations qui lui avoient été faites par le Curé de la Madeleine sur l'insufisance des proportions de la nef, & remédier aux inconvéniens; ce qui a donné lieu au changement de décoration pour le portail, & à differentes parties de l'intérieur de l'Eglise, en conservant le plus possible les constructions déjà faites."[191]

Thierry schließt seine Erläuterungen mit einer allgemeinen Einschätzung der zukünftigen Gesamtwirkung:

> "Ce monument, qui doit terminer la vue de la place de Louis XV par la rue Royale, présentera un aspect magnifique, qui ajoutera encore à la beauté de cette place & des batimens qui l'environnent."[192]

Es sah zunächst so aus, als ob Coutures Konzeption in der zeitgenössischen Guidenliteratur zu diesem Zeitpunkt noch keine Resonanz gefunden hatte. Das Projekt war ja auch nicht öffentlich ausgeschrieben und die Bauarbeiten wurden von der Revolution zum Stillstand gebracht.

Um so überraschender ist die Ausführlichkeit, mit der Dulaure 1791 über die Planungen und ihre Hintergründe spricht. Der Stadtführer "Nouvelle description des curiosités de Paris ..."[193] liest sich wie die Klatschspalte einer Illustrierten. Der Autor Dulaure breitet Informationen und kritische Kommentare rückhaltlos aus. Nach einem Abriß der Baugeschichte unter Contant beginnt Dulaure mit einer ausführlichen Analyse des Baus gemäß der Planung unter Couture. Er bezeichnet die

---

189 *Landon / Legrand* 1806 I, 142

190 *Saint-Foix* 1777

191 *Thiery* 1787 I, 93

192 *Thiery* 1787 I, 93 f

193 *Dulaure* 1791 II

Umstände, unter denen Couture die Nachfolge Contants antreten konnte, als "peu délicats"[194] und kritisiert das Auftreten Coutures heftig: "... il agit comme un ministre qui en remplace un autre."[195] Dulaure hält aber auch Contants Pläne nicht für makellos und nennt ausführlich seine Kritikpunkte:

> "A la vérité le plan du premier architecte, M. Contant d'Ivry, n'étoit pas sans défaut. Ses formes n'étoient ni simples ni nobles Son portail ne devoit point avoir cette grandeur, cette majesté, convenables à la place dont il devoit former une des parties de la décoration; enfin ses dessins se ressentoient de la dépravation du goût de son temps, et de l'espèce de barbarie où les beaux arts étoient tombés vers les commencemens du règne de Louis XV."[196]

Dulaures Kritik an den Baumaßnahmen Coutures ist aber bei weitem schärfer. Er ist der Ansicht, daß dieser, statt die Nachteile des Vorgängerbaus zu beseitigen, in eine Menge anderer Fehler verfallen sei. Dadurch habe er viel Zeit verloren, immense Summen für die Zerstörung von Gebäudeteilen verschwendet sowie Materialverluste allein deshalb hinnehmen müssen, weil sein Ehrgeiz ihn dahin verleitete, für alles selbst zu zeichnen statt weite Gebäudeteile zu bewahren und andere zu korrigieren, was seines Ermessens auch zu einem befriedigenden Gesamtergebnis geführt hätte.[197]

Dulaures Fazit fällt deutlich zu Ungunsten Coutures aus:

> "Si l'on excepte le portail et quelques autres parties de pure décoration, le plan que M. Couture fait exécuter est bien inférieur à celui du premier architecte; s'il a quelquefois remplacé des defauts par des beautés, il a plus souvent substitué de grands défauts à des beautés. La seule comparaison des plans de M. *Couture*, et de ceux de M. *Contant-d'Ivry* sufit pour le prouver."[198]

Auch zum Bauverlauf kann der Stadtführer Stellung nehmen. Er berichtet, daß Couture schon 1779 das Bodenniveau der Kirche erreicht und mit der Errichtung der darüberliegenden Gebäudeteile begonnen habe, diese aber schon im folgenden Jahr wieder zerstören ließ, da ihm die

---

194 *Dulaure* 1791 II, 176

195 Ebenda

196 Ebenda

197 *Dulaure* 1791 II, 177

198 Ebenda

Abmessungen zu gering erschienen.[199] Zudem änderte Couture die Kapellen im Eingangsbereich und die Vierung der Kirche, obwohl einige Bauwerkskörper in diesem Teil der Kirche schon eine Höhe von neun oder zehn Fuß erreicht hatten.[200] Interessanterweise versucht Dulaure auch zu ergründen, warum dem Projekt und seinem Architekten der Erfolg versagt bleibt:

> "Ce que nous venons de dire suffit pour prouver que M. *Couture* a trop présumé de ses talens ou du mauvais goût de son sicèle, en se chargeant de cette grande entreprise, et suffit pour montrer l'impéritie ou l'injustice des hommes en place qui accordoient tout à l'intrigue, et rien au talent. C'est ce qui a fait que depuis plus d'un siècle, les édifices les plus considérables ont été confiés à des artistes très-médiocres, pour ne pas dire plus."[201]

In einer Anmerkung[202] zu dieser Beschuldigung wird Dulaure noch konkreter und behauptet, daß der König und die königlichen Prinzen von Lobbyisten umgeben seien, die ihre Dienste entweder für Gefälligkeiten oder gegen Geld den charakterlich Schäbigsten oder Bestzahlenden anböten; ein Talentierter brauche sich nicht auf diese Weise anzubieten, da man ihn suchen würde. Aufgrund der beschriebenen Verhältnisse brauche man sich daher nicht zu wundern, daß die bestbezahlten Architekten des Hofes letztlich ohne berufliche Verdienste seien. Bissig setzt Dulaure hinzu:

> "Doit-on s'étonner de voir un sieur *Micque*, premier architecte du Roi, lui qui n'est connu que dans l'almanach royal et dans la liste dès pensions."[203]

Der Stadtführer von Dulaure schließt seine Betrachtungen zur Madeleine-Planung mit einer kurzen Beschreibung der Planungen Coutures.

---

199 *Dulaure* 1791 II, 178 f

200 Ebenda
In einer Anmerkung deutet Dulaure an, daß er den Brief Dulins an Couture ebenfalls kennt. Er empfiehlt ihn wegen seiner Ausführlichkeit den Lesern. Anmerkung (1), 179

201 *Dulaure* 1791 II, 179 f

202 *Dulaure* 1791 II, 180. Anmerkung (1) des Verfassers

203 Ebenda

2.3 E.-L. Boullée: Projekt für die Madeleine-Kirche

Im Jahre 1784 befand sich der Pariser Architekt Etienne-Louis Boullée (1728-1799) zusammen mit anderen Architekten in der Kommission, die die Baupläne Coutures untersuchen sollte.[204]

Boullée setzte sich ausführlich mit der Madeleine-Planung auseinander. Sein Projekt, das Anfang der achtziger Jahre entstanden sein dürfte, ist uns durch beeindruckende Zeichnungen im Bestand der Nationalbibliothek in Paris überliefert.[205] (Abb. 27-29)

Der Titel des Idealentwurfes "Projet de l'église de la Magdeleine assujetti aux fondations de l'ancien architecte" verdeutlicht die Bindung an die konkrete Bauaufgabe.

Boullée knüpft an Baugedanken aus den Entwürfen Contants von 1761 und Coutures von 1777 an und entwickelt sie weiter, so daß man alle drei Architekten in eine ideelle Entwicklungsreihe stellen kann. Der Grundriß des lateinischen Kreuzes und die Idee einer dominierenden Kuppel werden in allen drei Entwürfen beibehalten. Von Contant übernimmt Boullée die dreischiffige Disposition des Langhauses zu sieben Travéen, die Folge der Seitenkapellen, die, wenngleich ohne Laufgang und undurchlichtet, den Säulenintervallen entsprechen, ferner die Idee der Zentrumskapellen im Vierungsbereich sowie die den Eingang flankierenden Kapellen. Die Kapellenwände werden bei Boullée zu Massiven, um die Kräfteableitung der überaus großen Kuppel zu sichern.

Von Couture übernimmt Boullée die Freisäulen am Außenbau des Langhauses, die Portikusgestaltung[206], hier mit doppelreihigen Freisäulen und die Idee, den Kreuzarmen apsidialen Charakter zu geben. Bei Boullée durchbricht der halbkreisförmige Anschluß der Querarme auch im Chorhaupt das Grundrißschema und wird, ähnlich wie in Dupuis Entwurf

---

204 *Hautecoeur* 1952, 339

205 Etienne-Louis Boullée: Projekt für die Madeleine in Paris.
Paris, Bibliotheque Nationale, Cabinet des Estampes Ha 57 (1-3);
(1) Grundriß: schwarze Federzeichnung mit Lavierungen; 39 x 46 mm; bezeichnet "Projet de l'église de la Magdeleine assujetti aux fondations de l'ancien architecte. No 2";
(2) Aufriß des Außenbaus: Technik wie (1); 50 x 40 mm; vom Architekten bezeichnet wie (1)
(3) Längsschnitt: Technik wie (1); 49 x 39 mm; vom Architekten bezeichnet wie (1)

206 Vgl. auch Labrière, Portikus für Saint-Germain-l'Auxerrois 1757 sowie Lequeu, Portikus einer Augustinerkirche 1780 in: Petzet 1961, Abb. 71 u. Abb. 72

für Saint-Paul 1764[207], nach außen gelegt und schafft dadurch zusätzliche, dekorative Kirchenzugangssituationen. Auch Dupuis verwendet für den Portikus doppelreihige Freisäulen. Das Peristyl, das sich auch in den Kreuzarmen fortsetzt, bestimmt die Disposition im Inneren. In der Vierung sind die Pfeiler über Eck gestellt.[208] Ob aber diese versetzten Vierungssäulen in der Lage sind, als Widerlager zu dienen für die überaus großzügig dimensionierte, zweischalige Kuppel mit ihrem massiven Kuppeltambour sowie einem inneren und äußeren Säulenring, ist fraglich. Das durchlaufende Gebälk der Kolonnade soll darüber hinaus schon die auftretenden Kräfte der kassettierten Tonne Boullées, die nur durch kleinformatige Bogenfenster über den Säulenintervallen durchlichtet ist, ableiten. Das gotisierende Element eines hohen Lichtgadens - verbunden mit Stichkappen wie bei Contant - vermag die Kräfteableitung eher zu leisten als eine Tonne, die nur circa ein Fünftel niedriger ist als die sie tragende Säulenordnung des Untergeschosses. Der Durchmesser der Kuppel Boullées beträgt fast ein Drittel des Gesamtbaus inclusive Portalzonen an Vorder- und Rückfront oder, wenn man diese Bereiche nicht berücksichtigt, etwas mehr als die Hälfte des Langhauses.

Die Außenwände des Kirchenbaus haben keine Fenster und auch die quadratischen Kapellen sind nur zum Schiff hin geöffnet. Die Beleuchtung des Mittelschiffs ist spärlich und setzt nur wenige Akzente. Die Kuppel wird von einer gleichmäßigen mittleren Helligkeit durchflutet. In Kontrast zum dunkleren Mittelschiff wird sie optisch zum Kultmittelpunkt.

Nun könnte man zu dem Schluß kommen, Boullées Pläne für die Madeleine einzig als gelungene Zusammenfassung der vorangegangenen Konzeption von Contant[209] und Couture anzusehen. Sicherlich hätte diese Betrachtungsweise insofern ihre Berechtigung, als die Entwürfe in der Tat verschiedene Einfälle der Vorgängerbauten motivisch variieren und vereinen. Boullées Planstudien weisen aber meines Erachtens über eine allein

---

207 Vgl. Dupuis, Saint-Paul, 1767, Grundriß in: Petzet 1961, Abb. 69

208 Vgl. *Petzet* 1961, 121
Petzet bezeichnet die über Eck gestellten Vierungspfeiler als "vorbildliche Lösung" und nennt als Vergleichsbeispiel Ledoux Kirche von Chaux

209 Vgl. *Rosenau* 1976, 15
"They display a certain resemblance to the plans of Contant d'Ivry. Boullées designs may be dated after Contant's death in 1777 and before 1785, according to the Procès-Verbaux of the Académie Royal d'architecture"

rezeptive, ideelle Weiterentwicklung hinaus, da Boullée die Komplexität der Vorgaben *methodisch* reduziert.

E.-L. Boullée verwendet auf einem modular konzipierten Grundriß nur einige wenige Architekturelemente. Diese werden miteinander kombiniert oder systematisch variiert. Der Abstand zwischen zwei Säulen im Quadrat bestimmt den Grundriß, der zum Grundnetz wird. Dieses serielle Architekturkonzept arbeitet mit deutlich voneinander abgegrenzten Elementen. Die architektonischen Einzelformen werden stilisiert und in ihrer 'reinsten' Ausprägung vorgeführt. Das Auge wird nicht durch Zierformen abgelenkt. Die reine, undurchfensterte Wand steht der reinen Säule gegenüber. Der Pilaster, als eine gleichsam auf die Wand applizierte Säule, ist verpönt. Das Gewölbe ist Gewölbe, undurchlichtet und asketisch kassettiert. Die Klarheit der Gesamtwirkung wird über die Stilisierung der architektonischen Einzelformen und über die stringent rationale, modulare Konzeption erzielt. Der Längsschnitt der Madeleine macht deutlich, daß die Reinheit des architektonischen Stils merkwürdig mit einer 'mystisch' zu nennenden Beleuchtungssituation kontrastiert. Zwei einander widersprechende Konzeptionen treffen in einem Entwurf aufeinander: Rationalität und Irrationalität. Im folgenden Kapitel soll diese Ambivalenz näher erläutert werden.

2.3.1 Der Madeleine-Entwurf Boullées: eine Architekturutopie?

Boullées Studien zur Madeleine, die Ende der siebziger oder Anfang der achtziger Jahre des 18. Jahrhundert entstanden sein dürften[210], weisen über andere Entwürfe der Vorrevolution formal bei weitem hinaus.

Sein Projekt besitzt eine Monumentalität, die Höhung und Isolation für das Kunstwerk bedeutet und auf die rationale Klarheit des architektonischen Aufbaus rekurriert. Drei Qualitäten machen die intelligible Grund(riß)konzeption aus: Purismus, d.h. konkret sachliches Kalkül der Planung, Serialität, in der Anwendung des modularen Kompositionsprinzips, und Hermetik, sprich Stilisierung der architektonischen Einzelformen.

Die rationale Klarheit wird mit einem irrationalen Element kontrastiert. Boullée wählt für sein Kirchenprojekt eine Beleuchtungsform, die Sensi-

[210] Vgl. *Hesse* 1984, 179 f. Vgl. *Rosenau* 1976, 15

bilität und Einstimmung evoziert: Das Licht fällt bald scheinwerferartig - mit hartem Kontrast von Hell und Dunkel - bald indirekt, mit verdeckter Lichtquelle, in den Kirchenraum ein. Der Beschauer ist der 'mystischen' Lichtführung ausgesetzt. Boullées Architekturzeichnungen zur Metropolitankirche, die über die Madeleine-Planung formal hinausweisen, geben das Innere sogar in wechselnden Beleuchtungszuständen wieder.[211]

Das Madeleine-Projekt Boullées ist im Vergleich zur Architekturvision "Metropolitankirche" konventionell.[212] Das mag auch an der Bindung Boullées an die konkrete Bauaufgabe liegen. Dennoch stellt der Madeleine-Entwurf den Versuch dar, Phantasie in Architektur freizusetzen und eine Gegenwelt zu entwerfen. Züge einer Architekturutopie zeigen sich daher auch am Idealprojekt der Madeleine. Eine Definition von Utopie soll diese Behauptung abschließend veranschaulichen.

Eine Utopie ist der "... Entwurf einer möglichen Welt, der bewußt die Grenzen und Möglichkeiten einer jeweiligen Wirklichkeit übersteigt und eine substantiell andere Welt anzielt, eine Welt, die sich durch ein hohes Maß an Vollendung auszeichnet."[213]

211 Abbildungen bei *Perouse de Montclos* 1969 oder *Rosenau* 1976

212 Vgl. *Rosenau* 1976, 15
"The designs of the Madeleine belong to the more conventional schemes by Boullée, although they incorporate many of his ideas on proportion and lighting, as explained in his chapter on 'Basiliques.'
They display a certain resamblance to the plans of Contant d'Ivry ..."

213 *Nipperdey* 1962, 352

3. Die Revolutionszeit (1789-1799)

Am 22. August 1789 richtete Couture, der zweite Architekt der Madeleine - wie berichtet - ein Gesuch an den Baudirektor von Paris, sich zwecks "vergleichender Kapitellstudien" (études relatives aux chapiteaux) nach Rom begeben zu dürfen. Seinem Ansinnen wurde stattgegeben. Nach seiner Rückkehr zog sich Couture 1793 nach Passy zurück, und es gelang ihm nicht mehr, noch irgendeinen Einfluß auf den Bau der Madeleine zu gewinnen. Couture starb 1799.

Obwohl die Bauarbeiten an der Madeleine seit dem 30.12.1791 ruhten, verlor das Projekt auch während der Revolutionszeit nicht an Anziehungskraft für eine Vielzahl an Architekten (Abb. 42).

Die Königliche Bauakademie war während der Französischen Revolution (1789-1799) noch funktionsfähig. Schon 1790, in der Anfangsphase der Wirren, mußte diese Institution studentischen Reformbestrebungen nachgeben und die Teilnahmeberechtigung an akademischen Treffen sowie die Regeln für den Grand Prix de Rome überprüfen.[214] Ab Juni 1790 kam es zu Reformen, bei denen die Statuten geändert wurden. Im Juni 1791 wird sogar der Gedanke diskutiert, eine Nationale Akademie der Künste zu gründen.[215]

Das entstehende Nationalbewußtsein des französischen Volkes läßt sich an einer Folge neuer Architekturprojekte ablesen. Auch die Madeleine lag im Zentrum des erwachenden nationalen Interesses.

Der Abgeordnete A.-G. Kersaint machte am 15. Dezember 1791 den Vorschlag, der Nationalversammlung ein Gebäude zu errichten. Auch E.-L. Boullée antwortete auf diese Anregung mit einem Entwurf.[216] Der spätere Architekt an der Madeleine, der achtundzwanzigjährige Pierre Vignon, trat ebenfalls mit einem Plan für dieses Gebäude an die Öffentlichkeit, er wollte aber die Madeleine zu diesem Zwecke umwandeln. Der Titel, den Vignon für seine Pläne gefunden hatte, gibt Einblick in die großzügige Planung:

---

214 Ich beziehe mich bei diesen Angaben auf die Zeittafel im Aufsatz von Annie *Jacques* und Anthony *Vidler*. Chronology:
The Ecole des Beaux Arts, 1671-1900. In: Oppositions, New York 1977, 8, 151-157

215 a.a.O., 153

216 Publiziert bei *Didot*: Discours sur les monuments publics, avec 12 planches, 1792

"plans et projets pour l'établissement de l'Assemblée nationale et de ces bureaux dans l'enceinte actuelle des constructions de la nouvelle église de la Madeleine de la Ville-l'Evêque et le percement de nouvelles rues bordées de galeries destinées à servir de communication avec le château des Tuileries, le tout sans être à charge du trésor public."[217]

Pierre Vignon scheint, obwohl erst hoffnungsvoller Nachwuchsarchitekt, eine Stellungnahme in dieser Angelegenheit verfaßt zu haben, die von höchstem Selbstbewußtsein zeugt. Daraufhin reagierte der Architekt Bienaimé im Frühjahr 1794 mit einer Gegendarstellung, die sich heute im Bestand der Nationalbibliothek in Paris befindet:

"La Vérité sur Pierre Vignon ou Résponse a son Ecrit par le rédacteur du rapport fait au comité d'Instruction publique de la Convention nationale, par la Société Républicaine des Arts, le 28 nivôse, an 3 de la République une et indivisible."[218]

Bienaimé kommentiert einige Aussagen Vignons bissig:

"Tu dis encore qu'en 1791 tu présentas un projet pour placer l'assemblée nationale dans le monument de la Magdelaine; ça devait-être bien beau! tu ajoutes que ce projet fixa l'attention des comités: cela ne prouve rien ..."[219]

Vignon hat wohl auch behauptet, daß sein Projekt ihm den ungeteilten Ruhm der Nachwelt bescheren werde. Diese Aussage zitiert Bienaimé und bemerkt lakonisch:

"Je ne consentirais jamais à partager avec personne la gloire que mon projet devait m'acquerir. - La gloire!!! qu'on me dise qu'il n'y a pas la de quoi rire."[220]

Letztlich ist die gesamte hitzige Auseinandersetzung fruchtlos, da es in den nächsten Jahren nicht gelingen wird, irgendeinen Plan in die Tat umzusetzen. In der Folgezeit sollte die Madeleine noch Anlaß verschiedener Umgestaltungspläne sein.[221] Wichtige politische Ereignisse aber verhinderten zunächst eine Entscheidung. Im September 1792 hatte sich Frankreich zur Republik erklärt, aufwendige Kriege in Gesamteuropa waren die

217 A.N. AD XIII, 13

218 *Bienaime* 1794

219 *Bienaime* 1794, 11

220 *Bienaime* 1794, 6

221 Vgl. Kap. 4.1 dieser Arbeit

Folge. Im Mai 1794 wird das Christentum zugunsten eines "Kultus der Vernunft" abgeschafft.[222] So kommt es auch 1794 noch nicht zu einer zukunftsweisenden baulichen Entscheidung für die Madeleine. Ganz im Gegenteil!

Für 1794 und 1795 ist belegt, daß sich ein Buchmacher und ein Weinhändler Konzessionen besorgt hatten, um ihre Geschäfte auf dem Gelände und in den Gebäudeteilen der Madeleine, vorwiegend im Kellergeschoß, abwickeln zu können.[223] Zudem wird berichtet, daß es in diesem Zeitraum trotz Baustellenwächter und Einfriedung des Grundstücks vermehrt zu Diebstählen von Steinen und Holz kam.[224] 1795 entfernte man das Baugerüst der Madeleine, um es für Arbeiten am Panthéon (vormals Sainte-Geneviève) zu verwenden.[225] Im Jahr 1797 äußerte der Finanzminister die Überlegung, die unter Couture erstellte Bausubstanz vollständig abzutragen und das Grundstück zu verkaufen.[226] Da diese Maßnahme zu kostenaufwendig gewesen wäre, verzichtete man darauf. Stattdessen gingen die Überlegungen weiter, wie die Gebäudefragmente, die unter Couture fünfzehn Fuß Höhe erreicht hatten, Grundstock einer neuen Bauidee werden könnten.

1798 wollte der Architekt A.J.B.G. Gisors le jeune, zu jener Zeit Bauinspektor im 'Rat der Fünfhundert', die Madeleine in eine Nationalbibliothek umwandeln.[227] Im Jahr 1800 legte Antoine François Peyre ebenfalls Pläne und eine Erläuterung zu dieser Bauidee vor.[228] Auch Vignon trat gegen Jahresende 1799 wieder an das Licht der Öffentlichkeit. Er wollte ein Gerichtstribunal errichten. Der Innenminister lehnte sein Ansinnen ab, da ihm die Pläne unausgewogen dünkten.[229]

---

222 siehe *Kinder / Hilgemann* 1974 in: DTV II, 21 ff

223 A.N. F^{13} 871 Konzession für den Weinhändler; A.N. F^{13} 1149 Buchhändleranfragen

224 *Vauthier* 1911, 7

225 Ebenda

226 *Vauthier* 1911, 8

227 *Gruel* 1910, 49

228 Ebenda

229 A.N. F^{13} 871 Brief des Innenministers vom 24. Fructidor, Jahr VIII der Rev. (= 1799) an Vignon

4. Empire (1800-1815)
Die Wiedereinrichtung des religiösen Kultus 1800-1805

Ab 1799 nahm Napoleon Bonaparte verstärkt Einfluß auf die Französische Republik, er führte die Koalitionskriege. Doch erst 1805/1806 griff er aktiv in die Bauplanung der Madeleine ein.[230] Es verbleibt eine Phase von fünf Jahren, in der versucht wurde, den religiösen Kultus erneut in Frankreich zu etablieren.

1800/1801 stellten N. Davy-Chavigné, Mitglied der "Société libre des Sciences, Lettres et Arts et de l'Athenée des Arts de Paris" einen Plan für einen "Temple de la Concorde" (Abb. 31, 32) vor:

> "... pour consacrer l'époque de la paix générale et du rétablissement de la religion catholique en France par le Concordat."[231]

Außenmauern und Peristyl der Madeleine sollen übernommen werden. Auch hier liegt wieder die Idee zugrunde, die Substanz der Vorgängerbauten soweit wie möglich zu bewahren. Das Gebäude soll zweierlei Zwecken dienen: sowohl nationalen Festivitäten - daher die siebzehn Zugänge des Gebäudes - als auch den Bedürfnissen des religiösen Kultus - daher zwei Sakristeien.[232] Vernunftkult der Aufklärung und religiöser Kultus sollen in einem Gebäude Unterbringung finden. Dieser Plan wurde nicht verwirklicht.

1803 schaltete sich Costaz als neuer Geistlicher des Bezirkes ein.[233] In einer Schrift zur Madeleine stellt er einen eigenen Entwurf vor.[234] (Abb. 30) Der Pfarrer der Madeleine will endlich eine Kirche für seine Gemeinde haben. Zwar ist uns Costaz Grundriß überliefert, aber seine Planung für die Madeleine fand keine Resonanz.

Am 29.9.1804 erfolgte dann die endgültige Rückgabe an den Kultus durch den I. Konsul der Republik.[235] Der Besuch des Papstes Pius VII.

---

230 Vgl. Kap. 4 dieser Arbeit

231 Davy-Chavigné, zitiert nach *Gruel* 1910, 50

232 Die Idee der Nationalfeierlichkeiten scheint mir eine Adaption der zahlreichen Revolutionsfeste zu sein. Zur Mentalitätsgeschichte dieses Brauches siehe *Vovelle* 1982, 126 ff

233 *Costaz* verfaßte ebenfalls eine kleine Schrift zur Madeleine. Vgl. *Costaz* 1937

234 *Costaz* 1937, 30

235 A.N. AF IV, 604

am 6. Januar 1805 inspirierte erneut die Pariser Architekten.[236] Am 10. Januar äußerte sich auch Napoleon I., Kaiser der Franzosen, in einem Brief an seinen Innenminister zum Bauvorhaben Madeleine:

> "Monsieur Champagny, mon Ministre de l'intérieur, mon intention serait de terminer le monument de la Madeleine. On pourrait affecter, pour concourir à cette dépense, le produit de la vente du terrain des Capucines, ou de tout autre qui serait encore à vendre à Paris. Je désire que vous me présentiez un projet en conséquence."[237]

Die Madeleine war wieder aktuell geworden. Sofort setzten neue Planungen ein. Minister Cretet favorisierte in einem Brief vom 14. Februar 1805 an den Kaiser[238] die Pläne des Architekten Delannoy; diese wurden abgelehnt. Auch Vaudoyer erhielt mit seiner französischen Version des antiken Agrippatempels in Rom (Pantheon), dem Vorschlag vom 22. März 1805[239], keine Zustimmung. (Abb. 33)

Zumindest aber war das Madeleine-Bauvorhaben durch das Dekret vom 10. Januar, das die Inangriffnahme des Projektes forderte, dringlich gemacht worden. Der Durchbruch in dieser Angelegenheit kam aber erst im Jahr 1806.

4.1 Das Entscheidungsjahr für die Madeleine-Planung: 1806

Am Jahresanfang 1806 erging erneut ein Dekret Napoleons, das alle Bemühungen der Kurie zur Rückgewinnung der Madeleine für den Kultus zum Scheitern verurteilte. Am 21. Februar entschied Napoleon, daß die Madeleine profanen Zwecken zugeführt werden sollte. In drei präzise gefaßten Artikeln wird der Ausschreibungsmodus fixiert:

> "ART.1er
>
> La Banque, la Bourse, le Tribunal de commerce, les bureaux des agens de change et des courtiers de commerce seront établis à la Magdeleine.

---

236 Aus Vaudoyers Notizen für die Akademie wissen wir, daß er ebf. ein Projekt "Eglise en Rotonde sur la Madeleine" Papst Pius VII vorgestellt hat. Vgl. *Ottomeyer* 1971, 199

237 A.N. AF IV, 604

238 A.N. AF IV, 1055

239 A.N. F^{13}, 1149

ART. 2.

Les batimens nêcessaires tant pour remplir le but de l'article précédent que pour décorer la capitale seront construits portions aux frais de la commune de Paris, du commerce et de la banque.

ART. 3.

La caisse d'amortissement avancera une somme de 300.000 francs pour commencer les travaux cette année. Notre ministre de l'intérieur nous soumettra les plans de ces travaux avant le premier du mois de Mai prochain. Ces constructions seront terminées dans l'espace de quatre ans au plus."[240]

Auch Pierre Vignon stellte im Zuge dieser Ausschreibung ein Projekt vor. Das Gebäude sollte drei Aufgaben dienen, d.h. drei Behörden Raum bieten:

"... pour placer conformément aux intentions de sa Majesté, La Bourse, le Tribunal de commerce et la banque de France dans les constructions de la nouvelle Eglise de la Madeleine."[241]

Da Händler und Bankiers von Paris sich beschwerten, daß die Madeleine von ihren Wirtschaftsschwerpunkten, der Rue St-Denis und der Rue St-Martin, zu weit entfernt liege, wurde das Dekret von Napoleon revoziert.[242]

Vauthier weiß auch zu berichten, daß am 31. Mai des gleichen Jahres von seiten eines Ministers der Vorschlag kam, die Madeleine in ein Museum für Malerei und Skulptur zu verwandeln. Das Museum sollte auch Ort diverser Festivitäten sein; Ort, an dem fünfhundert Menschen verköstigt werden könnten und an dem der Kaiser den Grand Prix verleihen würde. Zudem sollten Auszeichnungen der Ehrenlegion in ihm vorgenommen werden.[243]

---

240 A.N. AF IV, pl. 1247

241 In den Archives ... de la Seine (Dossier de la bourse de Paris) befinden sich Pläne und ausführliche Beschreibungen derselben durch Pierre Vignon: "Mémoire à l'appui d'un projet pour placer conformément aux intentions de sa Majesté, La Bourse, le Tribunal de commerce et la banque de France dans les constructions de la nouvelle Eglise de la Madeleine, par Pierre Vignon, architecte à Paris; chez l'auteur, rue Melée, 40 MDCCCVI" (= 1806)

242 A.N. AF^{IV}, 230. Vgl. *Vauthier* 1911, 9. Vgl. *Gruel* 1910, 61-63

243 *Vauthier* 1911, 10. Leider läßt Vauthier seine Quelle im Unklaren. Der Nachweis dieses Vorschlags ließ sich nicht erbringen

Napoleon stimmte dem nicht zu. Er ersetzte das Dekret vom 21. Februar 1806 durch ein neues, das die Madeleine zu einem "momument dedié à la Grande Armée" machte. Damit waren endgültig die Weichen für die Madeleine gestellt. Zumindest in der Napoleonischen Ära sollte keine Änderung der Bauaufgabe mehr erfolgen.

Man sieht, daß die Auseinandersetzung um die Nutzung der Madeleine sehr lange angedauert hat. Von 1761 bis 1790 war es unbestritten, daß eine Kirche errichtet werden sollte. Aber in der Revolutionszeit setzten, wie wir gesehen haben, die Diskussionen um eine neuartige Verwendung des Gebäudes ein. Dazu läßt sich eine kurios anmutende Aufstellung machen:

- Gebäude der Nationalversammlung (Vignon 1791)
- Gebäude der Gesetzgebenden Versammlung (Vorschlag des Präsidenten der Ges. geb. Vers., Vergniaud; dazu entstanden Architektenentwürfe von Legrand & Molinos 1792) (Abb. 34, 35)
- Nationalbibliothek (Architekten: Gisors le jeune, Peyre 1800)
- Gerichtshof (Vignon 1800)
- Oper (Abb. 36), "Théâtre Napoléon" (Brogniart 1800)
- "Temple de la Concorde" (Abb. 31, 32) (Davy-Chavigné 1800/1801; spektakulärerweise religiös und profan genutzt)
- "Eglise en Rotonde" (Abb. 33) (Vaudoyer 1805; die französische Version des röm. Pantheon)

Unter Napoleon erhielt die Madeleine dann folgende Funktionen:

- Börse, Handelsgericht und Bank von Frankreich (Februar 1806)
- Museum für Malerei und Skulptur (Mai 1806)

und letztlich, seit Dezember 1806:

- "monument dedié à la Grande Armée", das unter der Bezeichnung "Temple de la Gloire" in die Kunstgeschichtsschreibung eingehen sollte.

4.1.1 Der Wettbewerb unter Napoleon I. vom 2. Dezember 1806

Mit dem Dekret vom 2. Dezember 1806 aus dem Feldlager in Posen (siehe Anhang II.) gab Napoleon den Anstoß zum ersten öffentlichen Wettbewerb in der Geschichte der Madeleine-Planung.

Napoleon I. legte die Verantwortung für die Ausschreibung und den Wettbewerbsverlauf in die Hände seines Innenministers Champagny. Dieser richtete einen offenen Brief an alle Pariser sowie französische Architekten und Künstler. Darin erläuterte er die Rahmenbedingungen des zu konzipierenden Bauwerks.

Nach einer pathetischen Einleitung - das Napoleonische Frankreich befand sich in einer wahren Siegeseuphorie nach den erfolgreichen Schlachten von Jena und Auerstedt - und dem Abdruck des Napoleonischen Dekretes präzisiert Champagny die Wettbewerbsbedingungen. Dabei gehen seine Erläuterungen in einigen Punkten über die Beschreibung des Napoleonischen Dekrets hinaus, das somit nur tendenzweisend ist.

Napoleons Dekret aus dem Feldlager von Posen umfaßt neun Artikel. Besonders der erste und der sechste verdienen Aufmerksamkeit. Am ersten Artikel läßt sich ablesen, daß die Madeleine von Napoleon noch keinen Namen zugewiesen bekommen hat, sondern von ihm allgemein als "monument dédié à la Grande Armée" bezeichnet wird, dessen Giebel die Inschrift "l'Empereur Napoléon aux soldats de la grande Armée" tragen soll. Der sechste Artikel des Dekrets ist deshalb besonders wichtig, weil Napoleon in ihm die Erhaltung schon bestehender Gebäudeteile fordert[244]: "... conserver la partie du bâtiment de la Madeleine, qui existe aujourd'hui". Eine zusätzliche Auflage an die Architekten besteht darin, die Bausumme von drei Millionen Francs nicht zu überschreiten. Alle weiteren Unterpunkte des Dekretes sind für den Leser von historischem Interesse; sie zeigen spezielle Ausstattungs- und Gestaltungswünsche Napoleons und enthalten Hinweise zur Nutzung des Bauwerks.

Der Kommentar des Innenministers "*Le Ministre de l'Interieur* à tous les Artistes de l'Empire" umfaßt ebenfalls neun Artikel, die aber inhaltlich nicht mit den Napoleonischen Artikeln identisch sind. Champagny gibt Einblick in herrschende Geschmacksvorstellungen, erläutert technische Ausführungsbestimmungen, regelt organisatorische Probleme und erklärt die Rahmenbedingungen des Wettbewerbs. Interessanterweise wird der ästhetische Anspruch, der an das Bauwerk gestellt wird, nur in groben Zügen umrissen, während die ausführungstechnischen Gesichtspunkte eingehend geschildert werden. Die Architekten erhalten eine allgemein formulierte ästhetische Vorgabe für das Bauwerk. Champagny fordert "un charactère de grandeur et de noblesse, qui réponde à sa destination"

---

244 Vgl. diesen Passus des Napoleonischen Dekretes mit Art. I des Kommentars von Champagny. Das besondere Augenmerk wird wohl auf dem Portikus von Couture gelegen haben, der schon 15 Fuß Höhe erreicht hatte

(Art. I); auch der schon von Couture errichtete Portikus entspricht diesem Anspruch und soll deshalb Eingang in die Projekte finden.

In den Artikeln, die sich mit der ingenieurwissenschaftlichen Ausführung, speziell mit der Technik der Anfertigung von Zeichnungen befassen (Art. II, III, IV), zeigt sich bereits die Verwissenschaftlichung des Architektenberufes. Champagny akzeptiert nur Architektenzeichnungen mit einheitlicher Vermaßung - in Zentimetern - technische Zeichnungen und keine perspektivischen Schaubilder. Zudem soll der Vergleich von neuen Entwürfen und alter Bausubstanz dadurch erleichtert werden, daß die Gebäudeteile farblich voneinander abgesetzt sind. Die wirtschaftlichen Aspekte der Bauplanung fordern einen wohlbegründeten Baukostenvoranschlag des Architekten. Man sieht also, daß die Ausfächerung des Architektenberufes, die schon Mitte des 18. Jahrhunderts begonnen hatte, jetzt ihren endgültigen Niederschlag gefunden hat.

Zweiundachtzig Teilnehmer werden bei diesem Wettbewerb zur Madeleine gezählt. Hinzu kamen noch inoffizielle Vorschläge begeisterter Laien, u.a. eines Schlossermeisters und eines Kapitäns des 86. Napoleonischen Regiments.[245] Zu den vier Ausgezeichneten gehörten aber nur ausgebildete Architekten. Den ersten Preis gewann Beaumont; Anerkennungen erhielten Vignon, Gisors le jeune und Peyre neveu. Die Sitzungsprotokolle der Ecole des Beaux-Arts, die in dieser Angelegenheit sechsmal tagte, erwähnen auch die Namen derjenigen Architekten, die einen Geldpreis erhielten. Es waren Baltard, Brongniart, Vaudoyer, Courtepée, Cramail-Malary und Rohault (für ein gemeinsames Projekt), Guenoux. Belobigungen empfingen die Architekten Rousseau (ehem. Inspecteur des Bâtiments du Roi), Crandjean, Lahure, Mandare (Ingenieur des ponts et chaussées), Michault (Inspecteur des pompes à feu), Ducamp de Bussy, Dumanest, Robit (Abb. 37), A. Aug. Fiary, Coussin.[246]

Der erste Preis war mit der Zusicherung verbunden, das Bauwerk auch ausführen zu dürfen; die anderen Preisträger sollten mit Geldsummen entschädigt werden (Art. IX). Dennoch durfte nach einigen Wirren und Intrigen der Gewinner des zweiten Preises, Pierre Vignon, sein Projekt

---

245 A.N. F^{13} 1148

246 *Bonnaire* 1943 III, 144. Bonnaire hat die Sitzungsberichte der Ecole des Beaux-Arts in einem Spezialkapitel zusammengestellt, das sich nur mit dem Madeleine-Wettbewerb befaßt. Siehe "Procès-Verbaux des Séances relatives au jugement du Concours de la Madeleine". A.a.O., 135-144. Vgl. *Bonnaire* 1943, 72, 74, 77, 80, 98

ausführen. Diese Entscheidung Napoleons stieß nicht in allen Kreisen auf Zustimmung.

4.2 Der Einfluß Pierre Vignons auf die Madeleine-Planung

Zunächst schien der Wettbewerb seinen vorhersehbaren Lauf zu nehmen. Die vom Innenminister beauftragte Kommission der Ecole des Beaux-Arts legte verabredungsgemäß im April 1807 ihre Beurteilungen vor. Sie sandte Napoleon I. den Vorentwurf eines Dekrets zu, das Beaumont als Gewinner des Wettbewerbs bestätigte und ihm die Ausführung des Bauwerks zubilligte.[247]

Am 14. Mai 1807 setzte Innenminister Champagny Napoleon von dem erfolgten "Procès-verbal du Conseil" in Kenntnis.[248] In einer Auseinandersetzung vor den öffentlich versammelten Architekten des Wettbewerbs wurden die Pläne der Hauptpreisträger besprochen und den Architekten noch zusätzliche Fragen des Kaisers bezüglich einiger Benutzungsprobleme vorgelegt. Das Hauptinteresse galt aber unbestritten den Plänen Vignons.

> "... on a reconnu que l'architecture extérieure de l'Edifice est de toutes la plus magnifique et la plus pure, mais aussi celle qui se conservera le moins, qui coûtera le plus, et M. Vignon est convenu de ces deux derniers points."[249]

Im Dekret vom 14. Mai bestätigt Napoleon die Entscheidung der Kommission und legt die Geldsummen fest, die der Hauptgewinner sowie die anderen drei Preisträger als Anerkennung erhalten sollen.[250] Zwischen dem 14. und dem 29. Mai 1806, dem Tag des Dekrets von Finckenstein, gelang es Vignon einigen Einfluß geltend zu machen, um dennoch ausführender Architekt dieses Monumentalbaus zu werden. Sei es durch die Einflußnahme des Architekten Murat auf Napoleon, sei es auch aufgrund

---

247 A.N. F^{13} 1147. Minute du decret. April 1807. Vgl. *Bonnaire* 1943 III, 135-143 Sitzungsberichte der Ecole des Beaux-Arts

248 A.N. AF IV, 255, pl. 1751, n° 51; 14. Mai 1807 Champagny an Napoleon

249 Ebenda

250 A.N. AF IV, plaq. 1745; Napoleonisches Dekret v. 14. Mai 1807

Vignons Intrige gegen Beaumont[251], in der Vignon diesen Architekten des Plagiats beschuldigte und behauptete, seine Pläne wären eine Neuauflage der Pläne des Schwiegersohns von Contant d'Ivry, Dulin - Vignon erlangte die Ausführungsgenehmigung Napoleons.

Am 29. Mai 1807 befürwortet Napoleon I. im Dekret von Finckenstein die Pläne Vignons und wünscht ihre Ausführung.[252] In einem Brief vom 30. Mai 1807 an seinen Innenminister[253] gibt Bonaparte Einblick in die Motive, die seinen Meinungsumschwung ausgelöst haben. Schon in den ersten Sätzen dieses Briefes erklärt Napoleon seinem Innenminister, daß in seinen Augen von allen Plänen des Wettbewerbs allein der Plan Vignons der Idee, ein Bauwerk zum Gedenken an die Große Armee zu errichten, gerecht geworden ist:

> "Celui de M. Vignon est le seul qui remplit mon intention. C'est un temple que j'avais demandé et non une église ..."[254]

Sicher kann man Napoleon zum Vorwurf machen, daß er das kirchenartige Erscheinungsbild der meisten Entwürfe des Wettbewerbs durch seine Forderung, die vorhandene Bausubstanz möglichst zu erhalten, selbst verschuldet hat. Denn so sahen sich die meisten Wettbewerbsteilnehmer unter anderem auch auf den alten Grundriß verpflichtet. Da dieser kreuzförmig war, tauchten auch entsprechend viele Entwürfe mit Kuppel auf. Der Wettbewerbssieger, Beaumont, hatte auch auf dieses Schema zurückgegriffen. Nun erklärt Napoleon, daß die Projekte nicht seiner Vorstellung entsprächen:

---

251 Vignon verfaßte eine "Mémoire", in der er zum Wettbewerb und den eingegangenen Projekten Stellung nahm. Darin beschuldigt er den Architekten Beaumont, bei seinem eingereichten Entwurf auf Pläne des Schwiegersohns von Contant, Dulin, zurückgegriffen zu haben.
"J'ai prouvé, tant à Son Excellence le Ministre de l'Intérieur, qu'à tous les membres de la Commission, que M. Beaumont a copié son plan sur un projet de restauration de l'Eglise de la Madeleine, composé par feu M. Dulin qui en était contôleur; que ce projet avait été gravé et publié par sa veuve, il y a plus de vingt ans. A cette époque, le s. Beaumont était employé dans ces travaux; mais il n'en était pas l'Inspecteur, comme il s'en donne la qualité, c'était alors M. Simperavi." A.N. AF IV, 255, pl. 1751

252 A.N. AF IV, 255, pl. 1751, n° 51; 29. Mai 1807 Dekret von Finkenstein

253 A.N. F^{13} 1147, Brief Napoleons am 30. Mai an Champagny, Erläuterung des Dekrets von Finkenstein

254 Ebenda

"Mon intention était de n'avoir pas une église, mais un temple, et je ne voulais, ni qu'on rasât tout, ni qu'on conservat tout."[255]

Es gehe nicht an, sich nur auf den ursprünglichen Plan zu beschränken.[256] Es findet sich endlich auch ein Hinweis, der die Unzufriedenheit Napoleons und seine Schwierigkeiten bei der Findung einer angemessenen Bauform erklärbar macht. Sein Bauwerk für die Große Armee soll ein politisches Monument sein. Als politischer Repräsentationsbau ist der 'Temple de la Gloire' aktualisierte Politik, wie Napoleon es formuliert:

"Ce monument tient en quelque chose à la politique, il est dès lors du nombre de ceux qui doivent se faire vite."[257]

Damit sollte dieses Gebäude zwar Ausdruck seiner Zeit sein, aber nicht zeitgebunden. Der Bau soll in all seinen Teilaspekten, Außengestaltung und Interieur, dieser Intention entsprechen.

"Tout ce qui est futile n'est pas simple et noble; tout ce qui n'est pas de longue durée ne doit pas être employé dans ce monument."[258]

Folglich gibt es keine Möbelstücke und der gesamte Skulpturenbestand im Inneren soll aus Marmor sein. Napoleon verbittet sich, daß ihm irgendwelche Salonbildhauer vorgestellt werden oder Künstler, die die Speiseräume der Pariser Bankiersfrauen bestücken.[259] Dann macht Napoleon noch einmal deutlich, was er unter der Bauidee 'Tempel' versteht:

"... par temple, j'ai entendu un monument tel qu'il y en avoit à Athènes et qu'il n'y en a pas à Paris. Il y a beaucoup d'églises à Paris, il y en a dans tous les villages ..."[260]

Daher lehnt Bonaparte den Entwurf Beaumonts rigoros ab:

"Quant au projet qui a obtenu le prix il n'atteint pas mon but; c'est le premier que j'ai écarté ..."[261]

Napoleon I. führt aus, daß er in Paris kein zweites Panthéon (Sainte-Geneviève) haben möchte, da dieses ihn schon mehr als fünfzehn Millionen Francs gekostet habe. Für Vignons Pläne soll die ursprüngliche Bau-

---

[255] Ebenda

[256] Ebenda

[257] Ebenda

[258] Ebenda

[259] Ebenda

[260] Ebenda

[261] Ebenda

summengrenze von drei auf fünf oder sechs Millionen, je nach Bedarf, heraufgesetzt werden.[262] Damit scheinen die Weichen für diesen Repräsentationsbau Napoleons endgültig gestellt. Kein Panthéon, aber eine Replik des griechischen Parthenon soll Zeugnis abgeben von Frankreichs neuer Größe und Macht. Der Bau ist gedacht als Mittel politischer Propaganda. Dieser Gedanke soll auch in ideellen Nachfolgeprojekten der Madeleine, man denke an die Walhalla von Klenze, aufgenommen werden. Noch ein Jahrhundert später zeigt die Baukunst des Dritten Reiches unter dem Architekten Speer, wie politische Monumentalbauten Möglichkeiten eröffnen, Ideologie zu transferieren. Wie schnell sich aber die politische Situation ändern kann, muß auch Napoleon geahnt haben, da er eine schnelle Ausführung des Projektes anstrebte:

> "Ce monument tient en quelque chose à la politique, il est dès lors de nombre de ceux qui doivent se faire vite."[263]

Der Bau sollte dann 1813, als Bonapartes Fall offenkundig war, in einem anderen Licht erscheinen. Zunächst zur amtlichen Seite des Bauablaufs.

Am 8. Juni 1807 richtet sich Champagny an Vignon und bestätigt ihm den Meinungsumschwung Napoleons. Nun sei er, Vignon, erster und ausführender Architekt des Projekts[264] (vgl. Abb. 38). Die Wettbewerbskommission fühlt sich brüskiert und führt in der Folgezeit einen höflichen, aber ausdauernden Briefwechsel mit Champagny, wobei diesem einige Informationen zugespielt werden.[265]

Am 20. Juni 1807 schreibt der Minister an Vignon, er möge sich mit Fontaine treffen, da einige notwendige Änderungen zu besprechen seien. Am 25. Juni liegt schon der Rapport über die vorgenommenen Detailänderungen vor. In diesem Zusammenhang soll es zu einigen unvorsichtigen und arrogant erscheinenden Äußerungen Vignons gekommen sein.[266]

Eine Woche später, am 27. Juni, erstattet Champagny Napoleon Bericht über den Planungsstand. Dabei informiert er ihn auch über Kenntnisstand und fachliche Qualifikation des Architekten Vignon. Es kommt zu folgenreichen Bemerkungen:

---

262 Ebenda

263 Ebenda

264 A.N. F^{13} 1147; 8. Juni 1807, Champagny an Vignon

265 Vgl. Briefwechsel Champagnys mit der Kommission, A.N. F^{13} 1147

266 Vgl. *Vauthier* 1911, 23

"M. Vignon n'est architecte que depuis un petit nombre d'années; il n'a aucune expérience; il n'a fait aucune construction importante; peut être n'a-t-il pas même bâti une maison. Pendant la révolution, il a eu quelques démolitions à opérer. C'est presque le seul ouvrage qu'on connaisse de lui."[267]

Weiter führt Champagny aus, daß Vignon die Ausführung seines recht schwierigen Planes nicht zuzutrauen sei.

"On ne peut se dissimuler que l'exécution de son plan, quelque bien qu'il l'ait conçu, devient, entre ses mains, une opération hasardeuse. Ce double entrecolonnement, ces larges péristyles, cette voûte de 70 à 72 pieds d'ouverture placent cette construction dans le rang des plus difficiles qu'on ait exécutées depuis longtemps. M. Vignon, qui sait très bien tout cela, m'offre de soumettre tous les détails de l'exécution à M. Rondelet, l'architecte de Paris qu'on regarde comme le plus savant et le plus exercé dans la pratique de la construction à laquelle il s'est principalement attaché..."[268]

Am 7. Juli 1807 richtet Vignon ein Schreiben an Champagny, in dem er seine Glaubwürdigkeit unterstreicht und sich als Opfer einer Journalistenpolemik hinstellt. Ein Lebenslauf ist dieser Gegendarstellung ebenfalls beigefügt.[269] Eine Passage verdient besondere Aufmerksamkeit. Vignon behauptet, daß sein Interesse an der Madeleine-Planung von jeher so groß gewesen sei, daß er seit zehn Jahren alljährlich einen Entwurf dazu erstellt hätte:

"Une de mes plus constantes études fut celle du monument de la Madelaine; depuis dix ans, j'étudiois chaque année un projet tendant à l'utiliser et je me contentois de les exposer au sallon."[270]

Die Rechtfertigungen Vignons können keinen überzeugenden Eindruck hinterlassen. Eine Prüfung des Oeuvres von Vignon bestätigt den geringen Umfang seiner bisherigen Bautätigkeit. Daher schließt sich Napoleon in seinem Schreiben vom 6. August aus St. Cloud der Einschätzung seines Innenministers an.

---

267 A.N. AF IV, 1055 (164) Brief Champagnys v. 27. Juni 1807 an Napoleon

268 Ebenda

269 A.N. AF IV, 1055 (166) Rechtfertigung und Notiz über Lebenslauf von Vignon, 7. Juli 1807

270 Ebenda

"J'ai lu avec attention votre rapport du 17 juin sur le monument de la Madeleine. Du moment qu'il est de fait que M. Vignon n'est architecte que depuis peu d'annêes et qu'il n'a prouvé son savoir dans les détails d'aucune construction, il y aurait folie à lui confier les details d'un monument aussi important."[271]

Napoleon fordert, daß man ihm einen guten Architekten empfehle und daß Vignon diesem als Bauleiter zugewiesen werde, da es mit zwei gleichrangig eingestuften Architekten nur zu Kompetenzschwierigkeiten komme. Abrechnung und Planungsdetails sollten ausschließlich in der Hand des ersten Architekten liegen. Außerdem sieht Napoleon noch bauliche Änderungen vor. Er ist der Ansicht, daß sich der Bau Vignons durch einen "beau style grec" auszeichne, daß aber in der Innengestaltung noch einige kostensparende Änderungen vorgenommen werden müssen. So könne man auf die Freisäulen im Innern des Gebäudes verzichten (Abb. 43). Neben der Kostenersparnis brächte das noch den Vorteil, daß in dem Gebäude doppelt so viele Zuschauer untergebracht werden könnten wie in der Pariser Oper. Ferner würden weitere Tribünenplätze entstehen und ein zusätzlicher Raum für den Kaiser.[272] Ein Antwortschreiben des Innenministers liegt nicht vor.

In der Folgezeit wird Champagny von Crétet abgelöst. Dieser beruft eine Kommission ein, die die beiden letzten Pläne Vignons untersuchen soll. Die Architekten Peyre, Garret, Cellerier, Dufourny und Durand legen am 9. November 1807 ihren Bericht vor.[273] Danach stimmt die Vermaßung des Vignonschen Baus nicht mit denen antiker Tempelvorbilder überein. Zudem ist - so der Bericht - das Gebäude zu klein. Wenn man dem Bauwerk eine angemessene Proportionierung geben wolle, müsse man alle schon erstellten Gebäudeteile und die Fundamente zerstören. Außerdem wurde bemängelt, daß die Wagenzufahrt zu eng und der Freisäulenumgang im Innern nicht begehbar sei - das sind in den Augen der Gutachter weitere Fehler im Sinne einer Ästhetik, die Ideale der Antike propagiert.

In den nächsten Monaten werden Details geändert. Vignon legt in seiner Funktion als Bauleiter am 15. März 1808 den ersten Kostenanschlag

---

271 Arch. Seine, 13, 002

272 Ebenda

273 *Vauthier* 1911, 27

vor. Er berechnet für sämtliche Arbeiten 6.409.542,43 Francs.[274] Diese Bausumme wird am 18. April 1808 vom Conseil des bâtiments civils zu den Akten genommen.[275]

Im Laufe der nächsten Monate werden die Angebote verschiedener Bauunternehmer eingeholt, sowohl das Bauwerk als auch die Straßen- und Platzanlage betreffend.[276] Schon am 7. April hatte Vignon in einem Brief an den Innenminister dargelegt, mit welchen Architekten und welchem Bautrupp er gerne zusammenarbeiten wolle. In diesem Brief taucht auch zum ersten Mal der Name seines späteren langjährigen Mitarbeiters und Inspektors, Huvé, auf. Der Architekt Rondelet wird von Vignon als fachliche Kapazität widerspruchslos akzeptiert.[277]

Am 31. August 1808 bringt Napoleon die Bauplanung mit einem weiteren unkonventionellen Vorschlag zum Stocken. Er will seinen "Temple de la Gloire" auf den Hügeln nördlich von Paris, zwischen Montmartre und Monceaux errichten.[278] Sicher hat bei dieser Eingebung Napoleons der Gedanke an den Parthenontempel in Athen Pate gestanden. Der Wunsch Napoleons zeigt ein Wiederaufleben der Tempelidee aus dem Dekret von Finckenstein vom 29. Mai 1807. Am 10. September 1808 erläßt Bonaparte sogar ein Dekret in dieser Angelegenheit.[279] Auch Vignon beteiligt sich wieder an den Planungen; erst als die Kostenfrage diskutiert wird, flaut die Begeisterung für die neue Idee ab. Eine geschätzte Bausumme von 3.965.500 Francs war veranschlagt worden, um das Gelände baureif zu machen.[280] Unter diesen Konditionen wurde das Projekt ad acta gelegt. Am 27. Oktober 1808 hatte der Innenminister endgültig das Bauteam der Madeleine bestätigt. Die Honorare sind ebenfalls festgeschrieben.[281] Vignon konnte auch seinen Vorschlag einer Platzanlage um das Gebäude herum und die Anlage abstrahlender Straßenzüge durchsetzen.[282]

---

274 A.N. F^{13} 1147, premier devis dressé par Vignon, le 15 Mars 1808

275 A.N. F^{13} 1148, arrêt du Conseil des bâtiments civils, le 18 Avril 1808

276 Vgl. *Gruel* 1910, 101 f

277 A.N. F^{13} 678; Brief an den Innenminister v. 7. April 1808

278 A.N. F^{13} 1147; Projekt v. 31. August 1808

279 A.N. AF IV, pl. 2392, n° 15. Dekret v. St. Cloud vom 10. September 1808

280 Vgl. *Gruel* 1910, 104 f

281 A.N. F^{13} 1148. Innenminister bestätigt das Bauteam an der Madeleine; 27. Okt. 1808

282 A.N. AF IV, pl. 2392, n° 15, Dekret v. 10. September 1808
Der Boulevard Malesherbes wurde erst im Zweiten Kaiserreich verwirklicht

Fast zwei Jahre lang, zwischen Januar 1809 und August 1811, schreiten die Arbeiten nur sehr langsam voran. Man ist mit den technischen Problemen beschäftigt, die die Wiederaufbereitung des Baugeländes mit sich bringt. Erst im Januar 1812 sind die Fundamente fertiggestellt und das Stylobat für den Säulenumgang errichtet.[283] Der Innenminister legte Napoleon im Januar 1812 ebenfalls nahe, das Gebäude so zu gestalten, daß es im Bedarfsfall binnen kurzer Zeit religiösen Zwecken zugeführt werden könne.[284] Im Mai 1812 stellte Vignon das Projekt vorläufig ein, da Baugrund fehlte.[285] Danach kamen die Arbeiten nur noch schleppend voran. Der Sturz Napoleons stellte das Projekt in ein neues Licht. Bonaparte schrieb 1813 an seinen Innenminister:

> "Que feron-nous du Temple de la Gloire? nos grandes idées sur tout cela sont bien changées, il n'y a plus aujourd'hui dans l'état où sont les choses d'autre croyance possible que le culte catholique; ... Que le temple de la Gloire soit donc désormais une église, c'est le moyen d'achever et de conserver ce monument ..."[286]

Am 24. Dezember 1813 fuhr Napoleon mit dem Wagen vor, um die Bauarbeiten am 'Temple de la Gloire' zu inspizieren. Er soll weder den Wagen verlassen noch irgendeine Frage gestellt haben.[287]

Nach der Vernichtung der Großen Armee im Rußlandfeldzug 1812/13 war der Sturz Napoleons nicht mehr aufhaltbar. Im Zuge der einsetzenden Befreiungskriege in Mitteleuropa besetzten die alliierten Truppen im März 1814 Paris. Napoleon wurde zur Abdankung gezwungen und auf die Mittelmeerinsel Elba verbannt.[288] Im Mai 1814 wurde der "Temple de la Gloire" in "Eglise de la Madeleine" umbenannt. Während der hundert Tage der Herrschaft Napoleons - bei seiner Rückkehr nach Frankreich - war das Gebäude von März bis Juni erneut "Temple de la Gloire", um dann endgültig mit der Verbannung Napoleons nach St. Helena diese Be-

---

283 *Gruel* 1910, 112

284 *Krieger* 1937, 275

285 A.N. F[13] 678. Brief Vignons an den Direktor des Amts für Öffentliche Bauten (Travaux publics) v. 11. Mai 1812

286 *Krieger* 1937, 276

287 *Vauthier* 1911, 29

288 Vgl. DTV-Atlas zur Weltgeschichte, Bd. 2, *Kinder/Hilgemann* 1974

zeichnung zu verlieren und kirchliches Gebäude, "Eglise de la Madeleine", zu bleiben.[289]

4.3 Die bautechnischen Probleme in den Jahren 1809-1811

In den Jahren 1809 bis 1811 ist Vignon mit ausgiebigen Erörterungen bautechnischer Probleme befaßt. Am 10. Januar 1809 schlägt Generalinspektor Garrez in Übereinstimmung mit Pierre Vignon dem Innenminister vor, die Fundamente der Vorgängerbauten zu zerstören und die Kolonnaden des alten Gebäudes für die Börse zu verwenden.[290] Im Februar will Garrez mit dem Aushub und der Gründung für das neue Gebäude beginnen; er spricht von der Ausschreibung der Arbeiten und der teilweise schon vollzogenen Auftragsvergabe an Unternehmer.[291] Aber der Abtrag der Bauwerksreste erfolgt nur langsam.

Da richtet am 22. November 1809 ein Zimmermannsmeister Hubaine einen Brief an den Innenminister, in dem er von einer Methode berichtet, Freisäulen "en bloc", d.h. an einem Stück, abzutragen und an neuer Stelle wieder aufzurichten. Er behauptet, daß diese Methode vollkommen risikolos sei und von einem ihm bekannten Monsieur Delaroche-Foucault de Liancour schon sechsmal erfolgreich ausgeführt worden sei.[292] Nach seiner Meinung gefragt, erbittet Vignon eine Bedenkpause bis zum kommenden Jahr, um diesen Vorschlag kritisch zu überdenken. Vignon führt in seinem Brief vom 27. Februar an den Innenminister Montavilet aus: um die Brauchbarkeit des Vorschlags von Hubaine festzustellen, gelte es zunächst, sämtliche Fundamente der alten Gebäudeteile zu überprüfen. Diese Untersuchungen will Vignon in der Folgezeit vornehmen.[293]

Am 9. April 1810 liegt Vignons Bericht vor.[294] Darin stellt der Architekt klar, daß Hubaines Methode einige Probleme, wie Materialfestigkeit, Statik, Bauwerkssetzungen, nicht berücksichtigt und daß es auf jeden Fall

289 *Gruel* 1910, 113
290 A.N. F^{13} 1148. Bericht von Garrez an den Innenminister, 10. Januar 1809
291 A.N. F^{13} 1148, F^{13} 886
292 A.N. F^{13} 1147, Denis Hubaine am 22. Nov. 1809 an den Innenminister
293 A.N. F^{13} 1147. Brief an den Innenminister Montalivet vom 27. Februar 1810
294 A.N. F^{13} 1147. Bericht Vignons vom 9. April 1810

ratsamer sei, die Bausubstanz Stein für Stein abzutragen.[295] Bei der Untersuchung der alten Fundamente müssen Vignon Bedenken gekommen sein, ähnlich denen von Patte, der 1769 die von Contant vorgenommene Gründung untersucht hatte (vgl. Kap. 1.4.2). Erst durch die Anfrage Hubaines ist Vignon wohl deutlich geworden, daß sein Projekt von statischen und bodenmechanischen Vorbedingungen abhängt und daß Contant diesbezüglich eklatante Fehler gemacht hatte. Vignon fand nun die Fundamente der Vorgängerbauten von Contant und von Couture im Boden vor, auch Aufgehendes war teilweise noch erhalten. Eine Vielzahl fachlicher Fragen müssen sich angesichts dieser Sachlage aufgedrängt haben. Zum Beispiel, inwieweit es für die Qualität und Beständigkeit des neuen Projektes wichtig sein kann, den zur Verfügung stehenden Baugrund einer neuen kritischen Analyse zu unterziehen. Ob und in welchem Ausmaße die alten Fundamente abgetragen werden müssen, ob sie total zerstört werden oder eventuell in der neuen Bausubstanz wieder Verwendung finden können. Ferner muß geklärt werden, inwieweit der alte Baugrund den veränderten Bedingungen des neuen Entwurfes standhalten kann. Zudem ist es sinnvoll, neben den Fundamenten Contants auch die Validität des Coutureschen Portikus und seiner Fundamente zu überprüfen.

Ein Dokument vom 10. August 1811[296] beweist, daß Vignon sich intensiv mit diesen konstruktiven Problemen beschäftigt hat und infolge dieser Auseinandersetzung weitere Finanzmittel anforderte, um seinem Bauwerk die nötige Sicherheit zu garantieren. In seinem Schreiben an den Maître de Requêtes bestätigt Vignon, daß er bei einer zweiten Untersuchung des Baugrundes die unfachmännische Gründung der Vorgängerbauten entdeckt habe, daß aber die Baustelle mittlerweile fast ganz freigeräumt sei von alter Bausubstanz. Vignon schildert seine Nachforschungen dem Direktor der zuständigen Behörde:

> "... un nouvel examen de ces mêmes fondations mises à découvert dans une étendue assez considérable pour donner la certitude de leur nature, m'a appris qu'elles n'avoient pont été assises sur un sol uniforme, ni sur un niveau égal, en sorte que j'ai acquis la conviction de la nécessité de les arracher, non seulement par les motifs qui ont déterminé le Conseil, mais encore parce qu'elles sont po-

295 Ebenda

296 A.N. F^{13} 1149. Vignon am 10. August 1811 an den Maître des requêtes, Directeur

sées sur un sol de terre franche; comme je l'ai dit, infinement plus compressible que le gravier sur lequel j'ai fondé les miennes."[297]

Die Entdeckung, daß das Bauwerk auf Mutterboden gegründet ist, wird von Vignon mitberücksichtigt:

"Si le premier motif a été suffisant pour faire prononcer par le Conseil la démolition des fondations du peristyle, quoique par les raisons d'une sévère économie, je l'aye combattue avec chaleur, je me vois aujourd'huy forcé d'adopter son avis, et je crois même qu'il est de mon devoir d'insister sur son adoption entière."[298]

Vignon gibt zu, daß er bei einer ersten Untersuchung der alten Bausubstanz zwar Schwächen in der Gründung festgestellt habe, die Bauwerkssetzungen aber für abgeschlossen gehalten habe:

"Ce que je connoissois alors des fondations par les sondes que le hazard avoit porter dans les endroits où elles descendoient le plus bas, m'avoit fait présumer qu'avec beaucoup de soin dans la nouvelle construction je rendrois le tassement insensible ..."[299]

Daraufhin verlangt er die vollständige Zerstörung der Fundamente des Peristyls sowie aller anderen im Boden befindlichen Bauwerkskörper, da diese zudem auf unterschiedlichem Baugrund errichtet sind. Die schon von Pierre Patte kritisierten Bruchsteinmauern und ihre schwachen Verbindungsmauern sollen ebenfalls abgerissen werden. Das Peristyl muß neue Fundamente erhalten. Für alle anstehenden Arbeiten errechnet Vignon einen Mehraufwand von circa 50-60.000 Francs.[300] Diese Ausgaben hält er angesichts des unsicheren Zustandes der Fundamente und des gesamten Baugrundes für unumgänglich und bittet seinen Auftraggeber um Verständnis:

"Jugés donc, je vous prie, Monsieur, si cette somme comparativement à celle que coûtera la totalité de la construction, peut balancer l'incertitude de la solidité, et faire hésiter de s'asseurer de l'immuabilité de cette partie de l'édifice."[301]

Mit diesem wohlbegründeten Baugutachten erhielt Vignon die zusätzlich geforderte Geldsumme zugestanden. Bis Januar 1812 ist die neue

---

[297] Ebenda

[298] Ebenda

[299] Ebenda

[300] Ebenda

[301] Ebenda

Gründung abgeschlossen, d.h. die alten Fundamente sind durch tragfähigere ersetzt. Aus diesen Vorkommnissen wird ersichtlich, daß schon Pierre Pattes Untersuchungen und Mahnungen des Jahres 1769 ihre Berechtigung hatten. Er war zu den gleichen Ergebnissen gekommen wie zweiundvierzig Jahre später Vignon. Dieser schien von Pattes Gutachten nicht gewußt zu haben. Ohne die sorgfältigen Untersuchungen Vignons wäre das Bauwerk, wenn nicht zusammengestürzt, so doch zumindest stark gefährdet gewesen. Bauschäden bei ungleichmäßigen Setzungen hätten zu unübersehbaren Folgekosten geführt.

5. Die Madeleine-Kirche unter der Restauration (1815-1830)

Der Graf von Provence, ein Bruder Ludwigs XVI., der 1791 aus dem revolutionären Frankreich geflohen war, kehrte 1814, nach dem Sturz des napoleonischen Empire, nach Frankreich zurück. Er regierte als Ludwig XVIII. von 1814/15 bis 1824. Der König hatte 1816 den Einfall, den Tempeltorso wieder dem kirchlichen Kultus zu überantworten. Die Madeleine soll dem Gedenken seines 1793 auf dem Schafott hingerichteten Bruders, Ludwig XVI. und seiner Frau Marie-Antoinette gewidmet werden, also Sühnemal sein. Das Gebäude muß, um der neuen Bauaufgabe zu entsprechen, angepaßt und umgestaltet werden.

Am 10. Februar 1816 reagierte Innenminister Vaublanc in einem Schreiben an Monsieur le Chevalier Bruyère, den damaligen Generaldirektor des Ressorts für öffentliche Bauten, auf das Ansinnen Ludwig XVIII. folgendermaßen:

> "Il ne s'agit plus d'un temple tel qu'il avait été projetté. Il faut que l'édifice ait un caractère essentiellement religieux, et qu'aux dehors comme à l'intérieur tout annonce sa destination."[302]

Am 22. März 1816 antwortete Bruyère detailliert auf den Brief Vaublancs und erklärt diesem einige grundsätzliche Probleme, die mit den Änderungsmaßnahmen verbunden sind. In seiner Argumentation betont Bruyère die Vorteile, die eine Erhaltung der bestehenden Gebäudeteile mit sich brächte. Das jetzige Gebäude habe Grabmalcharakter ("monument funéraire") und sein Stil sei von majestätischer Einfachheit ("le style de son architecture offrira la majestueuse simplicité de l'antique"). Er erklärt Vaublanc, daß die äußere Säulenstellung des Gebäudes schon fast fertiggestellt sei, daher würde eine Veränderung der Außengestaltung eine enorme Verteuerung des Gesamtbaus bewirken, abgesehen von der Tatsache, daß bei einer Neukonzeption die Fundamente zerstört werden müßten. Diese seien aber schon zum dritten Mal geändert worden. Eine erneute Maßnahme würde die Öffentlichkeit unangenehm berühren und eventuell sogar konservative Tendenzen heraufbeschwören, die einen Erhalt des alten Gebäudes fordern könnten. Neben dem Zeit-

---

[302] A.N. F^{13} 1149. Brief v. Innenminister Vaublanc an Chevalier Bruyère vom 10. Februar 1816

verlust wären zudem die Mehrkosten sehr hoch. Bruyère bittet darum, diese Momente bei der ausstehenden Entscheidung zu berücksichtigen.[303]

Am 28. März 1816 fand unter Vorsitz von Chevalier Bruyère eine Architektensitzung des Conseil des Bâtiments civils statt[304], in der drei Projekte zur Diskussion gestellt wurden, die den königlichen Wünschen entsprächen. In einem Bericht vom 11. April 1816 informierte Bruyère den Innenminister über die Ausschußsitzung und ihre Ergebnisse.[305] Es standen drei Projekte zur Diskussion:

Das erste, von Leclerc, hätte aufwendige Änderungsmaßnahmen der alten Bausubstanz verlangt; das zweite, von Vignon, wäre ebenfalls noch verbesserungsfähig, während der dritte Vorschlag, eine Überarbeitung des Vignonschen Entwurfes durch ein Architektenteam (u.a. Gisors und Delabarre) uneingeschränkte Zustimmung gefunden hatte. Die Fundamente des bestehenden Gebäudes sind nicht änderungsbedürftig, die Freisäulen, die mittlerweile schon zwischen drei und vier Metern hoch sind, bleiben erhalten. Die zu erwartenden Kosten für die Fertigstellung des Gebäudes liegen bei fünf bis sechs Millionen Francs.[306] Der ursprüngliche Charakter des Entwurfes von Vignon bleibt vollständig erhalten.

Der zukünftigen Funktion des Gebäudes als Gedenkstätte werden Änderungen gerecht, die Bruyère in einem Bericht vom 11. April in drei Punkten kurz anschneidet:

> "Deux monumens expiatores seront placés de chaque côté de l'Eglise. Entre les monumens, s'élèvera un autel au-dessus duquel brûlera une lampe sépucrale.
>
> La position de ces monumens en mabre blanc sur un fond lice (sic) et très en évidence, les fera considérer comme des parties essentielles de l'édifices destiné à les recevoir.
>
> L'intérieur de l'Eglise et notamnent la voûte offre trois divisions couronnées par des coupoles, et 16 pendentifs qui pourront être ornés de basreliefs, 6 arcs supportés par des colonnes formeront

303 A.N. F[13] 1149. Bruyère an Vaublanc am 22. März 1816

304 A.N. F[13] 1149. Sitzung des Conseil des Bâtiments civils vom 28. März 1816. Anwesend sind Bruyère, Heurtier, Rondelet, Garrez, Norry

305 A.N. F[13] 1149. Bericht Bruyères über die Sitzung vom 28. März in dem Brief vom 11. April 1816 an den Innenminister Vaublanc

306 Ebenda

des encadremens très convenables pour recevoir 6 arcs supportés par des colonnes formeront des encadremens très convenables pour recevoir 6 grands tableaux ..."[307]

Die königliche Ordonnance vom 22. April 1816 belegt offiziell die Annahme des Planes von Vignon.[308] Am 24. April wird schon die Vergabe der Skulpturarbeiten an Cartellier, Lemot, Bosio, Dupaty, Rutxhiel, Gérard, Fragonard und weitere bestätigt.[309] Am 31. Mai 1816 werden Guerin, Gérard, Girodet, Gros, Prudhon, Meynier und Vernet mit großformatigen Tafelbildern beauftragt, zwei kleinere Tableaux werden von Garnier und Gautherot verfertigt.[310] Ein Dokument vom 22. Mai 1818 besiegelt endgültig die Annahme der Pläne Vignons durch den König:

"Les plans, dessins et détails particuliers dressés conformément à l'article 2 de notre ordonnance du 22 avril 1816, par le Sr Vignon, architecte de l'église de la Madeleine, vérifiés par une commission formée dans le sein de notre académie royale des beaux-arts, et faisant suite à ceux que nous avons adoptés par l'article 1er de la même ordonnance, sont et demeurent approuvés."[311]

Ein von Bruyère verfaßter Baustellenbericht vom 18. Juli 1818 sagt aus, daß die Bauarbeiten zügig voranschreiten und daß man dazu übergegangen ist, die Fundamente für die im Plan vorgesehene, in die Bogenstellung integrierte kleine Ordnung zu schaffen.[312] (Abb. 39) Ende Juli 1818 ist der gesamte Unterbau erstellt, die Mauer der Cella ist fast im gesamten Umfang bis auf Bodenniveau hochgezogen, die Kolonnaden haben eine gleichmäßige Höhe erreicht; im Dezember 1820 ist der Bau schon 31 Fuß hoch errichtet. Man rechnet damit, nach Ende von zwei Jahren den Gewölbeansatz zu erreichen.[313]

Aber erst 1824 hat man dieses Ziel erlangt. Außerdem schreiten die Bauarbeiten jetzt bedeutend langsamer voran.[314] Im Februar 1823 wurde

---

307 Ebenda

308 Archives ... de la Seine. Ordonnance royale datée du 22. Avril 1816, de Louis XVIII.

309 *Krieger* 1937, 280

310 *Krieger* 1937, 281

311 A.N. F[13] 1149. Brief des Unterstaatssekretärs des Innenministers an Bruyère, v. 22. Mai 1818

312 A.N. F[13] 1149. Rechtfertigungsbericht Bruyères vom 18. Juli 1818 an Minister Laine

313 *Vauthier* 1911, 35

314 Ebenda

ein Wettbewerb für das Tympanon der Südfassade ausgeschrieben, 1826 Fragonard für die Ausführung bestimmt. Dennoch fand 1829 ein neuer Wettbewerb statt; der Auftrag ging 1830 an Lemaire, der das Giebelfeld am 6. Januar 1834 fertigstellte. (Abb. 40) Für seine Arbeiten errechnete Lemaire Aufwandskosten von 50.000 Francs.[315]

Die Arbeiten an der Madeleine befanden sich 1824 bis 1828 in den Händen Vignons aufgrund seiner Funktion als leitender Architekt. Seit Januar 1828 war Vignon erkrankt; er starb am 1. Mai 1828 und wurde unter dem Portikus der Madeleine beigesetzt.[316]

5.1 Die Fertigstellung der Madeleine 1828 bis 1842 unter Huvé

Seit fast zwanzig Jahren ist Jean-Jacques-Marie Huvé (1783-1852) bereits Mitarbeiter Vignons und Bauleiter an der Madeleine, als er durch ein Dekret des Innenministers vom 26. August 1828, dem Wunsch des verstorbenen Vignons gemäß, zum Architekten der Kirche ernannt wird.[317]

Nach der Julirevolution von 1830 ist das Gebäude unter dem Bürgerkönig Louis-Philippe erneut dem religiösen Kultus überantwortet worden, von einem 'Sühnemal' für die französische Königsfamilie war nach dem Sturz des Bourbonengeschlechts keine Rede mehr. Es wurde beschlossen, die Madeleine zum Ruhme der französischen Nation und ihrer Künste reichhaltig mit Malereien auszustatten.[318] Das Königspaar, das am 29. September 1833 die Baustelle besichtigte, beglückwünschte Huvé angesichts der künstlerischen Ausgestaltung -besonders das Apsisgemälde von Ziegler gefiel sehr (Abb. 41) - zu seiner Leistung.[319]

Als Huvés Verdienst darf es angesehen werden, die Madeleine fertiggestellt zu haben.[320] Zwischen 1840 und 1842 werden sämtliche Kunstwerke, die das Gebäude ausstatten, fertiggestellt. Am Außenbau läßt Huvé Skulpturenschmuck anbringen. Es werden Nischen in die Cellamauer ge-

---

315 *Vauthier* 1911, 45

316 *Krieger* 1937, 285

317 *Krieger* 1937, 285

318 *Vauthier* 1911, 46

319 Vauthier 1911, 47

320 *Soubies* 1906, 212

schlagen, die die Statuen von vierunddreißig in Frankreich verehrten Heiligen aufnehmen, darunter die Namensheiligen von König Louis-Philippe in der Eingangswand. Ansonsten bleibt der Entwurf Vignons für den Außenbau unangetastet (Abb. 44).

Am 23. März 1842 wird das Bauwerk der Stadt Paris übergeben. Die feierliche Weihe ist am 25. Juli desselben Jahres. Der "Moniteur" vom 26. Juli beschreibt die Zeremonie und die begeisterte Resonanz auf dieses Ereignis in der Öffentlichkeit:

> "Hier a eu lieu l'inauguration de l'église de la Madeleine. L'affluence des fidèles était considérable; des gardes municipaux à pied veillieant aux portes et autour de l'église, pour contenir la foule et régler les entrées.
> Une messe en musique a été chantée; on a été frappé de la sonorité de cette immense vaisseau et du jeu du buffet d'orgue du choeur. L'éclairage aux candélabres est d'un fort bel effet. Les peintures et les sculptures sont d'une richesse qui n'ôte rien à la simplicité de leur charactère. Sous ce seul point de vue, la Madeleine serait un des plus beaux temples élevés à Dieu par les hommes."[321]

5.1.1 Die Ausgestaltung der Madeleine

Das Innere der Madeleine, von 1828 bis 1842 unter Leitung von Inspektor Huvé ausgeführt, gleicht dem Frigidarium einer römischen Thermenanlage[322] (Abb. 45, 46). Auf ein quergelagertes Vestibül folgen drei kuppelgewölbte Joche, an die eine halbrunde Altarapsis anschließt. Wandpfeiler, denen eine kolossale Säulenordnung vorgestellt ist, tragen die Kuppelkompartimente. Der Kolossalordnung vor den Pfeilern ist eine ionische Ordnung in halber Wandhöhe eingestellt. Davor stehen giebelüberfangene Ädikulen, Nebenaltäre, die die Statuen von Heiligen beherbergen. Der obere Teil der Wand - über den Ädikulen - ist mit Marmorinkrustinationen im Stil der Frührenaissance buntfarbig gestaltet. Die von

321 Archives ... de la Seine. "Moniteur" vom 26. Juli 1842

322 Vgl. Rom, Caracallathermen, Frigidarium (Abb. 46). Auch amerikanische Bahnhofsbauten des frühen 20. Jahrhunderts waren von römischen Thermen konzeptionell beeinflußt. Vgl. Mc Kim, Mead & White, Pennsylvanian Railroad Station, New York 1906-1910, Wartehalle (Abb. 57)

Vignon vorgesehenen Lünettenfenster sind von Huvé geschlossen worden; an ihre Stelle sind Wandmalereien mit Themen aus dem Leben der Heiligen Magdalena getreten. Die runden Oberlichter in den kassettengeschmückten Flachkuppeln werfen nur noch spärlich Licht in das Gebäude.

Die Innengestaltung unter Huvé ist als Versuch zu werten, dem Bau einen religiösen Charakter zu geben. Daher fielen Ausmalungen und Ausstattung mit Skulpturen wohl besonders reichhaltig aus. Die Künstler Rude, Foyatier und Pradier gestalteten die zwölf Kuppelpendentifs mit Apostelreliefs aus. Paul Delaroche zeichnete für zahlreiche Malereien; die Ausgestaltung der Bogenfelder wurde von Schnetz, Couder, Bouchot, Léon Cogniet, Abel de Pujol und Signol übernommen; Ziegler führte das Gemälde oberhalb der Kolonnaden des halbkreisförmigen Chorabschlusses aus.[323]

Das Apsisgemälde zeigt Christus mit der Heiligen Magdalena, umgeben von den Aposteln sowie von Konstantin, Chlodwig, Gottfried von Boullion, Friedrich Barbarossa, Jeanne d'Arc, Dante, Raffael, Pius VII. und Napoleon in einer romantisch-christlich zu nennenden Geschichtsapotheose, in der die französische Geschichte Eingang fand. 1837 gestaltete der italienische Künstler Marochetti für den Hauptaltar aus weißem Marmor die Skulptur der "Erhebung Magdalenas in den Himmel" (Abb. 47). In der Vorhalle befindet sich seit 1841 die Skulptur der "Taufe Christi" von Rude (Abb. 48), sowie die Skulptur "Vermählung Mariens" von Pradier, die 1842 vollendet war (Abb. 49). Das Äußere der Kirche wurde, wie berichtet, von Huvé nur Detailänderungen unterzogen. Im Grunde ist Vignons Ruhmestempel erhalten geblieben (Abb. 44).

Vier Meter hoch aufgesockelt, mit fassadenartigem Zugang[324] - wie man ihn vom römischen Tempel kennt - erhebt sich ein griechischer Peripterostempel aus seinem städtischen Umraum. 52 kannelierte korinthische Säulen von 15 Meter Höhe umstehen den Kern des Tempels, die Cella. Das Gebäude ist 108 Meter lang und 43 Meter breit. Seine Ausmaße, seine Aufsockelung in der Art eines römischen Podiumtempels sowie die

---

[323] *Vauthier* 1911, 46

[324] Einen imposanten Zugang erhielt die Madeleine durch die von Triquetti 1837 mit Bronzereliefs versehene, mehr als zehn Meter hohe und 3200 Kilogramm schwere Eingangstür. Der Kritiker Yvan Christ bemerkt zum künstlerischen Wert der Bronzereliefür Triquettis, die Szenen aus dem Dekalog zeigt, ironisch: "On eut souhaité moins de poids et plus de génie ..." *Christ* 1956, 47

einheitliche Fassadengestaltung erzielen eine monumentartige Hermetik, durch die das Gebäude zwar die städtebauliche Funktion des 'point de vue' erfüllt, zugleich aber auch sich der Gestaltung des angrenzenden Umraumes entzieht.

Das Gebäude wirkt durch die einheitliche Fassadengestaltung hermetisch, isoliert. Es scheint sich einer greifbaren Erfahrbarkeit zu entziehen, der Tempel wird vom architektonischen Monument zum "Denkmal".[325]

5.2 Die zeitgenössische Kritik unter ästhetischen Gesichtspunkten

Die Kritik in der Napoleonischen und der Nachnapoleonischen Ära hat ein gemeinsames Charakteristikum: es finden keine ausgiebigen architekturtheoretischen Erörterungen mehr in der Öffentlichkeit statt. Gotik- und Antikenrezeption der vorrevolutionären Bauphase sind unwiderruflich abgeschlossen.

Die Madeleine unter Napoleon ist politisches Monument, "Temple de la Gloire". Napoleon hat durch seine Bevorzugung des Planes von Vignon gezeigt, daß der gewählte Baustil der angestrebten Qualität des Bauwerks angemessen ist. Er wird zum Zeitstil, das politische Monument ist Objektivation erfolgreicher Politik sowie Inkarnation derselben. Stilnormen zu diskutieren oder sogar einen neuen Baustil zu begrüßen, liegt fern. Zu diesem Zeitpunkt wird der Bruch mit der überlieferten Baukunst noch nicht empfunden. Im Gegenteil! Die Napoleonischen Bauten werden als folgerichtige Anknüpfung an die französische Tradition seit Delorme, Perrault und Mansart angesehen. Von diesem Verständnis zeugt ein Preisgedicht von F. Verzy aus dem Jahre 1808, das sich in den Beständen der Nationalbibliothek in Paris befindet:

> "Paris embelli sous la Règne de Napoleon 1er, Empereur des Français, Roi d'Italie, Protecteur de Confédération du Rhin, *Poëme* en son Honneur."[326]

Der Verfasser rückt seine Architektengeneration als kulturelle Erben in die französischen Tradition ein:

325 Vgl. *Träger* 1981, 37-47

326 *Verzy* 1808; Bibl. Nat.

"Dignes héritiers des talens et des travaux des Delormes, des Perrault et des Mansard, grand architectes"![327]

Beispielhaft ist in seinen Augen der Louvre in Paris:

"Mai j'entends de toute part des cris de joie: tout Paris est livré à des transports de réjouissance. Le Louvre est achévé! O trône de l'Empire!!!
O divin Palais! Voilà donc le Monument qui par sa grandeur, son ordonnance et son goût, efface ceux dont on a tant parlé! O superbe Louvre! auguste sanctuaire des art et des sciences!
ô somptueux Louvre! fidèle dépositaire des trésors et des dépouilles opimes de tes enemis! O Louvre! séjours heureux d'un Héros, d'un Empereur magnanime, d'un Roi! reçois mon hommage et mon admiration, sois à jamais le trône de sa postérité!"[328]

Die französischen Bauten brauchen nach Verzy auch den Vergleich mit italienischen Monumentalbauten nicht zu scheuen:

"Oui, nos Monumens modernes ne cèdent pas à ceux du Vatican; leurs péristiles repondent à leur magnificence intérieure."[329]

Paris hat in der Welt- und Kunstgeschichte eine neue Stellung:

"Je décris la Capitale du plus grand Empire du Monde, Paris. Il ne manque plus rien à cette ville célèbre, pour être la plus belle de l'Univers."[330]

Verzy scheint keine Zweifel an der Ausführung des von Napoleon zu diesem Zeitpunkt ja erst geplanten Ruhmestempels zu haben. Er bezeichnet ihn als "Temple de la Victoire" und bezieht ihn in den Kanon beispielhafter Gebäude (Palais du Louvre, Palais du Senat, Palais du Corps-Legislatif, Le Temple de la Victoire) ein.[331] Sein Preisgedicht reflektiert inhaltlich die Aussagen des Napoleonischen Dekretes vom 2. Dezember 1806, das Verzy in einer Anmerkung ebenfalls wiedergibt. Das Gedicht ist pathetisch und kriegsverherrlichend, Widerspiegelung der damaligen politisch-euphorischen Situation. Als zeitgeschichtliches Dokument soll es dennoch vollständig abgedruckt werden:

327 *Verzy* 1808, 6

328 *Verzy* 1808, 7

329 *Verzy* 1808, 9

330 *Verzy* 1808, o.S.

331 *Verzy* 1808, Anmerkung 1, Seite 14 unten

"Guerriers, vous le savez, il voulut partarger Vos paines, vos travaux; aux centre du danger Vous l'avez vu fonder le Temple de la Gloire, Voyez le s'élever, soldats de la victoire!
Si vos lauriers sanglans durent coûter des pleurs, Vos mânes sur-le-champ trouvèrent des vengeurs.
Dans ce temple élevé a vos ames heureuses,
Nous couvrirons de fleurs, vos tombes glorieuses.
Héros! Dahlmann, d'Hautpoult, ah! goûtez le bonheur
De savoir en mourant, votre maître vainqueur!
Ce sceptre, ces drapeaux, témoins de votre gloire,
Attestent vos hauts faits, au Temple de Mémoire;
Le lustre de la France est dû a vos travaux.
Tous mes sens sont troublés ... sortes de ces tombeaux,
L'Eraissez, grands Guerriers! vos frères vous demandent.
Doux prestiges du coeur! ... leurs ames nous entendent!
Nous voyons leur image! ... embrassons leurs genoux!
Ils furent tous frappés, pour le salut des nous!
O sublime tableau! rare et touchant exemple!
Les cantiques s'élèvent, et remplissent le temple.
Les enfans, les vieillards, par leurs pleurs, leurs accents,
Redemandent ces fils frappés avant le temps.
La Patrie te reste, o vertueux bon père!
Couvert de même gloire, il te reste son frère."[332]

Der Traum vom Ruhmestempel der siegreichen Französischen Armee ist schon nach wenigen Jahren ausgeträumt. Die aus der damaligen politischen Situation resultierende Euphorie, die das Gebäude zum Träger von Ideologien gemacht hat, schlägt um in einen gesunden Alltagsrealismus. Nach einundachtzigjähriger Gesamtbauzeit ist die Resonanz bei der Fertigstellung des Gebäudes 1842 eher etwas mager und von einheitlichem Tenor, die Madeleine ist "... un de plus beaux temples élevés à Dieux par les hommes"[333], wie der Moniteur vom 26. Juli 1842 schreibt.

Dennoch wird die endgültige Fertigstellung der Madeleine in einem Preisgedicht des Schriftstellers Pluchonneau l'Aîné im Jahr 1844 gewürdigt. Der "Poème historique des monumens ériges, achevés ou embellis de la Capitale et de ses Environs, pendant quatorze années du Règne de

---

[332] *Verzy* 1808, 20 f

[333] Siehe Anmerkung 321, Kap. 5.1

S.M. Louis-Philippe Ier"[334] lobt die Fertigstellung der Kirche unter der Regierung des Bürgerkönigs Louis-Philippe:

"La Madeleine enfin, après longues années,
Sous un règne de paix trouva ses destinées,
Et, s'élevant superbe avec sa dignité,
Ouvrit sa vaste nef à Divinité."[335]

Die Schlußworte des Preisgedichts lauten:

"Il est beau de puiser, pour une nation
Sa force dans son droit et sa religion!"[336]

Pluchonneau bestätigt die Rückgabe an den religiösen Kultus:

"En ces temples sacrés, ces pieux édifices
Où les Romains dans Rome offraient leurs sacrifices;
Et que Paris, plus sage, a choisi pour le lieu
Où les chrétiens en paix vont adorer leur Dieu,
Telle est la Madeleine ..."[337]

Pluchonneau gibt kein ästhetisches Urteil zur Madeleine ab. In diesem Punkte ist beim Verfasser eine gewisse Hilflosigkeit spürbar. Er stellt keine eigenen Kriterien zur Beurteilung auf und maßt sich kein eigenes Urteil an. Wir stehen am Beginn einer Entwicklung, in der Rezeption von Kunst zur Angelegenheit intellektueller Privatheit wird. Mit dem Verlust der Verbindlichkeit jahrhundertealter Beurteilungstopoi von Architektur, des kanonisierten Rezeptionsapparates, kommt es zur Herausbildung eines fachlich geschulten Personals, von Spezialisten, denen die Fähigkeit zur Beurteilung ästhetischer Phänomene zugestanden wird.

Dem ungeschulten, nicht vorinformierten Beobachter entzieht sich oftmals der Zugriff. Victor Hugo zum Beispiel bezeichnet das französische Pantheon, Soufflots Sainte-Geneviève, als das schönste Savoyer Gebäckstück, das jemals in Stein gefertigt worden ist.[338] An gleicher Stelle, in seinem Buch "Notre Dame de Paris", äußert sich Victor Hugo 1831 auch zu den rezeptionsästhetischen Schwierigkeiten angesichts der Pariser Börse.

---

334 *Pluchonneau* 1844, 14; Bibl. Nat.

335 Ebenda

336 Ebenda

337 Ebenda

338 *Hugo* 1880, 205

Seine Bemerkungen zum Verlust der verbindlichen Ausdrucksfähigkeit von Architektur können sich, so wie sie formuliert sind, ebenfalls auf die Madeleine beziehen:

> "Ajoutons que s'il est de règle que l'architecture d'un édifice soit adaptée à sa destination de telle façon que cette destination se dénonce d'elle-même au seul aspect de l'édifice, on ne saurait trop s'émerveiller d'un monument qui peut être indifférement un palais de roi, une chambre des communes, un hôtel de ville, un collége, un manége, une caserne, un sépulcre, un temple, un théâtre. En attendant, c'est une Bourse."[339]

Wenige Zeilen später schließt Hugo mit der Bemerkung:

> "... il est Bourse en France, comme il eût été temple en Grèce."[340]

[339] *Hugo* 1880, 206

[340] *Hugo* 1880, 207

Zweiter Teil

Die architekturtheoretische Debatte

6. Architektur als Sprache - Architektursprache?

Spricht ein Kunstwerk für sich selbst? Kann man Architektur lesen? Besitzt Architektur eine immanente Sprache? Gibt es einen Schlüssel zur Dekodierung? Welches Erkenntnisinteresse verbirgt sich hinter diesen Fragen? Wonach wird gefragt und wie? Besteht 'Nachfrage' nach einer Architektursprache?

Der Fragenkatalog zu diesem Thema ließe sich noch beliebig verlängern. Nur umfassende und befriedigende Antworten sind bisher nicht gefunden worden. In zahlreichen Veröffentlichungen zur Architekturtheorie wird global mit dem Sprachbegriff operiert[341] ohne zu hinterfragen, ob eine derartige Anwendung zulässig ist. Zudem muß der verwendete Begriff von "Sprache" präzisiert werden, da er ursprünglich kein Arbeitsbegriff der kunstwissenschaftlichen Hermeneutik ist.

Um den Sprachbegriff in ihr Repertoire aufnehmen zu können, machte die Kunstwissenschaft eine Anleihe bei einer anderen Kulturwissenschaft, der Sprachwissenschaft. Dieser gelang schon am Anfang des 20. Jahrhunderts die Ablösung von einer vorrangig historischen Betrachtungsweise der Sprache. Sie entwickelte ein neues Programm zur Sprachbeschreibung, die strukturalistische Linguistik[342], die drei Untersuchungsbereiche, nämlich Semiotik, Semantik und Syntax ausgebildet hat. Von besonderem Interesse für unsere Analyse ist der Teilbereich Semiotik, der von der allgemeinen Theorie der Zeichen handelt. Es muß untersucht werden, in welcher Form Ausdrucks- und Inhaltsseite der Zeichen miteinander verbunden sind, d.h. in welchem kommunikationstheoretischen Zusammenhang sie stehen.[343]

Auch die Kunstgeschichtsforschung versuchte, sich den Zeichenbegriff nutzbar zu machen[344], eine entsprechende Kommunikationstheorie wurde ebenfalls entwickelt.[345] Trotz der Vielzahl von Publikationen, die das Problem der Sprachfähigkeit ästhetischer Gegenstände nach strukturalisti-

---

341 Um nur einige Veröffentlichungen zu nennen: *Norberg-Schulz* 1979, *Vidler* 1979, *Summerson* 1983

342 *Saussure* 1969 ist das Initialwerk einer neuen Sprachbetrachtung, nämlich der strukturalistischen

343 Vgl. *Henle* [1]1975

344 Vgl. *Bense* 1971

345 Siehe die reichhaltige Biographie von *Eschbach/Rader* 1976, Teilbereich Semiotik und Architektur

scher Manier zu durchleuchten versuchen, gewinnt man den Eindruck, daß den Autoren das Untersuchungsfeld immer wieder entgleitet, zumindest im Bereich der Architekturtheorie.[346] Dennoch wird die Ansicht vertreten, daß der linguistische Zeichenbegriff auch für die Kunstästhetik von Relevanz ist. Gliederung und kombinatorische Eigenschaften zeichenhafter Gebilde werden analysiert und auf ihren Bedeutungsinhalt hin überprüft. Auch der pragmatische Aspekt der Semiotik bleibt nicht unberücksichtigt, Handlungs- und soziokultureller Kontext werden analysiert, der Bezug zum Zeichenverwender hergestellt.

Der ursprünglich sprachwissenschaftliche Zeichenbegriff soll auch in der Kunstästhetik zur Anwendung kommen. Louise Roberts definiert, was sie unter einem "ikonischen Zeichen" versteht:

> "Ein Gesamtkunstwerk kann in einem einfachen Verständnis ein ikonisches Zeichen sein ... Es ist ein Produkt der Auswahlen des Künstlers und dadurch ein Hinweis auf seine Werte ... Weiterhin kann ein Kunstwerk neben seiner Existenz als ikonisches Zeichen weitere ikonische Zeichen enthalten ... Ein syntaktisches Problem beruht auf der Zeichenorganisation innerhalb eines Kunstwerks. Es wird durch den Umstand erschwert, daß einige dieser Zeichen konventionell und wieder andere vorrangig ikonisch mit geringen Konventionalisierungstendenzen sein können. Erschwert wird es weiterhin durch die Relation dieser Zeichen und der ikonischen Funktion des Gesamtkunstwerks."[347]

Durch die Komplexität und Uneindeutigkeit des Zeichenbegriffs entstehen rezeptive Schwierigkeiten. Der Blick kann sich sowohl auf Makro- als auch auf Mikrostrukturen richten. Ein Kunstwerk kann in einigen Fällen als autonomes Zeichen, als eine Art Superikon begriffen werden - zum Beispiel ein Entenrestaurant in Form einer Ente[348] - bei anderen Bauwerken haben wir wahrscheinlich schon Mühe, die immanente Zeichensystematik aufzuschlüsseln - zum Beispiel bei der Karlskirche in Wien von Fischer von Erlach[349] - da eine abgeschlossene und sinnstiftende Kohärenz der einzelnen Teile des Programmganzen nicht immer visuell erschlossen

346 vgl. Anmerkung 345

347 *Roberts* 1955, 82. Siehe auch *Morris* 1975, bes. 283 ff

348 Vgl. *Sedlmayr* 1959

349 Vgl. *Venturi* 1978 u. 1979

werden kann oder auch gar nicht vorhanden ist. So bildet die Summe der Zeichen zwar ein System, aber keine Sprache im linguistischen Sinne.

Architektur hat keinen offenkundigen Sprachcharakter, Sprache unterliegt aufgrund ihrer Verpflichtung zur Allgemeinverständlichkeit anderen, strengeren Regeln, einer verpflichtenden Grammatik. Auch Gandelsonas hält die Adaption des Sprachbegriffs im Bereich Architektur für ungenau:

> "However the analogy of architecture as language is imprecise. The conventions of language are rigid and they are accepted as such. In architecture rules are transitory and not mandatory. Architectural signs are different from the linguistic signs because they are not socially accepted facts."[350]

Gandelsonas nennt verschiedene Beispiele für seine Behauptungen:

> "For example, in certain periods of architecture one finds distinct differences between doors and windows, while in other periods of architecture these differences disappear. Or, one finds the same expression fusing with different content at different times: the Greek cross plan ist both church and house (Villa Rotunda); or the same content fusing with different expression: the idea of house is expressed by both the Palladian and the Corbusian villa."[351]

Der Autor argumentiert weiter, daß ein architektonisches Zeichen ein formales Kodierungssystem für seine Einbindung benötigt und er behauptet, daß sich Architekten niemals diesen strengen Konventionen in ihrem Schaffen unterzogen, sondern allein mit Fragmenten gearbeitet haben. Somit sei mit ihren Gebäuden niemals ein vollständiges Sprachangebot bereitgestellt worden.[352]

Auch die Madeleine-Kirche in Paris entzieht sich einer naiven, d.h. nicht durch Vorinformationen gestützten Vereinnahmung. Dem Äußeren nach ein griechischer Peripteros, eine Fremdform im architektonischen Umraum, verweigert uns dieser Bau den direkten hermeneutischen Zugriff. Seine heutige kirchliche Funktion kann nicht an der äußeren Gestalt abgelesen werden.[353] Die Madeleine verweist nicht, sie bildet im Sinne des

---

350 *Gandelsonas* 1979, 9

351 Ebenda

352 Ebenda

353 Allein der Schriftzug am heutigen Tympanon ist Hinweis auf die bauliche Funktion. In die Gestaltung des Relieffeldes muß man sich erst einlesen. Vgl. Kap. 8 dieser Arbeit

mittelalterlichen Zeichenbegriffs 'aliquid stat pro aliquo' auch nichts ab[354] und sie ist ebenfalls kein Superikon.

Eine zusätzliche Schwierigkeit im Verständnis dieses Bauwerks liegt darin begründet, daß äußere und innere Gestaltung divergieren. Das Äußere ist das Zitat eines antiken Tempels, das Innere gleicht dem Frigidarium einer römischen Thermenanlage (Abb. 45, 46). Neben der Zitierung von Bautypen haben wir es hier auch mit der Zitierung von Baustilen zu tun, nämlich der griechischen und römischen Antike.[355] Als 'Zitat' oder 'Reminiszenz' ist diese Verwendungsart deshalb zu bezeichnen, weil die verwendeten Bauformen und Architekturelemente nicht organisch sind, nicht in der Zeitstufe des Baus, in der Napoleonischen Ära, entwickelt sondern adaptiert wurden. Die verwendeten Architekturelemente und die Baukonzeptionen verhalten sich zueinander allenfalls kompositionsreferentiell.

Das bedeutet - und mit dieser These dürfte der Sprachbegriff endgültig aus der Diskussion herausfallen -, daß anhand des Phänomens Madeleine nicht der Verlust einer historischen Architektursprache mit überzeitlichem Charakter zu diskutieren ist (die es in dieser Form ja sowieso nie gegeben hat), sondern der Verlust des klassischen Kanons und seine verpflichtende Verwendung.

'Kanon' bezeichnet hier den festgefügten architektonischen Vereinbarungsapparat der Architektur(theorie), die Sammlung aller architektonischen Richtlinien und die Ausführung derselben. Verlust des klassischen Kanons heißt, auf das ausgehende 18. Jahrhundert bezogen: Aufgabe eines festgelegten, verbindlichen Formenapparats. Der klassische architektonische Vereinbarungsapparat geht jedoch im engeren Sinne nicht verloren, da der angesammelte historische Bestand des Kanons auch weiterhin als geschichtliches Zeugnis einer früheren, lebendigen Existenz bestehen bleibt. Einzig die in den vorigen Jahrhunderten selbstverständliche

---

354 *Heidegger* 1960, 41
"Ein Bauwerk, ein griechischer Tempel, bildet nichts ab. Er steht einfach da inmitten des zerklüfteten Felsentals. Das Bauwerk umschließt die Gestalt des Gottes und läßt sie in dieser Verbergung durch die offene Säulenhalle hinausstehen in den heiligen Bezirk. Durch den Tempel west der Gott im Tempel an. Dieses Anwesen des Gottes ist in der Ausbreitung und Ausgrenzung des Bezirkes als eines heiligen"

355 Vgl. Kap. 8. dieser Arbeit. Zumindest handelt es sich um eine Zitierung davon, was man damals für "griechische" oder "römische" Antike hielt, unabhängig vom erreichten historischen Kenntnisstand

Tradierung des vitruvianischen Formenvokabulars, dessen Semantik festgeschrieben war, wird zunächst abgebaut, dann ganz ausgesetzt und aufgegeben.[356]

Der Umbruch in der Geschichtserfahrung, der mit der Französischen Revolution in ganz Mitteleuropa einsetzte, verhinderte die Entwicklung eines neuen Vereinbarungsapparates, der alte Kanon konnte nicht durch ein neues 'Fertigangebot' ersetzt werden. Stattdessen drängte eine Pluralität von Einzelmodellen - die ja auch bald wieder Konserven von Stil werden sollten - in die Lücke, die der alte Kanon hinterließ. Diese Vielzahl an Sehangeboten ist jetzt, mit der Verdrängung des alten Kanons, Aktualisierung von Baukunst. Die Modernität dieser Bauwerke besteht darin, daß sie nicht mehr der vormals über Jahrhunderte festgeschriebenen Kodierungsformel unterliegen, sondern sie können Historie sein und zugleich jederzeit Historie zitieren. Damit ist der alte Formenapparat zur Wundertüte seiner Benutzer geworden.

Die Kunst- und Kulturproduktion der Folgezeit bereitet rezeptive Schwierigkeiten, die bis in die heutige Zeit reichen und scheinbar ungelöst sind. Das ästhetische Werturteil wird oftmals seinem Gegenstand nicht mehr gerecht. Bauwerke, die - gemessen an den architekturtheoretischen Konventionen - einer neuen, stilpluralistischen Ästhetik verpflichtet sind, können nicht mehr vor dem Hintergrund eines - nicht länger haltbaren - teleologischen Geschichtsbewußtseins diskutiert werden. Daher muß auch für die Kunstgeschichtsschreibung gelten, was mittlerweile für die Literarhistorie Geltung hat, nämlich daß kunsthistorische Rekonstruktion und ästhetische Wertung vor dem Horizont eines entteleologisierten Geschichtsbildes geschieden werden müssen.[357]

Die Erforschung des kunsthistorischen Kanons als die Erforschung vergangener Geschmackskonventionen und ästhetischer Normen ist weiterhin unerläßlich, aber Kunstgeschichtsforschung heißt nicht länger, am Werk historiographische Sinnbildung zu exercieren.

Die Suche nach Gesetzmäßigkeiten bei Beibehaltung eines Werkbegriffs, der Sinnstiftung einklagt, zeigt, daß herkömmliche Denkschemata nicht aufgegeben werden. Auch die Forderung nach einer Lesbarkeit von Architektur und jegliche Verwendung eines auf Entität zielenden Sprachbegriffs als Kriterium von Architektur ist verräterisch. Derivate teleologi-

---

356 Siehe *Germann* 1980, 189 ff "Abbau des Vitruvianismus"; *Forssman* 1961

357 *Gumbrecht* 1984, 35; vgl. *Wellmer* 1985, 27

scher Strukturen, die Axiome der Eindeutigkeit und Einheitlichkeit (Homogenität) des Kunstwerks, finden Verwendung im Rahmen derartiger Deutungen. Der Traum vom Gesamtkunstwerk soll nicht aufgegeben werden.

Unter dieser Prämisse muß natürlich die Madeleine-Planung als Konglomerat aus dem ästhetischen Kanon ausscheiden oder sie erhält zwecks erneuter Einordnung das Etikett 'Neoklassizismus' aufgedrückt.[358] Dieses Erklärungsmodell von Kunst erlaubt es zudem, Kunstwerke, die sich der teleologischen Deutungsschablone entziehen, unter dem Motto "Verlust der Mitte"[359] wieder einzufrieden. Diese Interpretationsweise und die dabei verwendete Begrifflichkeit entbehrt natürlich nicht einer psychologischen Motivation. Eine Sprachwelt, die auf Entität ausgerichtet ist, beruhigt, ordnet Welt, strukturiert und reduziert die Komplexität der Erscheinungen. Homogene Strukturen beruhigen, Heteronomien verunsichern.[360] Um noch einmal das Beispiel einer Architektursprache zu strapazieren: wenn uns Architektur wie ein offenes Buch entgegentreten könnte, als 'architecture qui parle', hätten wir den Eindruck, daß Bild und Abbild der Wirklichkeit eine Einheit bilden, identisch sind. Wirklichkeit und theoretische Aneignung der Welt würden übereinstimmen.

Es ist an der Zeit, im Bereich der Architekturkritik erneut zu überdenken, welche Aneignungsmöglichkeiten von Kunst tragbar sind. Dabei sollte das Blickfeld von der Ebene der Ethik auf die Ebene der Ästhetik verlegt werden, um Zugang zum Kunstwerk zu erhalten. Die Sinnfrage kann durch die Frage nach den Funktionen des Kunstwerks und seine historische Einbindung ersetzt werden, ferner muß jegliche Interpretation auf teleologischer Grundlage einer gründlichen Revision unterzogen werden. Denn der Frage nach dem Sinn des Kunstwerks wird die Antwort durch die Architektur verweigert bleiben. Bedeutet das jetzt den Ausver-

---

358 Selbstverständlich muß auch der Epochenbegriff als Derivat eines teleologischen Geschichtsbewußtseins definiert werden. Zu den Schwierigkeiten mit der Historizität des Kunstwerks siehe Kap. 7 dieser Arbeit

359 "Verlust der Mittel" ist der Buchtitel eines vielgelesenen Werkes von Hans *Sedlmyar* 1977. Sedlmayrs methodischen Ansatz halte ich für bedenklich und schließe mich den Worten Bätschmanns an: "Trotz - oder vielleicht wegen - des Wustes an Worten, den bloßen Behauptungen, dem unangemessenen Anspruch und der bedenklichen Ideologie ist Sedlmayr in der Kunstgeschichte als Theoretiker ernstgenommen worden." *Bätschmann* 1984, 73

360 *Foucault* 1974, 20

kauf der Architekturtheorie oder sogar das "Ende der Kunstgeschichte"?[361] Auch Belting scheint noch unter dem Verlust eines entteleologisierten Geschichtsbewußtseins zu leiden. Er betrauert, wie an folgenden resignativen Äußerungen abzulesen ist, den Verlust eines veralteten Geschichtsbildes:

> "Man muß mit diesem Stilpluralismus und Wertpluralismus, der offenbar unsere Gesellschaft charakterisiert, leben, weil ein Ausweg daraus nicht in Sicht ist, es sei denn für den einzelnen."[362]

Es ist fraglich, ob man sich diesem Pessimismus anschließen soll. Meiner Ansicht nach ist es eher an der Zeit, kunstgeschichtliche Hermeneutik als Diskursschema anzusehen, das von Zeit zu Zeit novelliert werden muß. Da Kunstästhetik aber eine Gattungsvielfalt aufweist, ist auch die Theoriebildung noch nicht in allen Teilbereichen auf dem neuesten Stand.[363] Gerade aber die Einsicht, daß kunsthistorische Deutung gattungsspezifisch sein muß, um Probleme angemessen abklären zu können, sollte doch Anreiz sein zu einem neuen Theorieschub im Bereich Architektur.[364] So kann auch Gumbrechts mentalitätsgeschichtlich orientierte Diskurstheorie neue Blickwinkel auf die Kunstwissenschaft eröffnen. Mentalitätsgeschichtsschreibung ist der Versuch, die Nachteile herkömmlicher Geschichtsmodelle zu umgehen, ohne a-historisch zu sein, d.h.

> "Mentalitätsgeschichte ist nur in einer Hinsicht - nämlich wissenschafts-organisatorisch - ein Substitut traditioneller Begriffe von 'Geschichtstotalität'; wissenschaftstheoretisch hingegen unterscheidet sie sich von den 'Geschichtstotalitäten' durch den Verzicht auf ontologische Ansprüche, anders formuliert: durch die Entlastung von der Beweispflicht, 'tiefste' und 'letzte' Schichten 'wirklicher Wirklichkeit' zu erfassen."[365]

---

361 "Das Ende der Kunstgeschichte" ist der Titel einer Aufsatzsammlung von Hans *Belting*. Siehe *Belting* 1983

362 a.a.O., 50

363 Vgl. *Bätschmann* 1984, Vorwort "Kunstgeschichtliche Hermeneutik ist gegenstandsspezifisch, d.h. sie sucht die Eigenart ihres Gegenstandes in den Ansatz der Auslegung einzubringen und in der Auslegung auszuführen. Eine Hermeneutik ohne Berücksichtigung der Gegenstände würde im Prinzipiellen und Allgemeinen verharren ... Aus diesem Grund ist hier nur von Malerei als Gegenstand die Rede"

364 Sehr zu empfehlen ist die "Einführung in die kunstgeschichtliche Hermeneutik" von *Bätschmann* 1984

365 *Gumbrecht* 1984, 37

Mentalitätsgeschichte, d.h. die "Geschichte der Evolution und Verteilung sozialer Wissensbestände und Einstellungen"[366], stellt sich nicht in den Dienst der Produktion und Reproduktion ganzheitlicher Geschichtsvorstellungen. Bisher ist eine derart orientierte, moderne Hermeneutik der Architektur noch nicht erstellt. Dennoch kann anhand eines Zitats des Literaturwissenschaftlers Gumbrecht, das gegen den Strich gelesen werden kann, die Leistungsfähigkeit des mentalitätsgeschichtlichen Modells für die Architekturtheorie aufgezeigt werden.

Gumbrecht kontrastiert die Erkenntnischancen von Texten mit denen anderer Gegenstände geschichtswissenschaftlicher Interpretation. Die Erkenntnismöglichkeiten, die der Wissenschaftsbereich Architektur bereithält, werden einsichtig, wenn der Leser bei diesem Zitat das Augenmerk auf den Gumbrechtschen Vergleichsgegenstand "Gebäude" richtet:

> "Gebäude oder Gebrauchsgegenstände oder Gebeine sind - wie Texte - *Objektivationen* vergangenen menschlichen Handelns oder Verhaltens, aber sie sind - im Gegensatz zu Texten - nicht *Zeichen* vergangenen *Wissens*, das Voraussetzung von Handeln und Verhalten war, und sie können - nun: im Gegensatz zu Texten *und* bildlichen Darstellungen - *ebensowenig vergangenes Handeln und Verhalten mimetisch vergegenwärtigen.* Anders formuliert: alle Gegenstände geschichtswissenschaftlicher Interpretation sind Objektivationen menschlichen Handelns und Verhaltens, aber als zeichenhafte Artikulation vergangener Wissensbestände und - oft - mimetische Vergegenwärtigung vergangener Interaktionen eröffnen Texte spezifische mentalitätsgeschichtliche Erkenntnischancen, während Gebäude oder Gebrauchsgegenstände oder Gebeine *Symptome* (*'Spuren'*) von Wissensbeständen und (im materiellen Sinn) *Teile* von Interaktionssituationen sind."[367]

Während also Texte und auch Bilder noch die zusätzliche Qualität der mimetischen Vergegenwärtigung vergangenen Handelns und Verhaltens aufweisen, muß die architekturwissenschaftliche Hermeneutik bewußt an diesem Punkt aussetzen. Architektur kann keine mimetische Vergegenwärtigung leisten, Gebäude gehören aber in die Gruppe der Gegenstände, die man als Objektivation vergangenen menschlichen Verhaltens bezeichnen kann. In diesem Verständnis sind sie zugleich Zeugnis und Teil einer

---

366 Ebenda

367 *Gumbrecht* 1984, 38 f

historischen Interaktionssituation und Relikt vergangener Wissensbestände. Derart sind sie Verweis auf die anthropologisch-sozialpsychische Dimension gesellschaftlicher Einstellungen und Grundwerte. Diesen gilt es nachzuspüren, ohne sie einer wertenden Ästhetik zu subsumieren.

Auch die Erforschung der Bau- und Rezeptionsgeschichte der Madeleine gewährte einen Einblick in Einstellungs- und Mentalitätswandel der Gesellschaft. Die Madeleine in ihrer jetzigen Gestalt ist Dokumentation, Summe stattgefundener Auseinandersetzungen. Sie konserviert Erfahrungen, Diskussionen und architekturtheoretische Reflexionen. Fragen zum ästhetischen Wandel und zur Historizität des Kunstwerks sowie seine Einordnung in das geschichtliche Epochenschema gehören ebenso in diesen Interessenkatalog und sollen daher im Rahmen dieser Arbeit ebenfalls - wenn auch nur anrißhaft - Beachtung finden.

7. Klassizismus, Neoklassizismus und Probleme der Historizität

Epochenbegriffe, d.h. Bezeichnungen für einen durch bestimmte Kriterien gekennzeichneten Abschnitt eines historischen Entwicklungsablaufes, werden in der Literarhistorie häufig als Sammelbegriffe philosophischer Strömungen verwendet, während die Kunstgeschichtsschreibung diese gerne als Bezeichnung für Kunststile aufnimmt. Ausdrücke wie "Renaissance", "Romantik" oder auch "Aufklärung" zeugen von dieser Verwendungsart. Eine ausführliche kunsthistorische Erörterung der Begriffe "Klassik", "klassizistisch", "Neoklassizismus" und ihrer Relation zueinander ist noch nicht geschrieben, allenfalls in Ansätzen vorhanden.[368]

Da aber dringende Fragestellungen zur Madeleine-Kirche in Paris eine Auseinandersetzung auf diesem Gebiet unumgänglich machen, sei dennoch eine erste definitive Vorgabe gegeben.

Der Epochenbegriff "französische Klassik" ist durch die Kunsthistorik per definitionem spezifisch besetzt. Er bezeichnet den Zeitraum von 1640 bis 1715. Dagegen erschließt die Bezeichnung "klassische Architektur in Frankreich" alle Baukunst, die sich zwischen 1650 und 1750 mit den Einzelformen der klassischen, sprich griechisch-römischen Antike auseinandersetzt. Diese Abgrenzung läßt sich bei Grundlage der gegebenen Definition noch etwas dehnen. So kann das frühe 16. Jahrhundert mit der Rezeption der italienischen Renaissance in Frankreich ebenfalls eingebunden werden. Die Ausdrücke "klassisch" und "klassizistisch" werden heute synonym angewendet.[369]

Der Kunsthistoriker Emil Kaufmann differenzierte 1924 in einem Aufsatz die Begriffe "Klassik" und "Klassizismus". Für den Klassizismus veranschlagte er eine Zeitspanne von 1650 bis 1850.[370] Heute würde man um 1650 zunächst die Spätklassik ansetzen, die vom Ende des 17. Jahrhunderts bis zum Anfang des 18. Jahrhunderts datiert wird, gefolgt vom Früh-

---

368 *Erichsen* diskutiert die Epochenbegriffe leider nur im Anmerkungsapparat seiner Dissertation. *Erichsen* 1980, 415 ff; vgl. Ausführungen unter historischen Gesichtspunkten bei *Rykwert* 1980, Kap. 1 "Classic and Neoclassic"; *Frampton* 1980, Kap. "Neo-Classical architecture 1750-1900". Die Probleme der Klassizismus-Debatte sind nicht allein mit Bezug auf Klassik und Klassizismus diskutiert worden, sondern gerade im letzten Jahrzehnt im Kontext der Historismus-Debatte und der theoretischen Auseinandersetzung mit der postmodernen Architektur. Dieser Bereich ist in meiner Studie aber bewußt ausgegrenzt. Lesenswerte Neuerscheinung in: *Werner* 1985.

369 *Ritter/Gründer* 1976, 4, Stichwort "Klassische, (das)" 853 ff

370 *Kaufmann*, 1924, 224

klassizismus in der Mitte des 18. Jahrhunderts. Für den Zeitraum von 1750 bis circa 1850 wurde von der Kunsthistorie des anglo-amerikanischen und französischen Sprachraums ein neuer Epochenbegriff gefunden, "Neoklassizismus". Bezeichnet wird hiermit Architektur, die den Klassizismus zum Stilideal erhebt. Im kunsthistorischen Epochenschema schließt sich in der Zeit von 1830 bis 1900 der "Historismus" an. Er versuchte erneut eine Lösung mit durch den klassischen Kanon geprägten Formen bei einer eigenständigen und autonomen Verwendung der Architekturelemente sowie neuer Baumaterialien. Kennzeichen des Historismus ist sein Stilpluralismus, d.h. die Zitierung von Architekturstilen.

Neben der periodischen Grobeinteilung werden Epochenbegriffe für kleinere Zeitspannen in das kunsthistorische Schema eingepaßt, so z.B. "Aufklärungsarchitektur" (1760-1790), "Revolutionsarchitektur" (1780-1800), "Empire" und "Restauration" (bis 1850).

Der Begriff "Klassizismus" ist erst 1887 in die Kunstgeschichte eingeführt worden[371], aber schon im 20. Jahrhundert sollte er eine Herauslösung aus dem Epochenschema erfahren, a-historische Bezeichnung architektonischer Stilmerkmale sein. Nach neuerer Auffassung[372] soll der Begriff Klassizismus weder Werturteil noch Epochenbestimmung sein, sondern allgemein Bezeichnung für Baukunst, die den Kanon der klassischen Antike zitiert. Mit dieser Definition ist in der Baukunst ein Zeitraum vom frühen 16. Jahrhundert bis zur Moderne[373] erfaßt.

Obwohl an dieser Stelle nicht das starre Festhalten an Epochenbegriffen propagiert werden soll, scheint mir dennoch ein Verzicht auf das historische Erklärungsschema des Periodisierens unzulässig. Mit der Negation der Epochenbestimmung ist der Weg zu historischen Erkenntnismöglichkeiten versperrt. Das historische Erklärungsmodell - Epoche ist eine geschichtliche Kategorie - hat nicht nur beengende Konnotationen. Seine Leistung muß darin gesehen werden, daß es Angebote spezifischer Sichtweisen und Ausblicke auf historische Ereignisse bereitstellt. Die Epochenbegrifflichkeit darf als formale Vorgabe aufgefaßt werden, in deren Rahmen geschichtliche Erkenntnismöglichkeiten zur Diskussion stehen.

---

371 Vgl. *Erichsen* 1980, Anm. 1)

372 Eine a-historische Verwendung des Epochenbegriffs findet sich u.a. bei *Larsson* 1978

373 *Larsson* beschäftigt sich mit der Baukunst des Dritten Reiches unter dem Stichwort "Klassizismus". *Larsson* 1978, 198

Daher fordert auch die Auseinandersetzung mit Fragestellungen zur Madeleine-Kirche in Paris die Erörterung der Epochenbezeichnungen "Klassizismus" und "Neoklassizismus" heraus. Diese beiden Begriffe dürfen nicht zu reinen Stilbegriffen diminuieren, weil dann ihre Funktion als Dokumentation spezieller Formen von Geschichtsbewußtsein verloren geht.

Meine These lautet: Klassizismus ist so sehr die Diskursbewußtheit des 17./18. Jahrhunderts wie Neoklassizismus und Historismus Diskursverdeutlichungen des 18./19. Jahrhunderts sind. Die Kulturproduktion der jeweiligen Jahrhunderte hat demnach beträchtliche Aussagekraft in bezug auf das historische Schema, genau wie im umgekehrten Verhältnis die geschichtliche Makrostruktur die Mikrostruktur beeinflußt. Diesem Verhältnis zwischen Wandel des Geschichtsbildes und Bewußtseinsänderungen des Individuums gilt es nachzuspüren.

Auffällig ist im Umbruch der beiden Epochen Klassizismus und Neoklassizismus die Veränderung der Rezeptionsweise im Kulturbetrieb. Das sich verändernde Geschichtsbewußtsein - eine Zäsur ist zunächst durch die französische Frühaufklärung und später durch die Revolution gegeben - bewirkt mit zeitlicher Verzögerung ein neues Rezeptionsverhalten in Kunst und Kultur. Die Bewußtmachung des historischen Diskursschemas und der Historizität des Kunstwerks fällt ins 19. Jahrhundert.

So sieht sich Jacob Burckhard 1842 in seinen Vorlesungen zum Revolutionszeitalter nicht mehr in der Lage, die Gegenwart geschichtlich an die Vergangenheit anzubinden.[374] Die klassizistisch-humanistische Kontinuitätsvorstellung ist nicht länger aufrecht erhalten. Die Kluft zwischen "res gestae" und "narratio rerum gestarum" ist unüberbrückbar geworden.[375]

Die Madeleine implizierte, wie wir an der Rezeptionsgeschichte gesehen haben, noch zur Zeit Napoleons I. die Fortgeltung eines einheitlichen Geschichtskontinuums. Sie stand gleichsam in der nationalen französischen Bautradition und im Gesamtzusammenhang europäischer Kulturgeschichte. Die Verwendung historischen Formenvokabulars - der Verweis auf die Antike - veranschaulichte ein Kontinuum von Vergangenheit und Gegenwart und ermöglichte einen Ausblick auf eine Zukunft, in der das Individuum sich im Gesamtraum der Geschichte erfahren konnte.

---

374 Vgl. *Hardtwig* 1974, 25 ff; zum Phänomen des Historismus siehe *Schlaffer* 1975

375 Vgl. *Koselleck* 1984; *Danto* 1974, 407 ff "Historisches Verstehen und das Problem anderer Epochen"

An den Quellen zur Rezeption der Madeleine wird der Verlust dieses sich auf Entität berufenden Weltbildes erst um 1830/40 offenkundig (vgl. Kap. 5.2). Dennoch ist er schon ab 1815 in der Architekturgeschichtsschreibung dokumentiert.

Quatremère de Quincy forderte in seinen "Considérations morales"[376] ein Hineinversenken in die Geheimnisse der Antike, um die Vergangenheit wieder zur Grundlage der Gegenwart machen zu können. Ob ethische oder politische Argumentation (Quatremère, Pugin) oder auch rational-strukturale Bemühungen (Labrouste und Viollet-le-Duc)[377] - es wurde in der Folgezeit nichts unversucht gelassen, erneut eine Vereinigung der Baustile herbeizuführen, um damit eine verbindliche Ausdrucksfähigkeit von Architektur im geschichtlichen Zusammenhang zu sichern.

Die Rettung der Historie für die Gegenwart konnte nicht gelingen, da sich seit der Französischen Revolution Mentalitäten und Vorstellungen in einem Wandel befanden, der irreversibel war. Beispielhaft werden diese Vorgänge von Wolfzettel an den Ausdrücken "Epoche", "Ursprung" und "Fortschritt" aufgezeigt.

> "Mit dem Revolutionsbegriff verändern sich auch Vorstellungen wie *Epoque, origine* oder *progrès*; sie verlieren gleichsam mit ihrer semantischen Unverfänglichkeit auch ihre Beliebigkeit und sind nun historischer Gesetzmäßigkeit untergeordnet. Fortschritt ist jetzt tendenziell immer auch Bewußtseinsprozeß, Herkunft nicht einfach oberflächlich Herkunfts- und Entstehungshypothese, sondern - archäologische! - Ursprungssuche, Epoche bezeichnet nicht mehr die statische Einheit eines dynastischen Zeitraums, wie noch das Dictionnaire de Trevoux definiert (un temps certain et fixe, d'où l'on commence à compter les années), sondern eine dialektisch notwendige Entwicklungsphase des Gesamtprozesses."[378]

Mit diesen Ausführungen erhärtet Wolfzettel die Ansicht, daß die Epochenbestimmungen "Klassik" und "Neoklassik" nicht nur als kunsthistorische Stilabgrenzung zu betrachten sind, sondern als Zeugnisse von Bewußtseinsänderungen, Wandel der Kulturproduktion, der wirtschaftlichen Produktionsverhältnisse und - als Manifestation dieser Faktoren - der Darstellungweisen von Kunst und Kultur. Diese Änderungen lassen

[376] *Quatremère de Quincy* 1815, 65 f

[377] Vgl. *Vidler* 1977, 117

[378] *Wolfzettel* 1982, 91

den Gesamtcharakter von Ästhetik in einem neuen Licht erscheinen. Die Warhnehmung dieses komplizierten Geflechtes verschiedener Einflüsse fand aber erst in der jüngsten Architekturkritik Eingang in die Beurteilung. Noch am Anfang des 20. Jahrhunderts unterlag die Einordnung des Phänomens Neoklassizismus einer Reihe von Kriterien, die einem anderen Rezeptionsschema entnommen waren. Zur Verdeutlichung dieser These soll die Architekturkritik aus dieser Zeit auszugsweise zitiert werden.

Der Kunsthistoriker Emil Kaufmann versuchte in einem Aufsatz von 1924 eine Reihe von Beurteilungskriterien für die Epochen "Klassik" und "Klassizismus" (heute als Neoklassizismus bezeichnet) zu finden. Er sieht das "Wesen" der Klassik in den Postulaten einer "inneren Begründung der Architektur, der Harmonie und der sinnfälligen Schönheit", der Materie schreibt Kaufmann eine Art physischen Eigenlebens zu.[379] Merkmal des Neoklassizismus ist dagegen in seinen Augen das Antikisieren, d.h. das Zurückgreifen auf Formen der Vergangenheit, besonders auf mittelalterliche.[380] Kaufmann ist der Ansicht, daß die schöpferische Kraft des Neoklassizismus so schwach ist, daß der Rückgriff auf die Antike als "Bildungselement" dazu verhelfen muß, der Epoche ein eigenes Gepräge zu geben.[381] Er erläutert die Funktion der Architekturelemente in der neoklassizistischen Epoche folgendermaßen:

> "Die Form hat keine andere Funktion als Träger von Gedanken, der Vermittler von Stimmungen zu sein, Empfindungen zu erwecken, die jenseits des bildsamen Stoffes liegen, die die Materie nicht in sich selbst einschließt. Das Symbol des Klassizismus (Neoklass., d. Verf.) ist der entsinnlichte Stein, in dem ein Genius lebt."[382]

Gerade mit dieser Eingrenzung legte Kaufmann 1924 - der Aufsatz war 1920 geschrieben worden - den Grundstein zu einer Rezeption neoklassizistischer Kunst, die diese in der Folgezeit mit den Etiketten "archäologisch genaue Nachbildung", "kein neuer Gestaltungswille", "Nüchternheit und Langweile" versieht.[383]

---

379 *Kaufmann* 1924, 226

380 *Kaufmann* 1924, 224

381 *Kaufmann* 1924, 231

382 *Kaufmann* 1924, 226

383 *Kaufmann* 1931/32, 209, Anm. 1)

In einer "Allgemeinen Kunstgeschichte" aus dem Jahr 1909 findet sich eine ähnlich tendenziöse Darstellung des Phänomens. Der Verfasser, A. Kuhn, äußert sich so:

> "So entstand eine 'neuantike Kunst' wie man sie nannte. Sie war nicht aus einem tiefen Drang der Zeit entstanden, darum hatte sie auch kein Leben aus eigenen Wurzeln, sondern ein künstliches, kurzes Treibhausdasein. Man glaubte in guten Treuen, echt Antik zu sein, allein die spätere, besser geschulte Zeit sah die Täuschung und den Irrtum ein und bezeichnete die Kunstrichtung als Zopf, als pseudoklassisch oder klassizistisch."[384]

Kuhn fügte seinen Erörterungen eine ästhetische Wertung dieses Kunststils hinzu:

> "Die klassizistische Architektur ist eine Kunst der Ernüchterung. Es gibt einzelne Werke dieser Richtung, besonders in Frankreich, welche in der charakteristischen, einheitlichen, inneren Ausstattung sehr reizvoll sind oder in der äußeren Erscheinung eine gewisse Vornehmheit an sich tragen; im allgemeinen jedoch sind die klassizistischen Bauten nüchtern, steif, langweilig und lassen völlig kalt und teilnahmslos."[385]

Natürlich sind rezeptive Schwierigkeiten, die sich durch eine zu starke zeitliche Nähe des Rezipienten zum Kunstwerk ergeben können, verständlich. Dennoch liegen hier nicht die Hauptschwierigkeiten bei der Beurteilung des Kunstwerks. Diese sind vielmehr darin begründet, daß die Kunstwissenschaft am Anfang des 20. Jahrhunderts noch nicht einzusehen vermochte, daß die formale Seite des Kunstwerks seine Ästhetik ausmacht, und daß das klassizistische Dogma der Einheit von Gestalt und Gehalt des Werkes nicht mehr eingelöst werden kann.

Das Kriterium der Organizität, das jahrhundertelang Rezeptionstopos von Kunst war, ist in Frage gestellt. Für die Dauer seiner Gültigkeit aber ist einzig die Sichtweise zulässig, daß der klassische Stil, der bis zum 18. Jahrhundert Paradigma französischer Architektur war, im Neoklassizismus zum historischen Phänomen der Nachahmung verfremdet ist. Damit wird neoklassizistische Architektur zur bloßen Zitatensammlung. Das Postulat der Organizität kann daher nicht zur Grundlage der Beurteilung dieses Architekturstils werden. Vielmehr müssen strukturalistische Unter-

---

[384] *Kuhn* 1909 II, 986 f

[385] *Kuhn* 1909 II, 987

suchungen Basis einer Stilanalyse sein. Meines Erachtens ist Neoklassizismus eine zum System erhobene, d.h. methodisierte Anwendung klassisch geprägter Architekturformen.

Es müssen Fragen danach gestellt werden, wie diese Methodisierung aussieht, worin sie sich äußert, unter welchen wirtschaftlichen, sozialen und politischen Verhältnissen sie vonstatten geht. Eine neuere Architekturkritik sieht die besondere Qualität der neoklassizistischen Architektur darin begründet, auf der Basis bürgerlichen Rationalismus eine neue Aneignungsweise des architektonischen Formenapparates entwickelt zu haben, die sich in einem Hang zum Konzeptionalisieren, Regularisieren, Standardisieren, Systematisieren und Rationalisieren bemerkbar macht.[386]

Der Griff nach den "Kleidern der Vergangenheit"[387], die Zitierung von Baustilen, darf in diesem Zusammenhang als Versuch gewertet werden, die Gegenwart zu legitimieren, das Selbstverständnis der eigenen Klasse zu bezeugen oder sogar einen Rekonstruktionsversuch von Geschichte - eine Anbindung an die Vergangenheit - leisten zu wollen.

---

386 *Szambien* 1980, 67

387 *Vidler* 1977. *Vidler* spricht von den "clothes of the past", den "Kleidern der Vergangenheit"

8. Von der Louvrekolonnade zur amerikanischen Bahnhofshalle - Rezeption klassischer französischer Stilideale bis zur Neuzeit

Die architekturtheoretische Diskussion in Frankreich ist zur Entstehungszeit der Madeleine - 1761 - intensiv mit der Ausbildung eines neuen Kirchentypus, der Kolonnadenkirche, befaßt. Darunter verstehen wir, wie schon erläutert[388], eine Kirche, deren gewölbtes Mittelschiff durch zwei Reihen von Freisäulen, auf deren Kapitellen ein Horizontalgebälk aufliegt, von den flachgedeckten Seitenschiffen geschieden ist. Freisäule und Architrav werden bei diesem neuartigen Kirchentypus zum Träger der Wölbung, daher auch die adäquate Bezeichnung 'Freisäulenarchitravkirche'. Contants Entwürfe für die Madeleine-Kirche und Soufflots Konzeption von Sainte-Geneviève dürfen in der Mitte des 18. Jahrhunderts als Höhepunkte der neuen Sakralarchitektur gelten.

Die Ursprünge dieser Innovation im Kirchenbau aber liegen in profanen und sakralen Vorstufen der Architektur des Frühklassizismus um 1650 begründet. Die nationale und gotische Architektur wird von einer Architektur absorbiert, die im allgemeinen den aus Italien kommenden Konventionen folgt. Diese Architektur befürwortet die Wiederaufnahme eines an der Antike orientierten und aus ihr stammenden Formengutes. Vokabular und Regelungen waren kanonisch festgelegt in den zehn Büchern des Militärarchitekten Vitruv[389], so daß bis zu diesem Zeitpunkt die Architektur der Antike als normativ galt. Zur gleichen Zeit begann die Beziehung zwischen Italien und Frankreich sich zu ändern, Rom wurde nicht mehr als richtungsweisend angesehen für die Kunstpolitik unter Louis XIV. Als ein erster Beweis für diesen Wandel kann im Jahr 1667 die Ablehnung des Entwurfes von Lorenzo Bernini für die Ostfassade des Louvre gelten. Wie es zu dem Meinungsumschwung kam, soll näher erläutert werden.

Nach der Errichtung der Cour Carré des Louvre stellt sich das Problem der Ostfassade des Schlosses, die der Kirche St-Germain-l'Auxerrois gegenüber liegt. Da Entwürfe von LeVau keinen Anklang finden, läßt Minister Colbert 1665 Bernini aus Italien kommen. Zu Berninis letztem Entwurf ist die Fundamentierung bereits begonnen, als sich Louis XIV im April 1667 unerwartet gegen die Konzeption entscheidet. Ein Architek-

---

388 Vgl. Kap. 1.1 dieser Arbeit

389 *Vitruvius Pollio* 1981

tenteam, der "Petit Conseil du Louvre", dem Louis LeVau, Charles Le-Brun und Claude Perrault angehören, legt ein Gemeinschaftsprojekt vor, das alternativ mit oder ohne Kolonnade konzipiert ist. Von Claude Perrault stammt vermutlich der erste Entwurf der Kolonnadenversion, mit Sicherheit der ausgeführte. Die Quellen des Projektes sind bis heute nicht mit Sicherheit geklärt, da ein großer Teil der Pläne 1871 während der Commune verbrannte. Dennoch erscheint Claude Perrault die dominierende Person des Gremiums gewesen zu sein, er zeichnete dafür verantwortlich, die Kolonnade samt Eckpavillons einer Verdoppelung des Südflügels der Cour Carré anzupassen.[390]

Ikonographisch ist die Louvrekolonnade auf die Beschreibung des Sonnenpalastes zu Beginn des Zweiten Buches in Ovids "Metamorphosen" zurückzuführen "Regia solis erat sublimibus alta columnis ..."[391] Danach soll die Residenz des Sonnengottes aus einer Kolonnade freistehender ionischer Doppelsäulen mit zentralem Portikus bestehen; Charles LeBrun hatte mit einer Entwurfszeichnung für die Ausmalung der Kuppel des Mittelsalons von Vaux-le-Vicomte schon 1660 eine erste Umsetzung dieser Textstelle vorgenommen. Daher lag die Anwendung des Kolonnadenmotivs am Palast von Louis XIV - dem Sonnenkönig - nahe. Die Ostfassade des Louvre ist - wie die Rezeption bezeugt[392] - Ausdruck einer neuen französischen Kulturpolitik, einer bisher nicht erreichten Kulturhöhe und Verdeutlichung des Herrscherprogramms von Louis XIV.

Der Osttrakt des Louvre (Abb. 7) ist das Initialwerk eines neuartigen Baustils. Über einem ungewöhnlichen hohen Sockelgeschoß erhebt sich in Kolossalordnung eine Reihe gekoppelter korinthischer Säulen. Begrenzt wird die Kolonnade von schwach hervortretenden Eckrisaliten, bei welchen Wand und Säulen in Form von Pilastern vereinigt sind; die Risalite können als Triumphbögen gelesen werden. Die Mittelachse wird betont durch den stärker hervortretenden Mittelrisalit, der von einem Tempelgiebel überfangen ist. Die Struktur von Pavillons mit Zwischentrakten ist dem traditionellen Palastbau entlehnt. Kompositionell neu ist die Vereinigung aller Kompartimente in gleicher Höhe unter einem durchgehenden Flachdach, ein Rückgriff auf den Entwurf von Bernini. Eine weitere Innovation besteht darin, daß die Kolonnade nicht auf dem Boden beginnt,

---

390 Zur Baugeschichte ausführlich: *Hesse* 1984, 78 ff

391 Hinweis von Robert Berger, *Berger* 1970

392 *Leroy* 1764, 75 f

sondern - in Anlehnung an den römischen Podiumstempel - in die Etage noble versetzt ist. Die bedeutendste Neuerung liegt jedoch in der ästhetischen Funktion der Freisäule. Die Säule wird nicht als traditionelle, der Wand applizierte Säule - wie zum Beispiel in der hellenistisch-römischen Architektur, der Renaissance und dem Barock - akzidentiell verwendet, sondern - das Prinzip des antiken, griechischen Tempels wieder aufgreifend - als körperhaftes, essentielles Architekturelement, das Form und Funktion ineinander vermittelt zur Anschauung bringt.

Mit der Anlehnung an die Antike ist aber zugleich eine Anlehnung an die Gotik verbunden. Die Reihe der gekoppelten Freisäulen mit weiten Interkolumnien ist zu durchlässig, um wandhaften Charakter besitzen zu können. Zugleich fügt sie sich aber auch - besonders bei Schrägsicht - zu einem relativ geschlossenen Kontinuum zusammen. Diese Säulenfolge wird vermöge der in den verschatteten Hintergrund verlagerten Rückwand von einer im Halbdunkel verbleibenden Raumzone hinterlegt. Eine solche Zweischichtigkeit der Raumgrenze ist auch im Innern einer gotischen Kathedrale zu finden: dort wird eine vordere, geschlossene wie auch durchlässige Schicht mit Raum und Licht foliiert. So ist das Triforium eine Raumzone, bei der eine Reihe von Rundpfeilern mit einem Laufgang und Fenstern der Außenwand hinterlegt sind.

Dieser Gedanke der Diaphanie bildet auch eine der ästhetischen Qualitäten der Louvrekolonnade. Somit hat Perrault eine Umsetzung der gotischen Diaphanie in klassische Formen vorgenommen. Auch die antikisch wirkende Konstruktion bedient sich bautechnischer Hilfsmittel der Gotik. Die Kolonnade illusioniert eine Schwerelosigkeit, die nur mit konstruktiven Hilfsmitteln zu realisieren ist. Weder können derartig weite Interkolumnien einer Freisäulenstellung von monolithen Architraven überfangen werden, noch können konventionelle Kassetten die Architravgevierte schließen. Daher ist das Gebälk in der Technik des scheitrechten Bogens erstellt; es verbirgt Entlastungsbögen sowie ein höchst kompliziertes Eisenankersystem.

Perrault hat Elemente der antiken Architektur übernommen, was durchaus in der Tradition der französischen Architektur liegt, transformiert das Traditionelle jedoch in etwas Neues, wobei nun das typisch Französische über die Antike hinausweist: die Verbindung antiker Formensprache mit ästhetischen und konstruktiven Qualitäten der gotischen Architektur. Dieser Schritt ist von Perrault bewußt vollzogen worden. Davon zeugen Äußerungen Perraults im Zusammenhang seines "Proportionsstreites" mit Blondel. Dieser ist einzuordnen in die "Querelle des Anciens et des Modernes", die den normativen Anspruch des "Beau absolu" unter dem Druck der Traditionskritik der Frühaufklärung zugunsten des "Beau relativ" eingeschränkt hat.[393] Im zweiten Kapitel des III. Buches seiner Vitruv-Ausgabe führt Perrault in einer Fußnote aus:

> "Das Schönheitsempfinden unserer Epoche, oder zumindest das unserer Nation, unterscheidet sich von dem der Alten, und möglicherweise hat es in dieser Hinsicht etwas vom Gotischen an sich: denn wir schätzen das Luftige, das Licht und die Wirkung des freien Durchblicks. Dies ließ uns eine sechste Art der Säulenordnung erfinden, nämlich sie zu koppeln und zu Paaren zu verbinden sowie außerdem den Raum zweier Interkolumnien in einen einzigen fallen zu lassen ...
> Dieses Verfahren wurde bei den beiden Portiken der Schauseite des Louvre mit prachtvoller Wirkung zur Anwendung gebracht ...
> Herr Blondel verwendet in seinen hochgelehrten Vorlesungen über Architektur, aus denen er ein Lehrbuch zusammengestellt hat, drei Kapitel ... auf den Nachweis, daß der heute allgemein üblich gewordene Brauch der gekoppelten Säulen einen Regelverstoß darstelle, der keineswegs geduldet werden dürfe ... Das Hauptargument, auf welches man sich zumeist stützt, gründet sich auf ein Vorurteil und die fälschliche Annahme, es sei nicht gestattet, sich vom Brauch der Alten zu entfernen; alles, was nicht ihre Verfahrensweisen nachahme, müsse für bizarr und launenhaft erachtet werden; daß man also, falls man dieses Gesetz nicht als unantastbar hüten würde, Freiheiten Tür und Tor öffne, die zu einem Regelverlust in allen Künsten führten ... wenn diesem Gesetz Gültigkeit zukäme, so hätte die Baukunst niemals jenes Niveau erreicht, auf das sie die Erfindungen der Alten gehoben haben, Erfindungen, die zu ihrer Zeit selbst Neuerungen darstellten; ... eine Säule zu verrücken ist etwas Geringfügigeres als sie ganz wegfallen zu lassen ..."[394]

---

393 Vgl. *Imdahl* 1964; *Jauss* 1964

394 Übersetzung des Verfassers. *Perrault* 1673/1684, 3. Buch, Kap. II, 78 f Fußnote 16
"Le goust de notre siècle, ou du moins de nostre nation, est différent de celuy des Anciens, & peut estre qu'en cela il tient un peu du Gothique, car nous aimons l'air, le jour & les dégagements. Cela nous a fait inventer une sixième manière de disposer ces colonnes, qui est de les accoupler & de les joindre deux à deux, & de mettre aussi

Perrault vertritt also die Ansicht, daß Kanonabweichungen bereits in der Antike wichtige Innovationen hervorbrachten und deshalb auch die antiken Werke verbessert oder übertroffen werden können.

Zu diesem Zeitpunkt wird die Antike zum ersten Mal historisch gesehen, d.h. als ein geschichtlicher Prozeß betrachtet. Bislang gab es nur eine allgemeine Vorstellung von der Antike, es wurde nicht zwischen römischer und griechischer Antike differenziert, da man die griechische nicht kannte. Man begann nun, ein differenziertes historisches Bewußtsein zu entwickeln, das sich aus mannigfaltigen Forschungen in unterschiedlichen Wissensgebieten speiste. Da man die Antike nun nicht mehr als gegebenes Regelwerk, welches nicht verletzt werden durfte, betrachtet, sondern als einen dialektischen Prozeß, in dem selbst Regelverstöße zu Innovationen geführt hatten, war man legitimiert, gegen die Regeln der Antike zu verstoßen, ohne damit unbedingt einen Verstoß zu begehen. Dieses Vorgehen war nämlich dann zulässig, wenn der Regelverstoß eine Innovation bedeutete. Überwindung des Gesetzesbegriffes und Genielehre gehen Hand in Hand: nur der Genius war in der Lage vermöge eines Regelverstoßes etwas Überzeitliches, der Gesellschaft Dienendes zu erfinden. Regelkunst und Geniekunst treten in eine wechselvolle, befruchtende Beziehung zueinander.[395]

Das von Perrault entwickelte und realisierte Fassadensystem - eine Kolonnade, die die Verbindung antiker Formensprache mit Elementen der ästhetischen Wirkung gotischer Architektur veranschaulicht - wurde im Jahr 1698 von Jules Hardouin-Mansart in den Innenraum einer Kirche

---

l'espace de deux entrecolonnemens en un.
Cette maniere a esté pratiquée avec beaucoup de magnificence aux deux grands Portiques qui sont à la face du Louvre ...
Monsieur Blondel dans les doctes Leçons d'Architecture, desquelles il a composé un Cours, employe trois chapitres entiers ... pour faire voir que l'usage universel reçû aujourd'huy de doubles les Colonnes, est une licence qui ne doit point estre soufferte ...
La principale objection sur laquelle on appye le plus, est fondée sur un préjugé & sur la fausse supposition qu'il n'est pas permis de se departir des usages des Anciens; que tout ce qui n'imite pas leurs manieres doit passer pour bizarre & pour capricieux, & que si cette Loy n'est inviolablement gardée à une licence qui met le dereglement dans tous les Arts ... Si cette Loy avoit eu lieu, l'Architecture ne seroit jamais parvenuë au point ou l'ont mises les inventions des Anciens, qui ont esté nouvelles en leurs temps ... puisque deplacer simplement une Colonne est quelque chose que de l'oster absolument ..."

395 Siehe *Bäumler* 1981, 34 ff

übersetzt: in der Schloßkapelle von Versailles ist erstmals eine Kolonnade Träger der Wölbung des Mittelschiffes. (Abb. 4)

Allerdings übertrug nicht Hardouin-Mansart als erster die Freisäule in den Innenraum und machte sie damit zum Träger eines Gewölbes, sondern dieser Verdienst gebührt erneut Claude Perrault. Zwei unausgeführt gebliebene Projekte, ein Treppenhaus für den Louvre und ein Entwurf für den Neubau der Abteikirche Sainte-Geneviève in Paris, haben Hinweischarakter. Auch der Rekonstruktionsversuch eines römischen Hauses durch Perrault macht deutlich, daß die Louvrekolonnade, die ausgeführte Version der Schloßkapelle von Versailles und die Innovation der Freisäulenarchitravkirche überhaupt einer Richtung der französischen Klassik entsprechen, die mit den Gebrüdern Perrault in Zusammenhang gebracht werden muß.[396]

Die im ersten Kapitel des fünften Buches von Vitruv beschriebene, von ihm selbst entworfene Basilika der römischen Kolonie Fano[397] hatte bereits vor Perrault Einfluß auf die Versammlungshäuser der französischen Hugenotten ausgeübt. Claude Perrault, Mathematiker, Physiker, Techniker - eigentlich Arzt - veröffentlichte im Jahr 1673 aus Liebhaberei zur Archäologie eine eigene Vitruvausgabe, "Les dix Livres d'architecture de Vitruv"[398], der 1684 eine zweite, verbesserte Auflage folgte. Darin zeigt eine Tafel Perraults Rekonstruktion der Basilika in Fano.

Ein von einer Halbtonne überwölbtes Mittelschiff wird an beiden Seiten durch flachgedeckte Seitenschiffe flankiert. Zwei Reihen von Säulen, auf denen Horizontalgebälke lagern, trennen die Schiffe voneinander und dienen als Träger der Wölbung.

Wichtiger zum Verständnis der Entstehung der Kolonnadenkirche ist jedoch ein Entwurf Claude Perraults für die Abteikirche Sainte-Geneviève in Paris. Zwischen der Louvrekolonnade und der Schloßkapelle von Versailles stellt dieser Entwurf das wichtigste Bindeglied dar. Überdies kennzeichnet

> "Perraults Sainte-Geneviève ... den Anfang eines neuen Architektursystems im französischen Kirchenbau, das erst drei Generatio-

---

396 Zur Perrault-Verehrung vgl. *Hesse* 1984, 80

397 *Vitruvius Pollio* 1981, 209. Die Beschreibung der Basilika in Fano findet sich im ersten Kapitel des 5. Buches "Von der Anlage der Märkte und Basiliken"

398 *Perrault* 1673/1684

nen später in Soufflots Sainte-Geneviève zum Durchbruch kommen sollte."[399]

Das Projekt dürfte in dem Jahrzehnt nach der Planung der Louvrekolonnade, circa 1675, entstanden sein. Es handelt sich um einen sehr langgestreckten Richtungsbau; die dreischiffige Kirche besitzt ein nicht ausladendes Querhaus und ein Chorrund, um das die Seitenschiffe herumgeführt sind. Das Mittelschiff ist von den Seitenschiffen durch zwei Reihen korinthischer Freisäulen abgesetzt. An den Außenwänden der Seitenschiffe entsprechen den Freisäulen korinthische Pilaster. Eine Flachdecke schließt die Seitenschiffe. Im Mittelschiff lagert ein hohes Gebälk auf den Säulen. Zwischen diesem unteren Säulengeschoß und dem Obergaden ist eine hohe Attikazone eingeschoben, die als Tribünengeschoß dient. Die Halbtonne mit Gurtbögen, die oberhalb des Attikagesims ansetzt, wird durch Segmentfenster belichtet, deren Stichkappen weit in das Gewölbe einschneiden.

Die besondere Bedeutung dieses Kirchenentwurfes von Perrault liegt in dem Bruch mit der barocken Pfeilerarkade zugunsten eines Säulenarchitravbaus. Die Säule ist nicht länger - wie beim griechischen Tempel - nur Träger des Gebälks, auch nicht mehr - wie in der altchristlichen Basilika - Träger der Hochschiffswand, sie wird zum Träger der Wölbung. Das Neubauprojekt Perraults für Sainte-Geneviève wurde nicht realisiert, ideeller Nachfolgebau ist die Schloßkapelle von Versailles. Diese folgt der Konzeption von 1698, wo der Freisäulenstil erstmals ins Kircheninnere übertragen wird.

Die Kapelle von Versailles (Abb. 4) ist ein dreischiffiger Richtungsbau mit fünf Jochen und anschließendem Chorrund. Im Erdgeschoß, welches Höflingen und Publikum als Versammlungsraum beim Gottesdienst diente, trennen Pfeilerarkaden das Mittelschiff von den durch Segmentfenstern belichteten Seitenschiffen. Die Arkaden setzen sich im Chor hinter dem Altar als Umgang fort. Das Hauptgeschoß wird von einer rundumlaufenden Emporenzone gebildet, die dem König und seiner Familie vorbehalten war und von der Westseite der königlichen Gemächer aus betreten werden konnte. Wie die massive Arkadenzone dem Sockelgeschoß der Ostfassade des Louvre entspricht, bildet die Kolonnade der Etage noble des Palastes - nun in den Innenraum verlegt - die Emporenzone des Herrschers.

---

399 *Petzet* 1961, 74

Allerdings sind in der Kapelle keine gekuppelten Säulen - wie bei der Louvrekolonnade - vorhanden, sondern schlanke, aufgesockelte, korinthische Freisäulen. An der Rückwand finden diese ihre Pendants in den der Wand vorgelagerten Halbsäulen, die Pfeiler im Erdgeschoß folgerichtig in Pilastern. Die Säulen des Emporengeschosses tragen ein Horizontalgebälk. Die Emporen selbst werden durch gedrückte Klostergewölbe über jedem Architravgeviert geschlossen. Das Mittelschiff der Schloßkapelle ist mit einer Halbtonne, der Chor mit einer Kalotte überwölbt. Die reich dekorierte Wölbungszone besitzt ihre eigene Belichtung in den großen Rundbogenfenstern des Obergadens, für die Stichkappen tief in die Tonne einschneiden. Weite und hohe Rundbogenfenster geben dem Kapelleninneren eine große Lichtfülle.

Bereits die Louvrekolonnade erinnert an die diaphane Struktur gotischer Wände. Im Innern der Schloßkapelle von Versailles wird diese Diaphanie zum dominierenden Baugedanken. Die Kolonnade ist eine gleichsam diaphane Begrenzung des Mittelschiffes, von Raum und Licht hinterfangen. Zudem wirkt der Bau außergewöhnlich schwerelos und elegant. Dieser Eindruck beruht auf den steilen Proportionen des Mittelschiffs und der weitgehenden Durchfensterung aller Geschosse, vor allem aber auf der Verwendung des Freisäulenarchitravsystems im Hauptgeschoß. Die Kolonnade reduziert die Massive auf ein Minimum.

Das Säulengeschoß der Kapelle ist ähnlich dem der Ostfassade des Louvre mit einer aufwendigen Eisenarmierung versehen. Zur Verringerung der Last der Mittelschiffswölbung wurde Werkstein nur für die quer von Säule zu Säule sich spannenden Bögen und für die Grate der Stichkappen verwendet, die restlichen Gewölbefelder sind durch Ziegelstein, der von geringerem Gewicht ist als Werkstein, geschlossen. Nahezu jedes Bauglied besitzt eine Funktion im Rahmen der Balance von Kraft und Gegenkraft. Unter dem Gesichtspunkt der Statik unterscheidet sich die Kapelle von Versailles grundsätzlich von unmittelbar vorausgehenden Kirchenbauten des 17. Jahrhunderts.

Wenige Jahre nach dem Bau der Schloßkapelle von Versailles, die ja den Schritt von der Pfeilerarkadenbasilika des Barock zum Freisäulenarchitravbau vorführt, legt Abbé de Cordemoy im Jahr 1706 ein erstes theoretisches Konzept für einen Freisäulenarchitravbau vor. Cordemoy war es, der eine rationalistische Gotikrezeption einleitete und so im neuen französischen Kolonnadenstil die Versöhnung mittelalterlicher Wölbungskunst mit dem Ideal der antiken Freisäule vorbereitete. Genährt wurde die Diskussion um den neuen Kirchenstil auch durch die Kritik von Frézier an Cordemoys "Nouveau traité ..."[400]

Das neue Gedankengut kann sich in den folgenden Jahrzehnten langsam durchsetzen; 1728 ist die Schloßkapelle von Lunéville im Rohbau erstellt, das Säulenarchitravsystem findet weiterhin Verwendung in einigen Kirchen der ersten Hälfte des 18. Jahrhunderts; es kommt zu einer langsamen, aber stetigen Ausbreitung im nordfranzösischen Kunstkreis sowie in Ostfrankreich, besonders in Lothringen und der Franche-Comté.[401]

In der Mitte des 18. Jahrhunderts machen sich besonders die Architekten Contant d'Ivry und Soufflot um den neuen Kirchentypus verdient. Contant konzipiert 1753 die Klosterkirche Sainte-Clotilde de Penthémont, 1751-56 schließt sich St-Wasnon in Condé-sur-Escaut an. Soufflot legt 1757 Pläne für Sainte-Geneviève vor. Contant folgt 1761 mit den Entwürfen für die Madeleine-Kirche in Paris. Unterstützt werden die beiden Architekten durch den in der Nachfolge Cordemoys stehenden Architekturtheoretiker Abbé Marc-Antoine Laugier, der in seinem 1753 erscheinenden "Essai"[402] Anregungen für den Kolonnadenstil zur Diskussion stellt, der nunmehr als überzeugende und zwingende Innovation anerkannt ist. Der Jesuitenpater wird zum Propagandisten und Interpreten der Vorstellungen Perraults und Cordemoys. Er macht das breitere Publikum der Kunstinteressenten mit dem Gedanken vertraut, die "ordre classique" mit der "ordre gothique" zu verbinden.

Die Kunsttheorie in der Mitte des 18. Jahrhunderts war geradezu besessen von dieser Idee:

> "... die Kirche á la Louvre-Kolonnade war der Traum der Theoretiker von Cordemoy bis Laugier. Immer wieder werden neben der Kapelle von Versailles die Kolonnaden Perraults als Beweis für die ästhetische Notwendigkeit wie für die technische Möglichkeit einer Erneuerung des französischen Kirchenbaus zitiert ..."[403]

Auch für Contants Konzeption der Kirche St-Wasnon in Condé bestätigt der Duc de Croy ausdrücklich den Vorbildcharakter der Schloßkapelle von Versailles:

---

[400] *Cordemoy* 1706. Cordemoy formuliert seine Antwort auf Fréziers Kritik 1710. Vgl. *Cordemoy* 1710; *Nyberg* 1967, 161

[401] *Hesse* 1984, 111-119

[402] vgl. *Petzet* 1961, 76

[403] *Petzet* 1961, 76

"... Dans tout le temps je donnai vue de ma principale attention à bien faire la paroisse de Condé, j'en avais beaucoup étudié les plans avec M. Contant, je me décidai pour ceux qui approcheraient plus de haut de la chapelle de Versailles qui étaient ce qui me parut de plus svelt ..."[404]

Bei seinem weitaus prominenteren Projekt, der Madeleine-Kirche in Paris, gibt sich Contant nicht einzig mit dem Ziel zufrieden, einen - von der Schloßkapelle initiierten - Säulenarchitravbau zu erstellen: er will in seinem Projekt von 1761 die Verbindung dreier Architekturtraditionen vorstellen, der Antike, der Gotik und des Barock.[405]

Contants Wiederaufnahme barocker Elemente in der von ihm angestrebten Stilsynthese wurde von der zeitgenössischen Kritik als rückschrittlich gewertet. Weitaus moderner erschien einigen Zeitgenossen ein klareres, einheitlicheres und stringenteres Konzept, wie es von Contants Konkurrenten Soufflot entwickelt worden war. Soufflot orientierte sich eher an den Idealvorstellungen des Theoretikers Laugier: so gesehen war die Theorienähe Soufflots größer. Laugier selbst propagierte einen radikalen Ansatz, in seinen architekturtheoretischen Entwürfen findet eine Hinwendung zum Rationalen, Nützlichen und Notwendigen statt. Die Suche nach den wahren Ursprüngen, der Natur, führte ihn zu den wahren, natürlichen Elementen der Architektur: Säule, Architrav und Giebel.

Die Formulierung seiner Theorie war ohne die Beschäftigung mit der antiken Tempelbauweise und zugleich auch Auseinandersetzung mit der gotischen Architektur nicht möglich. Laugier wollte die Architektur durch eine Rückkehr zu ihren Ursprüngen reinigen und beleben, was ihn dazu führte, die rustikale Hütte des Vitruv als Grundlage und fortlaufende Norm aller Architektur anzusehen. Die Logik der primitiven Hütte wird auf den griechischen Tempel übertragen. Diese sogenannte Urhütte besteht aus vier im Quadrat angeordneten Baumstämmen als Stützen, vier in Höhe der Astgabeln quergelegten Baumstämmen und mehreren kleineren Ästen und Zweigen, die ein Spitzdach bilden.

Diese Konzeption war nicht neu. Kommentatoren des Vitruv, so zum Beispiel Perrault, hatten die Ursprünge der Architektur ebenfalls auf diese Weise illustriert, doch hatte bislang noch niemand vorgeschlagen,

---

404 *B. Mun. de Valenciennes*, Nr. 756 (Manuskript) Duc de Croy: Le château de l'Hérmitage s.l., s.d., 176

405 Vgl. Kap. 1.4.3 dieser Arbeit

diese Form als Modell hervorragender Architektur zu werten. Laugier propagiert - immer in Hinblick auf sein Urhüttenmodell - die Übernahme der Formen der griechischen Antike. Er verlangt Reinheit der Gestaltungsmittel und Ablesbarkeit der Funktionen; die funktionalen Elemente sind zugleich schönheitsstiftend. So sollen die Architekturelemente nicht rein dekorativ verwendet werden, sondern konstruktiv, mit anderen Worten essentiell und nicht akzidentiell:

> "In den wesentlichen Teilen besteht die ganze Schönheit, in den dem Bedürfnis zuliebe eingeführten Teilen das bloß Erlaubte, in den aus Willkür beigefügten Teilen das Fehlerhafte."[406]

Folglich vertritt Laugier die Freisäulenarchitravbauweise. Das ideale Proportionssystem ist für ihn 1:1, die beste Figur das Quadrat, der überzeugendste Körper der Würfel. Zugleich bewertet er jedoch auch - unter primär funktionalem Aspekt - die konstruktive Leistung sowie das "dégagement" und "légèrtement" der Gotik positiv. Gotische Einzelformen lehnt er ab:

> "Ich bin überzeugt, daß wir bis heute nicht den richtigen Stil für diese Art von Gebäuden (Kirchengebäuden, d. Verf.) entwickelt haben. Unsere gotischen Kirchen sind noch die akzeptabelsten. Eine Masse grotesker Schmuckformen verunstaltet sie und doch sind wir überwältigt von einer bestimmten Ausstrahlung von Größe und Würde. Hier finden wir Schwerelosigkeit und Anmut, ihnen fehlt nur Einfachheit und Natürlichkeit.
> Wir haben vernünftigerweise den Torheiten der Gotik entsagt und sind zur Antike zurückgekehrt, jedoch scheint es, daß wir den guten Geschmack auf dem Weg verloren haben. Indem wir uns von der Moderne (der gotischen Architektur, d. Verf.) abwenden, verlieren wir die Feinheit; indem wir uns der Antike zuwenden, stoßen wir auf Plumpheit: dies ist geschehen, weil wir nur den halben Weg gegangen sind."[407]

---

406 Übersetzung d. Verf.; *Laugier* 1753, 14 "C'est dans les parties essentielles que consistent toutes les beautés. Dans les parties introduites par besoin consistent toutes les licences"

407 Übersetzung d. Verf., *Laugier* 1753, 173/174 "Pour moi, je suis convaincu que jusqu'à présent nous n'avons point eu le vrai goût de ces sortes de bâtimens. Nos églises gothiques sont encore ce que nous avons de plus passable. A travers cette foule d'ornemens grotesques qui les déparent beaucoup, on y sent je ne sai quel air de grandeur & de majesté qui saisit. On y prouve le facile & le délicat, il n'y a que le simple &

Laugier entwickelt daher eine Idealkirche mit Rastergrundriß über einem lateinischen Kreuz, bestehend aus einem seriellen System von Vier-Säulen-Einheiten, die als Quadrate von vier durch Architrave verbundene Säulen zu lesen sind. Er verwendet zwei Geschosse, die aus zwei übereinander gestellten Säulenordnungen gebildet werden; die obere soll ein horizontales Gebälk und darüber ein Tonnengewölbe tragen. Ähnlich wie die Gotik versucht er, Wandmassive zu vermeiden, indem er in die Interkolumnien Glasbahnen setzt. Somit formuliert Laugiers Idealarchitektur den Versuch einer Synthese von antiker Formenreinheit und gotischer Schwerelosigkeit. Die Kunsttheorie bezeichnet dieses Architekturprogramm als Graeco-Gotik.[408]

Marc-Antoine Laugier kann als erster moderner Architekturtheoretiker gelten. Seine auf Reihung angelegten, immanent geregelten Säulen-Architrav-Kombinationen verweisen auf unsere moderne serielle Architektur bis hin zur heutigen Stahlskelettbauweise. Laugiers Konzeption folgt dem Primat 'form follows function', der Architekturtheoretiker darf also gleichfalls als erster Funktionalist seiner Zeit bezeichnet werden.

Soufflots Sainte-Geneviève, das heutige Panthéon in Paris, kann dem Anspruch, Baugedanken der Moderne gerecht zu werden, noch nicht entsprechen. Sainte-Geneviève ist aber als Illustration des Architekturideals des Abbé Laugier zu werten. Laugier selbst hat von ihr gesagt, sie sei "... le premier modèle de la parfaite architecture, le véritable chef-d'oeuvre de l'architecture française."[409]

---

le naturel qui y manquent.
Nous avons renoncé avec raison aux bisareries de l'Architecture moderne, nous sommes revenues à l'antique: mais il semble que nous avons perdu à ce retour de bon goût. En nous éloignant des Modernes, nous avons quitté la délicatesse; en rencourant aux Anciens, nous avons rencontré la pesanteur: mais c'est que nous n'avons fait que la moitié du chemin"

408 Der Begriff "graeco-gothic" wird in Buchtiteln von *Middleton* 1962 und 1963 verwendet. Robin *Middleton* und Wolfgang *Herrmann* 1962 traten mit Publikationen zum Ursprung und zur Ausprägung des in der französischen Architekturtheorie und der Baupraxis auftretenden "graeco-gotischen Ideals" hervor; vgl. *Nyberg* 1967

409 *Laugier* 1760, zit. n. *Mondain-Monval* 1981; siehe auch *Laugier* 1765, 182, ebenfalls eine Lobrede auf Sainte-Geneviève: "... admirez un ouvrage où doit régner le sistême d'Architecture le plus parfait qui fut jamais, un ouvrage ou tout est dans la symétrie la plus réguliere & la plus exacte, où cependant tout est habilement diversifié, un ouvrage dont toutes les parties liées par une harmonie frappante, composent le plus beau tout & le mieux assorti, un ouvrage dont les effets seront singuliers, majestueux, sublimes, un ouvrage qui sera unique dans l'Europe, & qui fera époque dans l'Histoire de l'Ar-

1757 wurde mit dem Bau der Kirche nach Plänen von Jacques-Germain Soufflot begonnen. 1790 ist die Kirche bis auf Einzelheiten der Innendekoration vollendet. (Abb. 19, 20) Am 4. März 1791 wird die Sainte-Geneviève durch den Beschluß der Nationalversammlung zum Panthéon der Revolution erklärt.[410]

Bereits der Portikus im Westen der Kirche ist weit mehr als ein ZItat der antiken Tempelfront. Auf den zweiundzwanzig Säulen korinthischer Ordnung ruht nämlich hinter dem dreieckigen Giebelfeld ein kompliziertes Wölbungssystem. Vor den beiden Seiteneingängen ist der Rückwand jeweils ein aus vier Freisäulen gebildetes, flachgedecktes Element von quadratischem Grundriß vorgestellt. Diese Kompartimente sind nach drei Seiten durch Verdoppelung der Säulen erweitert. So werden rückwärtig die Nebeneingänge durch Halbsäulen flankiert, seitlich wird der Portikus durch die über die Fluchtlinie der Längswand ausspringenden Säulen in den Ecken verstärkt. An der Vorderseite schließlich entsteht zusammen mit den beiden dem Haupteingang axial entsprechenden Mittelsäulen die hexastylotische Tempelfront in Form eines Dipteros mit doppelt umlaufender Säulenreihe von hier sechs Säulen. Die äußere Ansicht des Portikus läßt aber keine Schlüsse auf seine tatsächlichen konstruktiven Verhältnisse zu. Hinter Gebälk und Tympanon sind die Massive weitestgehend durchbrochen. Die seitlichen, flachgedeckten Viersäuleneinheiten verbindet über dem Durchgang zum mittleren Portal ein drei Säulenintervalle überspannendes Tonnensegment. In die Wölbung schneiden Stichkappen für die halbkreisförmigen Öffnungen von Musikemporen ein, die sich über den Flachdecken der seitlichen Kompartimente befinden. Auch das Horizontalgebälk ist keineswegs massiv. Durch eine Verblendung aus Werkstein verborgen, ruht vielmehr eine Folge von Segmentbögen auf den Stützen. In gleicher Weise verbirgt das Tympanonrelief einen mittleren Spitzbogen und je zwei seitliche Hornbögen über den fünf Intervallen der Front.

Soufflot hat den Grundriß der Kirche (Abb. 50) über einem Quadratnetz in Form eines griechischen Kreuzes entwickelt. An den Schnittpunkten des Netzes befinden sich Säulen - es sind insgesamt zweiundfünfzig - und, wo Wände oder stützende Massive hinzutreten, zählen wir

chitecture, où il sera cité comme le premier & le plus beau des monumens depuis la renaissance des Arts"

410 Zur Baugeschichte siehe *Petzet* 1961

nochmals sechsundsiebzig Wandsäulen. Erinnert man sich an die Theorie Laugiers und begreift die Säulen sämtlich als die wesentlichen, schönheitsstiftenden Teile und die Wände und stützenden Massive hingegen als die bloß erlaubten, bedürfnisbestimmten, so wären die Wandsäulen keineswegs als Vorlagen, sondern als die sozusagen noch freiliegenden, von der Massiven nicht vereinnahmten Teile imaginierbarer Vollsäulen zu verstehend.

Die vier Arme des griechischen Kreuzes bilden in sich wiederum kleine griechische Kreuze, die eine Art ausgeweiteter Vierung, den Hauptkuppelraum, umgeben. Der östliche der vier Kreuzarme ist um den Altarraum, der westliche um eine oval überkuppelte Vorhalle verlängert. Die vier Arme des großen Kreuzkuppelsystems beruhen nun ihrerseits jeweils auf einem Kreuzkuppelsystem.

In jedem der Kreuzkuppelkompartimente (Abb. 51) treten an eine zentrale Flachkuppel, deren Pendentifs auf vier Freisäulen ruhen, vier Kreuzarme heran, die durch Tonnen überspannt werden. Die Arme ermöglichen die Kommunikation der Kreuzkuppelkompartimente mit dem zentralen Kuppelraum und binden darüber hinaus die westliche Eingangshalle wie den östlichen Altarraum an die großen Kreuzarme an. Zusammen mit den Räumen unter den Flachkuppeln konstituieren die Verbindungsarme in jedem der Hauptkreuzarme eine Art Mittelschiff. Der Zusammenhang dieser Raumteile - in jedem Kreuzarm und über den Hauptkuppelraum hinweg - wird durch die Absenkung des Bodens um fünf Stufen oder, im Ostarm, durch das versenkte Chorgestühl unterstrichen. So wird dem Grundriß ein inneres griechisches Kreuz eingeschrieben. In den Kreuzkuppelkompartimenten setzt die Tonnenwölbung der kurzen Kreuzarme über je zwei Stützen an. Es entstehen, auch in Übereinstimmung mit dem Grundrißraster, in den Ecken der Kompartimente Viersäuleneinheiten von quadratischem Grundriß. Sie sind flachgedeckt. Über ihnen befinden sich kleine überkuppelte Emporen mit Rundbogenöffnungen nach allen Seiten, die außen verglast sind und für die in die kurzen Tonnen der Kreuzarme Stichkappen einschneiden. Um das große griechische Kreuz zieht sich ein flachgedeckter, durch zwei Säulenreihen begrenzter Umgang, im Eingangs- und im Chorarm nur an den Längsseiten, in den Querarmen auch an der Stirnseite. Hinter den großen Vierungsstützen ergänzen Passagen im Mauerwerk am Zusammentreff der Außenwände den Umgang. Die Interkolumnien der äußeren Säulenreihe werden im unteren Teil durch Wände, im oberen Teil durch große

Rechteckfenster gefüllt. Die innere Säulenreihe ergänzt die Stützen der Viersäulenelemente zum Peristyl. Damit übernehmen die Umgänge an den Längsseiten der Kreuzarme die Rolle von Seitenschiffen. Auf der Säulenfolge lagert ein Horizontalgebälk. Zwischen dem unteren Kolonnadengeschoß und der Wölbung vermittelt eine niedrige Attikazone, deren oberer Streifen zwischen den Sockeln der Gewölbeauflager durch Balustraden unterbrochen ist. An den Stirnseiten der Kreuzkuppelkompartimente befinden sich über dem Gebälk große Thermenfester.

Soufflots Bestreben war somit offensichtlich die Durchbrechung der Massive und Systematisierung des Kräfteverlaufs, um - in Zusammenschau mit der großen Fensterfläche - eine immer schwereloser anmutende Erscheinung des Gesamtbaus zu erzielen. Die in den Kreuzkuppelkompartimenten erzielte Wirkung von Schwerelosigkeit beruht auf einer äußerst differenzierten, aufwendigen Konstruktion. Über den Interkolumnien ist der Architrav durch Eisenzüge an Entlastungsbögen aufgehängt.

Auf der Höhe des Gebälks befindet sich über dem äußeren Umgang eine niedrige, gewölbte Galerie. Sie wird durch Lünetten belichtet, dem oberen Teil der außen sichtbaren Rundbogenfenster, deren unterer Teil im Kircheninnern als Rechteckfenster erscheint. Die Wölbung dieser Galerie fußt als Strebebögen auf den Wandsäulen. Darüber liegt, der Sichtbarkeit durch die isoliert hochgeführte Außenmauer entzogen, eine zweite, offene Galerie, die als Lichtschacht für die Thermenfenster und die Rundbogenfenster der Eckemporen dient. Zwischen den Fenstern greifen kräftige Strebebögen für die Wölbung der Kreuzkuppelkompartimente an.

Soufflot hat sich der Architekturglieder der Antike bedient, ist in der Konstruktion hingegen nicht dem antiken Architekturverständnis von tragen und Lasten gefolgt, sondern dem gotischen Prinzip sich gegenseitig aufhebender Kräfte.

Als Arme des großen griechischen Kreuzes lassen die vier Kreuzkuppelkompartimente das Mittelquadrat der Vierung frei. Die Vierungspfeiler unter der Hauptkuppel entstehen durch die Auffüllung der Säulendreiecke am Zusammenstoß der Kreuzarme mit Massiven. Über den Pendentifs und dem Kämpfergesims erhebt sich die Tambourkuppel. Oberhalb einer Sockelzone bestimmen sechzehn der Wand vorgelagerte Vollsäulen korinthischer Ordnung die innere Höhe des Tambours. Etwas schlanker als die Säulen der unteren Kolonnaden, aber dabei von gleicher Höhe, stehen sie im ebenfalls gleichen Abstand von drei Säulendurchmessern. Große Rechteckfenster durchbrechen die Interkolumnien. Die innere Kuppelschale gibt am Scheitel den Blick in die zweite, mit Fresken ausgeschmückte Kuppel frei. In der Außenansicht hebt ein quadratischer Sockelblock mit abgeschrägten Ecken die Tambourkuppel aus der Dachzone der Kirche. Eine freie Ringkolonnade korinthischer Säulen oberhalb des runden Sockelringes bildet das Hauptmotiv des Tambours. Hinter den Freisäulen läuft ein kassettierter Umgang. Über dem von einer Ballustrade bekrönten Gebälk der Ringkolonnade setzt sich der äußere Tambour als eine von Rundbogenfenstern durchbrochene Attikazone fort. Als Bekrönung der äußeren Kuppelschale erhebt sich oberhalb eines kreisförmigen Sockels die Laterne. Zwischen ihren Säulen öffnen sich wiederum Rundbogenfenster.

Die Säulenstellungen übertragen - von einem Horizontalgebälk überfangen - das Freisäulenarchitravmotiv auf die Kuppel und steigern damit entscheidend die formale Geschlossenheit. Die kaum zu übertreffende Kuppelkonstruktion wird durch die konsequente Systematisierung des Kräfteverlaufs in Verbindung mit der Aushöhlung oder Durchbrechung der Massive möglich: die ihrerseits schon Mauermassen ersetzende äußere Ringkolonnade des Tambours ruht mit ihrem durch einen Rundgang erleichterten Sockelring auf dem kreisförmigen Absatz einer Hängekuppel. Diese wird durch den Zusammenschluß von vier Pendentifs in den Ecken eines großen, die Kreuzarme überspannenden Kettenbogenquadrates gebildet, welches die Last auf die Außenmauern ableitet. Somit befinden sich im Zentrum der Sainte-Geneviève mit dem überkuppelten Mittelraum der Krypta, dem die Ringkolonnade tragenden Kuppelansatz, den drei Hauptkuppelschalen und der Haube der Laterne sechs steinerne Kuppeln auf einer Vertikalachse übereinander.

Auch im Innern hebt Soufflot die Massive des Tambours durch die Verwendung des Säulenarchitravmotivs weitgehend auf; die großen Rechteckfenster reduzieren die Wand auf schmale Bahnen hinter den Säulen. Das Prinzip, die Stützen zu belasten und die Intervalle zu entlasten, ist auch auf die Attikazone des Tambours angewandt, in die Rundbogenfenster eingebrochen sind. Ebenfalls diesem Prinzip folgt die Systematisierung der inneren Kuppelschale. Die vorhandene gleichmäßige Kassettierung wird den Intentionen Soufflots nicht gerecht. In seiner Konzeption entsprechen über dem Kranzgesims ballustradengesicherte Emporenöffnungen den Säulenintervallen der inneren Ordnung. Die Emporenöffnungen sind durch Stichkappen an die Kuppel angeschlossen, die folgerichtig die Stützen, nicht aber die Stützenintervalle belastet. Vertikalrippen akzentuieren den Kräfteverlauf. Die Emporen werden durch einen verborgenen Rundgang über der Flachdecke der äußeren Ringkolonnade betreten. Die Vierteltonnenwölbung des Rundganges wiederum verstärkt den Tambour, da sie als Strebebogen am Ansatz der Kuppelschalen fungiert. Den Aufstieg zum oberen Rundgang erlauben die - immer mit Wendeltreppen versehenen - Massive in den Diagonalen des Tambours, auf die sich über den Vierungspfeilern die Gewölbelast konzentriert. Die mittlere Kuppelschale trägt den türenartigen Unterbau der Laterne, der, wie die Laterne selbst, durch Arkaden soweit als möglich erleichtert ist. Nischen höhlen von innen die Kuppelschale aus und reduzieren ihr Gewicht. Die Nischen sind so angeordnet, daß sich die Partien größerer Wandungsstärke über den Stützen und die Partien geringerer Wandungsstärke über den Stützenintervallen befinden. Dieser Systematisierung entspricht außen die Bändergliederung der Kuppeldeckung. Die gesamte Last der Kuppeln konzentriert sich auf die Vierungspfeiler, die aus diesem Grund auch der neuralgische Punkt der Konzeption sind. So mußte der ursprünglich von Soufflot geplante Pfeilerquerschnitt, bei dem sich die Mauermasse den Dreiviertelsäulen der Eckpunkte unterordnet, nachträglich verstärkt werden. Die vorgezogene, ungegliederte Pfeilerstirn schnürt nun die Vierung ab und trennt den räumlichen Organismus. Damit wird stark beeinträchtigt, was als die eigentliche künstlerische Leistung an der Sainte-Geneviève gerühmt worden war: die Verbindung der Reinheit griechischer Säulenarchitektur mit der Leichtigkeit der gotischen Konstruktion. Die Fenster sind bei der Umgestaltung zum Panthéon zugemauert worden, heute hat das Gebäude aufgrund seiner undurchfensterten Wände den Charakter eines Mausoleums.

Die von der Louvre-Kolonnade, Perraults Sainte-Geneviève-Projekt und der Schloßkapelle von Versailles ausgehende künstlerische Bestrebung, die antike Tempelkolonnade und die gotische Wölbungskunst zu verbinden, findet in Soufflots Sainte-Geneviève ihren Höhepunkt - und ihren Abschluß. Wie in keinem anderen Bauwerk ist es dieser Kirche nahezu gelungen, ein weitgespanntes Gewölbesystem von Säulen tragen zu lassen. Dagegen konnte die Madeleine-Konzeption die in sie gesetzten Hoffnungen nicht einlösen. Ihr Formenvokabular war den Zeitgenossen zu sehr vom Barock geprägt, ihre konstruktiven Verhältnisse - wie Patte bewies[411] - ungeklärt. Im Vergleich zu Soufflots Sainte-Geneviève weist die Made-

411 *Patte* 1769; siehe auch Kap. 1.4.2 dieser Arbeit

leine-Konzeption Contants Schwachstellen auf. Schon der Portikus der Kirche kann nicht mit der Planung Soufflots konkurrieren. Das Portal der Madeleine-Kirche ist als Zitat einer antiken Tempelfront zu werten. Die giebelgekrönte Säulenvorhalle bleibt in den Entwürfen Contants der Fassade eingeschrieben und vermag sich nicht zu lösen. Während Soufflot den Grundriß auf einem Quadratnetz in Form eines griechischen Kreuzes entwickelt hat, greift Contant auf ein - den Konventionen entsprechendes - lateinisches Kreuz zurück. Seine Planung basiert in einigen Momenten auf den Traditionen des römischen Barock. So verweist die Kapellenfolge der Seitenschiffe auf den römischen Vorgängerbau, Il Gesù. Ein Laufgang verbindet dort ebenfalls die Kapellen untereinander. Die verschiedenen Raumabschnitte der Kirche - Schiff, Hallenkirchenabschnitt, Hauptkuppel - sind solide komponiert, aber in ihrem Raumeindruck der Soufflotschen Planung unterlegen. Soufflots Kreuzkuppelsystematik mit den immanent geregelten, autonomen Kreuzkuppelkompartimenten und dem umlaufenden Kolonnadensystem ist ästhetisch und konstruktiv ausgereifter. Eine aufwendige Hauptkuppel trägt zu diesem Eindruck ebenfalls bei. Zudem bewirkt die Durchbrechung der Massive eine bei weitem ausgeprägtere Schwerelosigkeit des Gesamtbaus. Der Gedanke einer Verbindung antiken Formengutes mit der Schwerelosigkeit der gotischen Konstruktion wird einsehbar vorgeführt. Mit dem Tode Contants im Jahr 1777 ist das Ende der rationalistischen Gotikrezeption erreicht: der Versuch, ein Pendant zur Sainte-Geneviève zu erstellen, wird aufgegeben. Die französische Tradition des graeco-gotischen Kolonnadenstils wird nicht weiterverfolgt, in den folgenden Jahrzehnten wendet man sich der antiken Tradition zu mit ihren Bauformen Tempel, Basilika und den Thermenräumen.

Der Ursprung dieses neuen Interesses liegt jedoch einige Jahrzehnte zurück. Noch vor der Jahrhundertmitte beginnt die Zeit der Expeditionen.[412] 1738 wird Pompeji entdeckt, 1748 Herculaneum. 1749 bis 1751 reist der Marquis de Marigny, Baudirektor und Bruder der Madame Pompadour, zusammen mit Abbé Leblanc, Soufflot und dem Stecher Cochin nach Norditalien, Rom und Neapel, wo sie die Ausgrabungen von Herculaneum besuchen. Zur gleichen Zeit werden durch Peyre, de Wailly und Moreau-Deproux die Thermenräume wiederentdeckt. Die Engländer James Stuart und Nicolas Revett reisen nach Athen und vermessen dort in

[412] *Erichsen* 1980, 353 ff

den Jahren 1751 bis 1757 antike Bauwerke. 1762 erscheint der erste Band ihres Werkes, das genaue Zeichnungen und Maße griechischer Bauten enthält. 1764 wird Paestum erkundet, eines der bedeutendsten Zeugnisse griechischer Architektur in Italien. Die aus den Forschungen resultierenden Erkenntnisse werden Allgemeingut einer auf die klassische Formensprache sich besinnenden akademischen Baukunst. 1765, ein Jahr nach den Grundsteinlegungen von Madeleine und Sainte-Geneviève, entwirft Neufforge als erster eine Kirche in Form eines vollständigen Tempels mit umlaufendem Peristyl unter Verzicht einer Kuppel. 1764 schon hat Peyre ein Portal "... disposé comme celui des temples anciens"[413] vorgestellt. Für derartige Portikusvorbilder muß nicht unbedingt die Antike zitiert werden. Sie können auch als ein Rückgriff auf die Palladio-Schule oder als Anleihe an die auf den Palladianismus gründende englische Tradition gewertet werden. Als erstes Beispiel für einen freistehenden Portikus in voller Höhe der Kirchenfassade mag Gibbs Portikus von St. Martin in the fields gelten.

Der Einfluß der griechischen Antike ist in der Mitte des 18. Jahrhunderts noch recht gering, dafür werden römische Altertümer um so begeisterter rezipiert. Robert Adam schreibt im Jahr 1755 eine enthusiastische Kritik über das Pantheon in Rom, dessen

> "... Greatness, and Simplicity of Parts, fills the mind with extensive thoughts, stamps upon you the Solemn, the Grave and Majestick, and seems to prevent all those ideas of Gaity, or Frolick, which our modern buildings admit of and inspire."[414]

So stehen auch die französischen Portalentwürfe der folgenden Jahre, Labrières Fassadenprojekt für Saint-Germaine-l'Auxerrois 1757, Dupuis Entwurf für St-Paul 1766 oder Lequeus Portal einer Augustinerkirche (um 1780) in der Tradition des römischen Pantheons. Sogar Soufflots Portikus für Sainte-Geneviève (Abb. 20) wird von der zeitgenössischen Kritik - so von Dulaure - verdächtigt, als motivische Vorgabe den antiken Tempel in Rom benutzt zu haben.[415]

Auch Couture, der zweite Baumeister der Madeleine-Kirche, orientiert sich mit seinem Portikusprojekt von 1777 an einer im griechischen System gestalteten römischen Antike. Griechischer Peripteros und römischer Po-

---

413 *Peyre* [1]1765

414 *Robert Adam* 1755 in einem Brief aus Rom an Mrs. Adam. Zit. n. *Erichsen* 1980, 33

415 *Dulaure* 1785, 13; *Laugier* 1765, 36

diumstempel verbinden sich in einer Bauform, die sich dem Ideal des Tempels nähert. Erst Vignon wagt 1807 den Schritt, den ganzen Bau mit einem Peristyl zu umgeben, den antiken Tempel zu illusionieren. Das Innere folgt seit 1818 dem Gliederungsverfahren einer römischen Thermenanlage. Die Kolossalordnung mit ihrer eingestellten kleinen Ordnung kopiert den Wandaufbau des Frigidarium römischer Thermen (vgl. Abb. 45, 46). Ein Motiv, das sich ikonographisch in Werken der Renaissance - so zum Beispiel im Innern von Albertis S. Andrea in Mantua - nachweisen läßt, dessen Verbreitung wir den Studien Andrea Palladios in Rom, den Idealentwürfen Piranesis, den öffentlichen Festen und Bällen oder auch dem Theater mit seinen aufwendigen Bühnendekorationen verdanken.[416]

Wichtige Anregungen für die Formensprache der Architektur entstanden auch durch eingehende Studien an antiken Bauwerken Roms - damals war mehr Bausubstanz als heute erhalten - das Querschiff von Santa Maria degli Angeli war einstmals Teil des Frigidarium der Thermen Diokletians.

So faßt man also im Jahr 1818 - dem Zeitgeschmack folgend - den Entschluß, das Innere der Madeleine mit einem Gliederungsverfahren auszustatten, das den Thermen der Römer abgeschaut ist. 1828 erscheint in Paris G.A. Blouets "Restauration des thermes d'Antonin Caracalla à Rome" mit beeindruckenden Rekonstruktionszeichnungen der Kaiserthermen.

Erstaunlicherweise löste der Tatbestand, daß an der Madeleine verschiedene Funktionen - antiker Tempel und römische Therme - zitiert werden, keinen Widerspruch in der Kunstkritik aus, die Homogenität des Werkes sah man dadurch nicht beeinträchtigt. Wohl aber wird von François Grille, Sachbearbeiter im Innenministerium, am 15. Mai 1816 die Frage aufgeworfen, ob man die Innenausstattung der Madeleine in die Hand eines Künstlers legen soll oder ob es sinnvoller sei, ein Gremium mit dieser Aufgabe zu betrauen. Grille, der persönlich zunächst die erste Lösung vorgezogen hat, legt stattdessen König Ludwig XVIII. eine Liste von 38 Künstlern vor, die die verschiedenen Ausstattungen - Malerei und Skulptur betreffend - ausführen sollen.[417] Der Vorschlag wird akzeptiert.

---

[416] Auf die letztgenannten Einflüsse weist *Peyre* hin, "Du génie dans l'architecture", in: Oeuvres, [2]1795 "Circonstances où le génie peut seul agir sans s'assujettir aux principes: les fêtes publiques, les feux d'artifice, les décorations de bal et de théâtre"

[417] *Krieger* 1937, 280 f

So gehen Veränderungen der Produktionsbedingungen und Veränderungen des Werkbegriffs Hand in Hand[418], das Selbstverständnis des Künstlers paßt sich dem Wechsel der Produktionsweise an. Er empfindet sich jetzt als individueller Zuarbeiter an einem in seinen einzelnen Aspekten autonomen Werk. Innen- und Außengestaltung des Bauwerks sind eigenständig, setzen sich optisch bewußt voneinander ab und rekurrieren auf andersartige Programme.

Damit verliert das Gesamtwerk an semantischer Verbindlichkeit, das architektonische Vokabular vermag nicht mehr auszudrücken, welchen Funktionen der Benutzung das Bauwerk unterstellt ist. Die Ästhetisierung architektonischer Einzelformen setzt die klassischen Convenancebestimmungen - wie sie Patte noch 1754 in bezug auf die äußere Gestaltung eines Bauwerks gefordert hatte[419] -außer Kraft. Daher führt die Übernahme und Verfügbarmachung antiker Stilideale - Tempel und Therme - für eine neue Bauaufgabe zu der Verpflichtung, das Bauwerk kenntlich zu machen, mit einem 'Etikett' zu versehen. Im Falle der Madeleine ist ihre Funktion, nämlich christliche Kirche zu sein, nicht ablesbar; den Verweis auf diese Aufgabe erbringt das Tympanon des Gebäudes, dessen Relief "Le pardon accordé à la Madeleine" zeigt.

Die antikisierenden Tendenzen in der französischen Architektur, die in der Mitte des 18. Jahrhunderts noch eine inhaltliche Verankerung hatten, sind in der Napoleonischen Ära - wie auch im republikanischen Frankreich - nur noch formal begründet; Ideale von Stil und Repräsentation fallen am Sujet zusammen, antikisierende Formen und Strukturen werden zu Argumentationsmitteln der jeweiligen politischen Macht.

So nimmt Napoleon I. 1806 am Palais Bourbon eine bauliche Veränderung vor. Er läßt dem Gebäude durch Poyet ein neoklassizistisches Peristyl anfügen, um es als städtebauliches Gegenstück zur Madeleine interpretieren zu können, die sich auf der Achse der Seinebrücke jenseits der

---

418 *Bürger* 1981, 35 ff. Zur Diskussion der Kunsttheorie Benjamins. Bürger weist auf die Vordenkerfunktion W. Benjamins hin, der eine Untersuchung darüber eingeleitet hat, wie die Veränderungen der Produktionstechniken den Gesamtcharakter der Kunst ändern können

419 *Patte* bewies noch 1754 eine konservative Einstellung zu diesem Problemkreis. *Patte* 1754, 36: "Il faut considérer d'abord si la destination d'un Edifice s'annonce par l'ordnonnance d'architecture qui lui est appliquée de manière qu'on ne puisse pas s'y méprendre, & qu'un portail d'Eglise n'ait pas l'air d'un Arc de Triomphe, ou un Palais d'une Orangerie, & c."

Place de la Concorde befindet. Der Portikus hat an diesem Gebäude die Funktion eines die Antike zitierenden Versatzstückes. Ein weiteres Werk, das nicht nur einzelne Formen, sondern komplexe Strukturen aufnimmt, ist die Pariser Börse, die ab 1808 von A. Th. Brogniart im Auftrag Napoleons in Form eines antiken Tempels errichtet wird.

Die Berichte des Instituts der Ecole des Beaux-Arts der Jahre 1806 bis 1810[420] zeugen von einer Fülle repräsentativer Bauaufgaben. Die französische Kulturproduktion ist für ganz Europa richtungsweisend, der neue Baustil wird verbindlich für Monumentalbauten. Besonders im zaristischen Rußland entstehen tempelartige Bauten, die man als ideell in der Nachfolge der Madeleine-Kirche stehend bezeichnen kann. Der architektonische Ideologietransfer erfolgt über Architekten, die in Paris ausgebildet werden und später ihr Heimatland verlassen.

Als frühes Beispiel mag Thomas de Thomom (1754-1813) dienen. Er wurde an der Pariser Académie d'Architecture ausgebildet, sein Lehrer war Ledoux. Nach einer Studienreise durch Italien besuchte er Wien und Eisenstadt. 1798 ging er nach Rußland und befand sich ab 1800 in St. Petersburg, wo es ihm sogleich gelang, Mitglied der Petersburger Kunstakademie zu werden. Ab 1802 war er Lehrer, dann ab 1810 Professor an diesem Institut. Als kaiserlicher Hofarchitekt war De Thomon an Umbauarbeiten und Neubauprojekten - so zum Beispiel der Börse 1805-1806 - maßgeblich beteiligt.[421] An seinen Bauten ist der Einfluß französischer Architektur deutlich spürbar.

Auch Auguste-Ricard de Montferrand (1786-1858), Schüler Perciers an der Pariser Ecole des Beaux-Arts und kurzzeitig Bauleiter an der Madeleine, geht 1816 nach St. Petersburg und tritt in den Dienst des Zaren, für den er 1818-1858 den Bau der Isaaks-Kathedrale nach eigenen Plänen ausführt.[422]

Der an der St. Petersburger Akademie ausgebildete Architekt Philip Elsson (geb. um 1790)[423] nimmt ebenfalls bauliche Anregungen aus Frankreich auf und läßt sie in seine Entwürfe für Monumentalbauten ein-

---

420 Siehe *Bonnaire* 1943, III; *Drexler* 1977, 130 ff. *Drexler* stellt den Gewinner des Grand Prix von 1809 vor. A.-M. Chatillon gewinnt mit einer "Eglise Cathédrale"

421 Vgl. *Architektenzeichnungen* 1479-1979 (Katalog), 169; vgl. *Berckenhagen* 1970, 411 ff m. Abbildungen

422 a.a.O., 178

423 a.a.O., 177 f

fließen, sein Zeitgenosse Andrej Sacharow errichtet 1805 bis 1819 die Admiralität in St. Petersburg, ein weiterer wichtiger Repräsentationsbau dieser Stadt ist die von 1806 bis 1811 unter Andrej Nikiforowitsch Woronichin fertiggestellte Kasankathedrale. Gemeinsam ist diesen Bauwerken das Bemühen um architektonische Monumentalität, das oftmals zur Adaption des Tempelportikus für das jeweilige Repräsentationsobjekt führt. In der architektonischen Komposition fällt der Säule die Aufgabe zu, nobilitierend zu wirken. Die von der französischen Architektur der Klassik und des Klassizismus vorgegebenen antikisierenden Tendenzen werden nicht allein von den Petersburger Architekten aufgegriffen. Der Einfluß der Ecole des Beaux-Arts und ihrer Bauwerke erstreckt sich ebenfalls auf deutsche Architekten und ihre Auftraggeber. Schon seit 1807 befaßte sich Ludwig I. von Bayern mit der Idee, ein Pantheon der großen Deutschen in Auftrag zu geben.[424] Die Parallele zur Madeleine-Konzeption ist offensichtlich. Napoleon Bonaparte hatte ja dieses Bauwerk seit Dezember 1806 zum Ruhmestempel der französischen Armee erklärt, Ludwig I. nannte sein Projekt "Walhalla" - was in der nordischen Mythologie gleichbedeutend ist mit dem Aufenthaltsort gefallener Kämpfer.

Leo von Klenze (1784-1864) errichtet das Monument von 1830 bis 1842 in Form eines griechischen Tempels südöstlich von Regensburg, oberhalb der Donau. Die "Walhalla" ist - wie die Madeleine unter Napoleon - Nationaldenkmal, Hort der Unsterblichkeit und Hort untilgbarer Erinnerungen.

Ein weiterer deutscher Baumeister, Karl Friedrich Schinkel (1781-1841) läßt sich ebenfalls von der Madeleine-Konzeption inspirieren. Der Architekt legt um 1824 einen Entwurf für die Werdersche Kirche in Berlin vor, der den Einfluß der Madeleine-Kirche in Paris sowohl an der äußeren, als auch an der inneren Gestaltung verrät. (Abb. 55) Der Auftraggeber lehnt diese Planstudien ab[425], Stil wird als Modus einer ganz bestimmten Bauaufgabe empfunden, für Kirchenbauten ist im Deutschland des 19. Jahrhunderts häufig der gotische Stil verbindlich. Die schönen Künste stützen die Entwicklung eines Nationalbewußtseins der Deutschen, Gotik und Deutschtum sind eins.[426]

---

424 *Traeger* 1981, 39

425 *Pevsner* 1971, 148 f

426 Vgl. *Brix/Steinhauser* 1978 (Hg.) mit vorzüglichen Beiträgen zum Historismus in Deutschland, Ergebnisse einer Historismus-Tagung des Ulmer Vereins, 1977

Der in Paris lebende Baumeister Jacob Ignaz Hittorff (1792-1867) veranschaulicht 1845 ein letztes Mal, daß er die Madeleine als Kirchenbau für bedeutend hält und ihren Baustil für sakrale Bauaufgaben akzeptiert. Hittorff läßt dem Preußischen König Friedrich Wilhelm IV. sieben Kartons mit eigenhändigen Zeichnungen überreichen, die diesem als Anregung für den Neubau des Berliner Domes dienen sollen.[427]

Ein mit der Beschriftung "Parallèle" versehener Karton stellt vier als vorbildhaft einzustufende Kirchen - drei in Paris und eine in München - in Fassadenaufriß und Grundriß vor: "Eglise Notre-Dame-de-Lorette", "Eglise St.-Vincent-de-Paul", "Eglise de la Madeleine" und "Eglise St. Boniface". (Abb. 56)

Notre-Dame-de-Lorette wurde von Hippolyte Lebas (1782-1867) nach dem Vorbild frühchristlicher Basiliken errichtet, St-Vincent-de-Paul gar, Hauptwerk Hittorffs - das in Zusammenwirkung mit seinem Schwiegervater J.-B. Lepère von 1823-1844 entstand - ist die Synthese einer altchristlichen Basilika mit antiken, dem Tempel entlehnten Architekturformen. St. Bonifazius wurde, dem Muster einer fünfschiffigen römischen Basilika folgend, von 1835-1850 von Georg-Friedrich Ziebland in München errichtet. Die Madeleine schließlich propagiert das Ideal des antiken Tempels, die Konzeption des Kultraumes als Therme ist ungewöhnlich. Die Revolution von 1848 läßt das Berliner Dombauprojekt, zu dem Hittorff "französische" Varianten beigesteuert hat, scheitern.[428]

Wohl aber läßt sich das Konzept der Thermenanlage auf andere - nicht sakrale - Bauaufgaben übertragen. 1818 werden in Paris von Delespine die "marché des Blancs-Manteaux" errichtet, Hittorff illusioniert mit den torbogenartigen, in Glas aufgelösten Wänden des Gare du Nord (1861-1863) die Raumgliederungen römischer Thermen. Überzeugendes Beispiel einer Übertragung des Frigidariums einer Kaisertherme in das Innere eines öffentlichen Gebäudes ist die Haupthalle der Pennsylvania Railroad Station in New York, 1906 bis 1910 von McKim, Mead & White erbaut (heute leider abgerissen) (Abb. 57).

Während sich die Thermenkonzeption einer allumfassenden Übertragung auf Baufunktionen entzieht, regt die Tempelfront der Madeleine seit Coutures Entwurf von 1777 die Phantasie der Architekten an. Auch die

427 *Architektenzeichnungen* 1479-1979 (Katalog). Die Kartons befinden sich heute im Besitz der Kunstbibliothek Berlin

428 a.a.O., 201 f

autonome Fassung dieses Zitats, der Peripteros unter Vignon, wird als angemessene Bauform für mannigfaltige Aufgaben angesehen. So wird der Madeleine im Laufe von achtzig Jahren eine Fülle von Funktionsbereichen zugewiesen: Gebäude der Nationalversammlung, der Gesetzgebenden Versammlung, Oper, Nationalbibliothek, Gerichtshof, Tempel der Einigkeit, Rundkirche, Börse, Handelsgericht und Bank von Frankreich, Museum für Malerei und Skulptur, Ruhmestempel, Sühneskirche und schließlich erneut "Eglise de la Madeleine".

Dennoch sind damit nicht alle Funktionen eines derartig konzipierten Gebäudes erfaßt. Brogniart entwirft 1808 ein Warenhaus für Paris in Form eines überdimensionalen Podiumtempels - die Fassade allein weist vierzehn Freisäulen auf.[429] 1832 entsteht in Philadelphia, USA, unter Leitung von William Strickland eine Börse, die klassizistisches Formengut rezipiert, 1833-1847 bauen Thomas & Walter das Hauptgebäude des Gerard College in klassizistischer Manier, in Liverpool, England, wird St. George's Hall ab 1838 von Harvey Lonsdale Elmes errichtet (Abb. 58), schon 1832 konzipierte Joseph Hansom ein Rathaus in Form eines antiken Tempels (Abb. 59), in den Vereinigten Staaten entstehen zahlreiche Verwaltungsbauten und Gedenkstätten, u.a. im Jahre 1917 in Washington das Lincoln Memorial von Henry Bacon (Abb. 60). Erst Ende der dreißiger Jahre des 20. Jahrhunderts ist in Amerika das Bauen mit klassizistischen Formen nicht mehr aktuell. Cass Gilbert, Erbauer des Supreme Court Building in Washington (1932-1935) und John Russell Pope, Architekt der National Gallery of Art (begonnen 1937) und des Thomas Jefferson Memorial (begonnen 1939) sind die letzten Vertreter einer Generation, die die Leitbilder der Ecole des Beaux-Arts in die Neue Welt übertragen hat. [430]

[429] Brogniart, "Stock exchange", Paris 1808, abgebildet bei *Vidler* 1977, Abb. 22

[430] Vgl. *Larsson* 1978

Anhang

I. Graphik: Kulturbetrieb im 18. Jahrhundert in Frankreich.
Die Bauproduktion

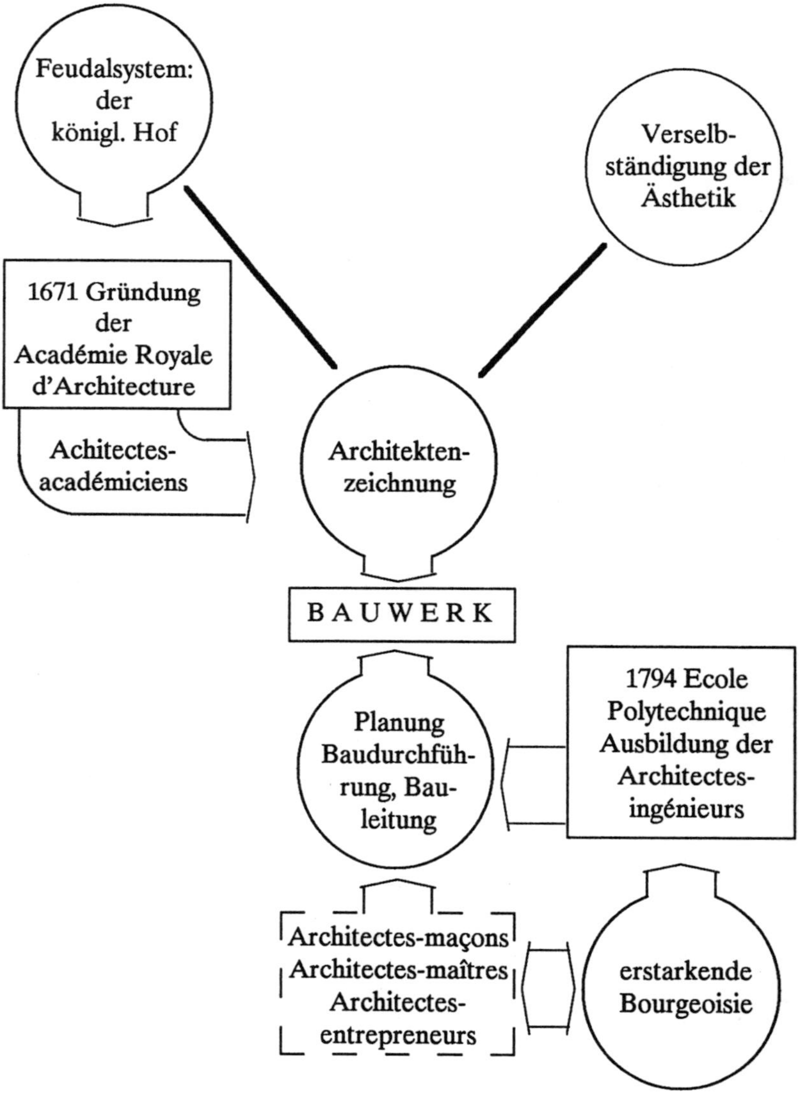

II. Das Dekret von Napoleon I. aus dem Feldlager in Posen vom 2. Dezember 1806 mit der Ausschreibung des Wettbewerbs durch Innenminister Champagny am 20. Dezember 1806

Le Ministre de l'intérieur,

A tous les Artistes de l'Empire.

Artistes,

L'Empereur, dont la gloire est impérissable et doit survivre à tous les monumens destinés à en perpétuer le souvenir, veut qu'elle n'arrive à la postérité qu'associée à celle de ses compagnons d'armes. Il appelle les arts pour immortaliser les noms de ceux qui ont vaincu sous ses ordres, et leurs brillants exploits. Il vous demande un temple destiné à en célébrer la mémoire. Qui de vous ne se sentira pas ému, exalté, en lisant le décret que sa main victorieuse a tracé sous la tente, et qui passera à la postérité comme un témoignage éclatant de l'amour qu'il porte à tous les braves de ses armées? Ce décret est le plus beau programme que je puisse proposer à des artistes dignes de ce nom.

Voyez quel noble emploi l'Empereur veut donner aux arts, et comment il les fait entrer, pour ainsi dire, en partage de sa gloire.

De tous côtés s'élèvent des palais, des arcs de triomphe et des colonnes triomphales: la sculpture doit les orner de ses riches et durables productions.

Mais le Monument dont l'Empereur vous appelle aujourd'hui à tracer le projet, sera le plus auguste, le plus imposant de tous ceux que sa vaste imagination a conçus, et que son activité prodigieuse sait faire exécuter. C'est la récompense que le vainqueur des Rois et des Peuples, le fondateur des empires, décerne à son armée victorieuse sous ses ordres et par son génie. La postérité dira: Il fit des héros, et sut récompenser l'héroisme.

Décret impérial

De notre Camp impérial de Posen,
le 2 décembre 1806.

Napoléon, Empereur des Français et Roi d'Italie;
Nous avons décrété et décrétons ce qui suit:

ART. Ier. - Il sera établi sur l'emplacement de la Madeleine de notre bonne ville de Paris, aux frais du Trésor de notre couronne, un monument dédié à la grande Armée, portant sur le frontispice: l'Empereur Napoléon aux Soldats de la grande Armée.

ART 2. - Dans l'intérieur du monument seront inscrits sur des tables de marbre les noms de tous les hommes, par corps d'armée et par régiment, qui ont assisté aux batailles d'Ulm, d'Austerlitz et d'Iéna, et sur des tables d'or massif, les noms de tous ceux qui sont morts sur les champs de bataille. Sur des tables d'argent sera gravée la récapitulation par département, des soldats que chaque département a fournis à la grande Armée.

ART. 3. - Autor de la salle seront sculptés des bas-reliefs où seront représentés les colonels de chacun des régimens de la grande Armée avec leurs noms; ces bas-reliefs seront faits de manière que les colonels soient groupés autor de leurs Généraux de division et de brigade par corps d'armée. Les statues en marbre des Maréchaux qui ont commandé des corps, ou qui ont fait partie de la grande Armée, seront placées dans l'intérieur de la salle.

ART. 4 - Les armures, statues, monumens de toute espèce enlevés par la grande Armée dans ces deux campagnes; les drapeaux, étendards et timbales conquis par la grande Armée, avec les noms des régimens ennemis auxquels ils appartiennent, seront déposés dans l'intérieur du monument.

ART. 5 - Tous les ans, aux anniversaires des batailles d'Austerlitz et d'Iéna, le monument sera illuminé, et il sera donné un concert précédé d'un discours sur les vertus nécessaires au soldat, et d'un éloge de ceux qui périrent sur le champs de bataille dans ces journées mémorables.

Un mois avant, un concours sera ouvert pour recevoir la meilleure ode et la meilleure pièce de musique analogue aux circonstances.

Une médaille d'or de cent cinquante doubles napoléons sera décernée aux auteurs de chacune de ces pièces qui auront remporté le prix.

Dans les discours et odes, il est expressément défendu de faire aucune mention de l'Empereur.

ART. 6 - Notre Ministre de l'intérieur ouvrira sans délai un concours d'architecture, pour choisir le meilleur projet pur l'exécution de ce monument.

Une des conditions du prospectus sera de conserver la partie du bâtiment de la Madeleine, qui existe aujourd'hui, et que la dépense ne dépasse pas trois millions.

Une commission de la classe des beaux-arts de notre Institut sera chargée de faire un rapport à notre Ministre de l'intérieur, avant le mois de mars 1807, sur les projets soumis au concours. Les travaux commenceront le 1er mai, et devront être achevés avant l'an 1809.

Notre Ministre de l'intérieur sera chargé de tous les détails relatifs à la construction du monument, et le Directeur général de nos Musées, de tous les détails des bas-reliefs, statues et tableaux.

ART. 7 - Il sera acheté cent mille francs de rente en inscriptions sur le grand livre, pour servir à la dotation du monument, et à son entretien annuel.

ART. 8 - Une fois le monument construit, le grand conseil de la Légion d'honneur sera spécialement chargé de sa garde, de sa conservation, et de tout ce qui est relatif au concours annuel.

ART. 9 - Notre Ministre de l'intérieur, et l'Intendant des biens de notre couronne, sont chargés de l'exécution du présent décret.

Signé: *Napoléon*

Artistes, vous connaissez, par ce décret, les intentions de l'Empereur, l'objet du monument, la somme que S. M. veut bien consacrer à sa constuction. Voici maintenant quelques dispositions qui doivent vous servir de règle dans le concours:

I.-Les Artistes qui se proposent d'envoyer des projets au concours, doivent surtout s'attacher à donner à l'ensemble et à toutes les parties du monument, un caractère de grandeur et de noblesse, qui réponde à sa destination, et soit en harmonie avec le superbe portique qui en est déjà l'entrée principale.

II.-Pour bien faire connaître toutes les parties de leurs projets, et pour qu'il soit facile d'en saisir tous les rapports, les concurrens présenteront, dans des dessins géométraux seulement, tous les développements nécessaires. Les dessins perspectives ne seront point admis.

III.-Les projets qui seront envoyés au concours devront être composés: 1° d'un plan; 2° d'une élévation du côté de l'entrée principale; 3° d'une élévation latérale; 4° de deux coupes, l'une sur la longueur de l'édifice, l'autre prise dans sa largeur.

Tous ces dessins seront sur une échelle commune, afin d'en faciliter le rapprochement et la comparaison.

On donnera en outre les détails des ordres que l'on aura employés, ainsi que ceux des principales corniches de l'intérieur et de l'extérieur de l'édifice, sur une échelle qui sera ci-après déterminée.

Enfin, la conservation du monument dépendant en grande partie de la couverture, les concurrens devront joindre un plan dans lequel ils indiqueront la distribution des eaux pluviales. Ils s'attacheront à rendre cette distribution la moins compliquée qu'il sera possible, à éviter tout ce qui pourrait occasionner des réparations fréquentes et dispendieuses. Dans ce plan ils exprimeront légèrement la distribution de l'édifice, afin de rendre faciles à saisir les rapports qui doivent exister entre cette distribution et la couverture.

IV.-Le plan annexé au présent programme sera reproduit par les concurrens. Ils y désigneront, par une couleur rouge, les parties qu'ils projetteront en dedans ou en dehors de ce qui existe maintenant. C'est sur l'échelle de ce plan, que pourra être fait le plan des combles, ainsi qu'une élévation et une coupe au trait qui serviront à prouver la conformité des parties projetées avec celles qui existent.

V.-Des devis devront nécessairement accompagner chaque projet. Les concurrens se rappelleront que la dépense pour la construction du monument ne doit pas excéder trois millions.

Ils sont prévenus que les devis seront soigneusement examinés.

VI.-L'échelle des plans, élévations et coupes demandés par l'article 3, devra être d'un centimètre pour mètre; celle des détails des ordres ou corniches demandés dans le 3e paragraphe du même article, est fixée à cinq centimètres pour mètre.

VII.-La distribution des terrains environnans ne sera pas une partie essentielle des projets. Néanmoins les concurrens pourront, s'ils le jugent à propos, et sur telle échelle qu'ils voudront choisir, indiquer une distribution de ces terrains; laquelle comprendrait tout l'espace renfermé entre les rues de Caumartin, de la Madeleine et des Mathurins.

VIII.-Tous les projets destinés au concours, devront être déposés au secrétariat de l'Institut, ou dans les bureaux du Ministre de l'intérieur, avant le 20 février 1807. Ce terme est de rigueur.

Les concurrens ne devront point se faire connaître avant le jugement. Ils désigneront seulement leurs projets par des devises.

IX.-L'auteur du projet adopté sera chargé de l'exécution. Les trois artistes dont les projets auront obtenu les premiers accessits, recevront des indemnités dont le montant sera proposé par la commission qui aura prononcé sur les projets.

Ce programme sera envoyé aux architectes de Paris, et à tous le préfets des Départemens, pour qu'ils en donnent communication aux artistes qui voudraient concourir.

Arrêté à Paris, le 20 décembre 1806.

Le Ministre de l'intérieur,
Champagny

III. Zeittafel

	BAUGESCHICHTE	ARCHITEKT	PROGRAMM	
seit 1300	Kapelle, die der Heiligen Magdalena geweiht war			
1492	von Karl VIII. (1470-1498) durch einen Neubau ersetzt			
seit 1659	Pfarrkiche			Cordemoy "Dissertation" 1712
ab 1753	Platzgestaltung "Place Louis XV", heute Place de la Concorde	A.-J. Gabriel (1698-1782)	frühklassizistisch	Laugier "Essai" 1753 mit grundlegender Theorie zum Freisäulenarchitravstil
	I. BAUPHASE			
3.4.1764	Grundsteinlegung der Madeleine durch Louis XV	P. Contant d'Ivry (1698-1777)	Pläne von 1761; neuer Kirchentypus "Kolonnadenkirche"	1764 Grundsteinlegung für das Konkurrenzprojekt zur Madeleine, Sainte-Geneviève von J.-G. Soufflot (1713-1780)
1715-1774 Regierungszeit Louis XV			in der Folgezeit von Dupuis, Lequeu, Neufforge, D'Ixnard u.a.	vgl. auch basilikale Kirchenbauten: Potain, St-Louis in St-Germain-en-Laye; Chalgrin, St-Philippe du Roule
				Blondel "Cours d'architecture" 1771-1777

	II. BAUPHASE			
ab 1777	nach dem Tod Contants wird Couture Architekt der Madeleine	G.-M. Couture (1732-1799)	Portikus	Annäherung an das Ideal des antiken Tempels
1774-1792 Regierungszeit Louis XVI		Boullée Piètre	Idealentwurf (1777/1784) Entwurf f. Madeleine 1787	Kolonnadenkirche Portikus
1789-1799 Französische Revolution	ab 1789 befindet sich Couture in Rom, ab 30.12.1791 ist die Baustelle geschlossen			
1791		Vorschläge v. Rousseau Pläne von Boullée, Vignon u.a.	Gebäude der Nationalversammlung " "	
1791		Legrand/Molinos	Convention nationale	
1795		Architekt anonym	Conseil des Cinq Cents	
1798		Gisors le jeune	Nationalbibliothek	
1799		Vignon	Gerichtshof	
Empire 1800-1815			Planungen f. d. Madeleine:	
1800		Brogniart	"Théâtre Napoléon", Entwurf f.e. Oper	
1800		Peyre	Nationalbibliothek	

	BAUGESCHICHTE	ARCHITEKT	PROGRAMM	
1800/1801		Davy-Chavigné	"Temple de la Concorde"	1802/1803 Rondelet "L'Art de bâtir"
1805		Vaudoyer	"Eglise en Rotonde"	franz. Version des röm. Pantheon
		Delannoy	Projekt für eine Pfarrkirche	
1806	Napol. Dekret v. 21. Febr. 1806	u.a. Vignon	Börse, Handelsgericht u. Bank v. Frankreich	
	Ministervorschlag v. 31. Mai 1806		Museum für Malerei und Skulptur	
	Napol. Dekret v. 2. Dez. 1806		"monument dédié à la Grande Armée"	
	öffentlicher *WETTBEWERB* vom 20. Dez. 1806	82 Teilnehmer u.a. Robit, Dubois aîné		
April 1807	Entscheidung der Ecole des Beaux-Arts	Wettbewerbssieger: 1. Beaumont 2. Vignon 3. Gisors le jeune 4. Peyre neveu		

	III. BAUPHASE			
1807	Dekret vom 29. Mai 1807 bestimmt Vignon zum Architekten	P. Vignon (1763-1828)	"Temple de la Gloire"	selbständiger Portikus Peripterostempel (Außenbau) Konzeption e. röm. Thermenanlage (Innengest.) (ab 1818)
1814 Sturz des Empire		"Eglise de la Madeleine"		
Restauration 1815-1830	Bestimmung Louis XVIII ab 1816		Madeleine soll "Sühneskirche" werden, Gedenkstätte für Louis XVI und Familie	Umgestaltungswünsche Louis XVIII
1818	Dekret v. 22. Mai 1818 bestimmt erneut Vignon	Vignon		Planänderungen; eingestellte kl. Säulenordnung
1828	Tod Vignons am 1. Mai 1828. Dekret v. 26. Aug. ernennt Huvé zum Architekten	J.-J.-M. Huvé (1783-1852)		
seit 1830 Bürgerkönig Louis-Philippe			nach 1830 erneut "Eglise de la Madeleine"; Ausstattung des Inneren unter Huvé	Malereien und Skulpturen (innen) Figurennischen (außen)
1842	25. Juli 1842 Weihe		Fertigstellung 1842	

Bibliographie

Académie d'Architecture: Procès-Verbaux de l'Académie Royale d'Architecture 1671-1793. Publiés pour la Société de l'Histoire de l'art français par Henri Lemmonier. 10 Bände.
Paris: J. Schemit (1 + 2)/E. Champion (3-6)/A. Colin (7-10) 1911-1929

Académie des Beaux-Arts: Procès-Verbaux de l'Académie des Beaux-Arts. Publiées pour la Société de l'Histoire de l'art français. 3 Bände (1794-1810)
Paris: Colin 1940, 1943

Adorno, Theodor, W.: Ästhetische Theorie. (Hg.) G. Adorno, R. Tiedemann (= Suhrkamp tb wissensch. 2)
Frankfurt a.M.: Suhrkamp 1970, [1]1973

Affiches, Annonces et Avis divers (Zeitschrift)

Architektenzeichnungen 1479-1979 von 400 europäischen und amerikanischen Architekten aus dem Bestand der Kunstbibliothek Berlin. Ausg. u. bearb. v. E. Berckenhagen. (Katalog)
Köln 1980

Argenson, Marquis de: Journal et Mémoires. (Hg.) E.I.B. Rathery
Paris 1859-1867

Avantcoureur: L'Avantcoureur (Zeitschrift) Paris, ab 1760; Gazette et Avantcoureur de littérature, des sciences et des arts (Zeitschrift)
Paris, ab 1774

Avril, Père Louis: Temples anciens et modernes ou observations historiques et critiques Sur les plus célèbres Monumens d'Architecture Grècque et Gothique.
London, Paris 1774

Baeumler, Alfred: Das Irrationalitätsproblem in der Ästhetik und Logik des 18. Jahrhunderts bis zur Kritik der Urteilskraft. Reprograf. Nachdr. d. 2., durchges. u. um e. Nachw. erw. Aufl. 1967
Darmstadt: Wissenschaftliche Buchgesellschaft 1981

Bätschmann, Oskar: Einführung in die kunstgeschichtliche Hermeneutik: die Auslegung von Bildern
Darmstadt: Wissenschaftliche Buchgesellschaft 1984

Bélidor, Bernard Forest de: La science des ingénieurs dans la conduite des travaux de fortification et d'architecture civile
Paris: Jombert 1729

Belting, Hans: Das Ende der Kunstgeschichte?
München: Deutscher Kunstverlag 1983

Bense, Max: Zeichen und Design. Semiotische Ästhetik
Baden-Baden 1971

Berckenhagen, Ekhart: Die Französischen Zeichnungen der Kunstbibliothek Berlin (Katalog)
Berlin 1970

Berger, Robert, W.: Charles LeBrun and the Louvre colonnade
In: The Art Bulletin 52, 1970, 394-403

Bertaux, F./*Lepointe*, E.: Dictionnaire français-allemand
Paris: Hachette 1966

Bienaimé, P. Ch.: La Vérité sur Pierre Vignon ou Réponse à son Ecrit par le rédacteur du rapport fait au comité d'Instruction publique de la Convention nationale, par la Société Republicaine des Arts, le 28 nivôse, an 3 de la République une et indivisible
Paris: Franklin 1794

Binding, Günther: Architektonische Formenlehre
Darmstadt: Wissenschaftliche Buchgesellschaft 1980

Blomfeld, Sir Reginald: A History of French Architecture from the Death of Mazarin till the Death of Louis XV
London 1921

Blondel, Nicolas-François: Cours d'Architecture enseigné dans l'Académie Royale d'Architecture. 2 Bände
Paris 1675-1683; Amsterdam 1698

Blondel, Jacques-François: Cours d'architecture ou Traité de la décoration, distribution & construction des bâtiments, contenant les leçons données en 1750, & les années suivantes, dans son Ecole des Arts. 6 Text- und 3 Tafelbände
Paris 1771-1777

Boinet, Amédée: Les Eglises Parisiennes. 3 Bände
Paris: Ed. de Minuit 1958, 1962, 1964

Bonnaire siehe *Académie des Beaux-Arts*

Boullée, Etienne-Louis: Architecture. Essai sur l'art. Textes réunis et présentés par Jean-Marie Pérouse de Montclos
Paris: Hermann 1968

Braham, Allan: The Architecture of French Enlightenment
London 1979

Brinckmann, Albert Erich: Die Baukunst des 17. und 18. Jahrhunderts in den romanischen Ländern (= Handbuch der Kunstwissenschaft)
Berlin 1919

Brix, Michael/*Steinhauser*, Monika (Hg.): Geschichte allein ist zeitgemäß: Historismus in Deutschland
Lahn-Gießen: Anabas-Verlag Kämpf [1]1978

Bröder, Erika: Die römischen Thermen und das antike Badewesen: eine kulturhistorische Betrachtung
Darmstadt: Wissenschaftliche Buchgesellschaft 1983

Bruck-Dresden, Robert: Der Platz Louis XV und Contants Projekt für die Madeleine-Kirche zu Paris
In: Zeitschrift für Geschichte der Architektur, Heft 9, 1907/1908, 223-232

Bürger, Peter: Theorie der Avantgarde
Frankfurt a.M.: Suhrkamp 1974, [3]1981

Cassirer, Kurt: Die ästhetischen Hauptbegriffe der französischen Architekturtheoretiker 1650-1780
Berlin 1909

Christ, Yvan: Eglises de Paris
Paris: Diffusion 1956

Christ, Yvan: Paris des Utopies
Paris: Ballard 1977

Contant d'Ivry, Pierre: Les Oeuvres d'Architecture de Pierre Contant d'Ivry, architecte du Roi
Paris: l'Auteur 1769

Cordemoy, Jean-Louis de: Nouveau traité de toute l'architecture utile aux entrepreneurs et aux ouvriers et à ceux qui font bâtir
Paris 1706, [2]1714

Cordemoy, Jean-Louis de: Réponse de Mr. de Cordemoy Chanoine Regulier de Saint Jean de Soissons & Prieur de la Ferté sous Jouars, aux Remarques de Mr. Frezier Ingenieur ordinaire du Roi, sur son Traité de l'Architecture, qui ont été inserées dans les Mémoires
Septembre 1709 - Mémoires pour l'histoire des Sciences et des Arts (Mémoires de Trévoux) Juillet 1710, 1248-1275; Août 1710, 1345-1364

Costaz, Abbé Benoit: L'Etablissement de la paroisse de la Madeleine à Paris, lors du Concordat de 1802, récit des événements, fait par Benoit Costaz, curé de la paroisse à cette époque. Avant-propos et notes par Léonce Raffin
Paris: Pouyé 1937 (30.mai 1938)

Critique du Journal des Artistes
Ausg. März 1834; 9, 16, 23

Croy, Duc de: Journal inédit. (Hg.) Grouchy et Cottier. 3 Bände
Paris: 1905-1907

Dällenbach, Lucien/*Hart Nibbrig*, Christiaan (Hg.): Fragment und Totalität
Frankfurt a.M.: Suhrkamp 1984

Damiron, Suzanne: Projets pour l'embellissement en 1829 de la place Louis XV, actuellement place de la Concorde
In: Bulletin de la Société de L'Histoire e L'Art français,
Paris 1961, 159-161 mit Abb.

Danto, Arthur C.: Analytische Philosophie der Geschichte (Orig.-Ausg. Cambridge Univ. Press. 1965)
Frankfurt a.M.: Suhrkamp ¹1974

Decaux, Paul: La Cathédrale et le palais Saint-Vaast
In: Mémoires de l'Académie d'Arras, Bd. 14, 1937

Derrand, François: L'architecture des voûtes, ou l'art des traits et coupes des voûtes. Traité tres-utile et nécessaires à tous les Architectes, Maîtres Massons, Appareilleurs, Tailleurs de Pierres et generalement a tous ceux qui se meslent de l'Architecture, même Militaire
Paris 1643, ²1743, ³1755

Deville, Etienne: Index du Mercure de France, 1672-1832, donnant l'indication, par ordre alphabétique, de toutes les notices, mentions, annonces, planches etc. concernant les beaux-arts et l'archéologie, par Etienne Deville
Paris: J. Schemit 1910

Dézallier d'Argenville, Antoine-Nicolas, Voyage pittoresque de Paris; ou Indication de tout ce qu'il y a de plus beau dans cette grande Ville en Peinture, Sculpture, & Architecture
Paris: de Bure l'aîné 1759; 1762; 1768; ⁶1778; 1779

Diderot, Denis: Salon de 1763 (Beschreibung des Ölgemäldes der Madeleine von DeMachy)
In: Oeuvres complètes de Diderot, (Hg.) J. Assézat (= Kraus Reprint, Nendeln/Lichtenstein 1966)
Paris: Garnier 1876, tome 6, 214 f

Didot: Discours sur les monuments publics, 12 Stiche
Paris 1792

Drexler, Arthur (Hg.): The Architecture of the Ecole des Beaux-Arts
London 1977

Dulaure, Jacques-Antoine: Nouvelle description des curiosités de Paris; Contenant l'Histoire & la Description de tous les Etablissemens, Monumens, Edifices anciens & nouveaux, les Anecdotes auxquelles ils ont donné lieu, les évenemens remarquables dont ils ont été le théâtre, enfin tout ce qui peut intéresser les Etrangers & les Habitans de cette ville. Bd. 1-2
Paris: Le Jay [3]1791

Dulin: Lettre à un ami sur un monument public
o.O. 1785

Dumolin, Maurice/*Outardel*, Georges: Les Eglises de la France. Paris et la Seine.
Paris: Letouzey & Ané 1936

Dumont, Gabriel-Pierre-Martin: Recueil de plusieurs parties d'architecture de différents maîtres tant d'Italie que de France. (Stichwerk)
Paris 1767

Elias, Norbert: Die höfische Gesellschaft (Orig.-Ausg. Darmstadt: Luchterhand 1969)
Frankfurt a.M.: Suhrkamp [1]1983

Erichsen, Johannes: Antique und Grec. Studien zur Funktion der Antike in Architektur und Kunsttheorie des Frühklassizismus (Diss. Univ. Köln 1975)
Köln 1980

Eriksen, Svend: Early neo-classizism in France. The creation of the Louis seize style in architectural decoration, furniture and omulu, gold and silver, and Sèvres porcelain in the mid-eighteenth century.
London 1974

Eschbach, Achim/*Rader*, Wendelin: Semiotik-Bibliographie
Frankfurt a.M.: Syndikat [1]1976

Félibien, André F. des Avaux: Les Plans et les Descriptions de deux des plus belles maisons de campagne de Pline le consul, avec des remarques sur tous ces bâtiments et une dissertation touchant l'architecture antique et l'architecture gothique
Paris 1699: Londres 1707

Fichet, Françoise: La théorie architecturale à l'âge classique
Lüttich: Soledi 1979; Paris: Ed. Mardaga 1980

Forssman, Erik: Dorisch, Jonisch, Korinthisch, Studien über den Gebrauch der Säulenordnungen in der Architektur des 16. bis 18. Jahrhunderts
Stockholm; Göteborg; Uppsala 1961

Foucault, Michel: Die Ordnung der Dinge. Eine Archäologie der Humanwissenschaften (Orig.-Ausg. Ed. Gallimard 1966)
Frankfurt a.M.: Suhrkamp 1971, [1]1974

Frampton, Kenneth: Modern architecture, a critical history
London: Thames and Hudson 1980

Frézier, Amédée François: La théorie et la pratique de la coupe des pierres et des bois pour la construction des voûtes et autres parties des bâtiments civils et militaires, ou Traité de stéréotomie à l'usage de l'architecture. 3 Bände.

Strasbourg, Paris 1737-1739; [2]1754-1769

Frézier, Amédée François: Remarques sur quelques Livres nouveau concernant la beauté & le bon goût de l'Architecture
In: Mercure de France, Juli 1754, 7-59

Frézier, Amédée François: Resultat de la dispute entre P. Laugier & M. Frézier, concernant le Goût d'achitecture
In: Mercure de France, Mai 1755, 143-174

Gallet, Michel: Un modèle pour la Madeleine d'après le projet de Contant d'Ivry
In: Bulletin du Musée Carnavalet 18, 1965, 14-19

Gallet, Michel: Paris in the neo-classicial period 1748-1792
In: Apollo 101, 1975, 312-323

Gandelsonas, Mario: From Structure to Subject: The Formation of an Architectural language
In: Oppositions, New York, Summer 1979: 17, 7-25

Gauthey, Emiliand-Marie: Mémoire sur l'application des principes de la méchanique à la construction des voûtes et des dômes, dans lequel on examine le Problème proposé par M. Patte, relativement à la construction de la coupole de l'Eglise Sainte-Geneviève de Paris
Dijon, Paris 1771

Germann, Georg: Einführung in die Geschichte der Architekturtheorie
Darmstadt: Wissenschaftliche Buchgesellschaft 1980

Giedion, Sigfried: Architektur und das Phänomen des Wandels
Tübingen: Wasmuth 1969

Goethe, Johann Wolfgang: Von deutscher Baukunst
In: Goethes Werk, Bd. 4. Sonderausgabe für die Wissenschaftliche Buchgemeinschaft e.V. Tübingen, (Hg.) G. Fricke, 341-348
Tübingen: Matthiessen o.J.

Granet, Solange: La Place Louis XV à Paris
In: La vie urbaine. 1962, 161-218

Granet, Solange: La Place de la Concorde
Paris 1963

Gruel, Léon: La Madeleine, depuis son établissement à la Ville-L'Évêque. Etude historique et archéologique.
Paris: H. Champion 1910

Gumbrecht, Hans Ulrich: Literaturgeschichte - Fragment einer geschwundenen Totalität?
In: *Dällenbach*, Lucien/*Hart Nibbrig*, Christiaan (Hg.): Fragment und Totalität (Erstausgabe)
Frankfurt a.M.: Suhrkamp 1984

Hager, Werner/*Knopp*, Norbert: Beiträge zum Problem des Stilpluralismus (= Studien zur Kunst des 19. Jahrh., Bd. 38)
München 1977

Hammer, Karl: J.I. Hittorff. Ein pariser Baumeister
Stuttgart: Hiersemann 1968

Hardtwig, Wolfgang: Geschichtsschreibung zwischen Alteuropa und moderner Welt, Jakobus Burckhardt in seiner Zeit
Göttingen 1974

Hautecoeur, Louis: Histoire de l'architecture classique en France. III. Première moitié du XVIIIe siècle. Le style Louis XV
Paris: A. & J. Picard & Cie 1950

Hautecoeur, Louis: Histoire ... IV: Seconde moitié du XVIIIe siècle. Le style Louis XVI. 1750-1792
Paris: A. & J. Picard & Cie 1952

Heidegger, Martin: Der Ursprung des Kunstwerks. Mit e. Einf. von H.-G. Gadamer
Stuttgart: Reclam 1960

Henle, Paul (Hg.): Sprache, Denken, Kultur. Mit Beiträgen von Roger W. Brown, Irving M. Copi, Don E. Dulaney, William K. Frankena, Paul Henle, Charles L. Stevenson. (Titel d. amerik. Originalausg.: "Language, Thought and Culture", Univ. of Michigan 1958) (= suhrk. tb wiss. 120)
Frankfurt a.M.: Suhrkamp ^{1}1975

Herrmann, Wolfgang: Laugier and the eighteenth century French theory (= Studies in architecture, 6)
London 1962

Hesse, Michael: Von der Nachgotik zur Neugotik. Die Auseinandersetzung mit der Gotik in der französischen Sakralarchitektur des 16ten, 17ten und 18ten Jahrhunderts (= Bochumer Schriften zur Kunstgeschichte, 3)
Frankfurt a.M., Bern, New York: P. Lang 1984

Hillairet, Jacques. Dictionnaire historique des rues de Paris
Paris: Ed. de Minuit 1963

Huet, J.C.: Parallèle des temples anciens, gothiques et modernes
Paris 1809

Hugo, Victor: Nôtre Dame de Paris
Paris: Hetzel-Quantin 1880

Imdahl, Max: Kunstgeschichtliche Exkurse zu Perraults "Parallèle des Anciens et des Modernes". - Neuausgabe von Perrault 1688-1697
München 1964, 65-79

Jacques, Annie/*Vidler*, Anthony: Chronology: The Ecole des Beaux-Arts, 1671-1900
In: Oppositions, New-York, Spring 1977, 151-157

Jaillot, Jean-Baptiste-Michel Renou de Chevigné, dit): Recherches critiques, historiques et topographiques sur la ville de Paris, depuis ses commencemens connus jusqu'à present; par le Sr Jaillot, 5 Bände
Paris: Le Boucher 1782

Janneau, Guillaume: L'Empire
Paris 1965

Jauss, Hans Robert: Ästhetische Normen und geschichtliche Reflexion in der "Querelle des anciens et des Modernes" - Neuausgabe von Perrault 1688-1697, 8-64
München 1964

Kaufmann, Emil: Die Architekturtheorie der Französischen Klassik und des Klassizismus
In: Repertorium für Kunstwissenschaft, 44, 1924, 197-237

Kaufmann, Emil: Klassizismus als Tendenz und als Epoche
In: Kritische Berichte zur Kunstgeschichtlichen Literatur, (Hg.) R. Kautsch u.a., Bd. 1-6 (= Repr. d. Ausg. Leipzig/Zürich 1927-1937), 344, 1930/32, 201-214
Hildesheim, New York: G. Olms 1972

Kaufmann, Emil: Architecture in the Age of Reason
Cambridge: Harvard Univ. Press 1955

Kinder, Hermann/*Hilgemann*, Werner: dtv-Atlas zur Weltgeschichte. Karten u. chronol. Abriß. Bd. II: Von der Französischen Revolution bis zur Gegenwart
München: dtv ^{9}1974

Koselleck, Reinhart: Vergangene Zukunft. Zur Semantik geschichtlicher Zeiten
Frankfurt a.M.: Suhrkamp 1979, ^{2}1984

Knabe, Peter-Eckhard: Schlüsselbegriffe des kunsttheoretischen Denkens in Frankreich von der Spätklassik bis zum Ende der Aufklärung. (Diss. Univ. Bochum 1970)
Düsseldorf 1972

Kretzschmar, Frank Joachim: Contant d'Ivry, ein französischer Architekt des 18. Jahrhunderts (Diss. Univ. Köln 1978)
Köln 1981

Krieger, Antoine: La Madeleine. Histoire de la paroisse, de ses curés et de la construction de l'église avec la description de ses oeuvres d'art
Paris: Desclée de Brouwer 1937

Lafont de Saint-Yenne: Examen d'un essai sur l'architecture
Paris 1753

Landon, Charles-Paul/*Legrand*, J.G.: Description de Paris et ses édifices, avec un précis historique et les observations sur le caractère de leur architecture et sur les principaux objets d'art ... qu'ils renferment. 2 Bände
Paris: C.-P. Landon 1806/1809

Larsson, Lars Olof: Klassizismus in der Architektur des 20. Jahrhunderts
In: Speer, Albert: Architektur, Arbeiten 1933-1942, 151-179
Frankfurt: Ullstein 1978 (= Propyläen)

Laugier, Marc-Antoine: Essai sur l'architecture
Paris 1753; ^{2}1755

Laugier; Marc-Antoine: Observations sur l'architecture par M. L'Abbé Laugier des Académies d'Angers, de Marseille et de Lyon
Paris: La Haye 1765

Lavedan, Pierre: Les villes françaises
Paris: Vincent, Freul & Cie 1960

Lavedan, Pierre: French Archtecture (= Repr. d. Pinguin Ed. 1956)
London: Scolar Press 1979

Leclercq, A.: Les cathédrales d'Arras
Arras 1933

Lemmonier siehe *Académie d'Architecture*

Le Muet, Pierre: Manière de bien bastir pour toutes sortes de personnes
1663

Leon, Paul: L'Eglise de la Madeleine
In: Revue des deux mondes 1954, 3, 405-426

Leroy, Julien David: Histoire de la disposition et des Formes différentes que les Chrétiens ont données à leurs Temples, depuis le Règne de Constantin le Grand, jusqu'à nous
Paris: Dessaint & Saillant 1764

Lestocquoy, Abbé J.: Arras au temps jadis
Arras 1944

Le Virloys, Roland: Dictionnaire d'architecture civile, militaire et navale, antique, ancienne et moderne et de tous les arts et métiers qui en dépendent
Paris 1770-1771

Mathieu, Mae: Pierre Patte. Sa vie et son oeuvre
Paris: P.U.F. 1940

Mercier: Tableau de Paris. 8 Bände
Amsterdam 1783

Mercure de France: Mercure de France (Zeitschrift)
Paris ab 1672. Siehe Index von *Deville* 1910

Meyer: Fragments sur Paris. Traduit par installation des bureaux le général Dumouriez 1798

Middleton, Robin, D.: The Abbé de Cordemoy and the graeco-gothic ideal. A prelude to romantic classicism
In: Journal of the Warburg and Courtauld Institutes 26, 1963, 90-123

Middleton, R.D./*Watkin*, David J.: Architektur der Neuzeit (= Weltgeschichte der Architektur)
Stuttgart, Mailand 1977

Middleton, R.D./*Petzet*, M.: Ecole des Beaux-Arts (Katalog)
London 1982

Minvielle, Geo: Histoire et condition juridique de la profession d'architecte
Bordeaux: Y. Cadoret 1921

Mondain-Monval, Jean M. dit): Soufflot. Sa vie, son oeuvre, son esthétique
Paris 1918

Morris, Charles W.: Zeichen Werk Ästhetik. Mit e. Einl. von Achim Eschbach (Hg.)
Frankfurt a.M.: Suhrkamp [1]1975

Musée Carnavalet: De la Place Louis XV à la place de la Concorde (Katalog)
Paris 1982

Neufforge, Jean-François de: Recueil élémentaire d'architecture contenant plusieurs études des ordres d'architecture, d'apres l'opinion des Anciens et le sentiment des Mordernes
Paris 1757-1777

Nipperdey, Thomas: Die Funktion der Utopie im politischen Denken der Neuzeit
In: Archiv für Kulturgeschichte 44, 1962, 357-378

Norberg-Schulz, Christian: Architektur des Spätbarock und Rokoko (= Weltgeschichte der Architektur)
Stuttgart: Belser 1975

Norberg-Schulz, Christian: Kahn, Heidegger and the Language of Architecture
In: Oppositions, New York, Fall 1979:18, 29-47

Notice historique sur Condé-sur-Escaut et l'église paroissale de Saint-Wasnon
o.O. 1951

Nyberg, Dorothea: La sainte antiquité. Focus of an 18th century architectural debate.
In: Essays on the history of Architecture. Presented to R. Wittkower
London 1967, 159-169

Ottomeyer, Hans: Autobiographies d'architectes parisiens, 1759-1811
In: Bulletin de la Société de l'histoire de Paris et de l'Ile de France. Jg. 98, 1971 (1974), 141-206

Panseron, P.: Eléments d'architecture
Paris: Desnons 1772-1773 (Stichwerk)

Parent, Paul: L'Architecture des Pays-Bas méridionnaux (Belgique et nord de la France) aux XVIe, XVIIe et XVIIIe siècles
Paris, Bruxelles 1926

Paris aujourd'hui. Poème historique des monumens érigés, achevés ou embellis de la Capitale et des ses Environs, pendant quatorze années du Règne de S.M. Louis-Philippe Ier, par *Pluchonneau* Aîné, Homme de Lettres, ... précédé d'une lettre de M. Eugène Briffault
Paris: Impr. d'Edouard Proux et Ce, 1844

Paris embelli sous la Règne de Napoleon Ier, Empereur des Français, Roi d'Italie, Protecteur de la Conféderation du Rhin, *Poème* en son Honneur. Par F. *Verzy*
Paris: Antoine (libraire) 1808

Patte, Pierre: Discours sur l'Architecture, ou l'on fait voir combien il seront important que l'Etude de cet Art fît partie de l'éducation des personnes de naissance; à la suite duquel on propose une manière de l'enseigner en peu de temps
Paris: Quillau 1754

Patte, Pierre: Monumens érigés en France a la Gloire de Louis XV, précédés d'un Tableau du progrès des Arts & des Sciences sous ce règne, suivi d'une Introduction sur la manière d'honorer les grands Hommes tant chez les anciens que chez les modernes, avec une description des trophées qu'on leur a érigés dans tous les temps et, à la fin, un chapitre sur les embellissemens de Paris
Paris 1765-1767

Patte, Pierre: Mémoires sur les objets les plus importants de l'Architecture
Paris: Rozet 1769

Perouse de Montclos, Jean-Marie: Etienne-Louis Boullée (1728-1799). De l'architecture classique à l'architecture revolutionnaire
Paris: Arts & metiers graphiques 1969

Perrault, Claude: Les dix livres d'architecture de Vitruve corrigez et traduits nouvellement en Français, avec des Notes et des Figures
Paris 1673; Seconde Edition revue, corrigée et augmentée
Paris 1684

Petzet, Michael: Soufflots Sainte-Geneviève und der französische Kirchenbau des 18. Jahrhunderts (= Neue Münchener Beiträge zur Kunstgeschichte, 2)
Berlin: W. de Gruyter & Co. 1961

Pevsner, Nikolaus: Architektur und Design. Von der Romantik zur Sachlichkeit (= Studien zur Kunst des 19. Jahrhunderts, Sonderband)
München 1971

Peyre, Marie Joseph P. l'Aîné: Oeuvres d'architecture
Paris 1765, 1795

Piganiol de la Force, Jean-Aymar: Description historique de la ville de Paris et de ses environs. 10 Bände
Paris: aux dispense des Libraires associés 1765

Pingeron: Vies des architectes anciens et modernes qui se sont rendus célèbres chez les différentes nations
Paris 1771

Platelle, Abbé H.: La construction de l'église de Condé-sur-Escaut
o.O. 1951

Pluchonneau siehe *Paris aujourd'hui*

Poncet de la Grave: Mémoires intéressants pour servir à l'histoire de France ou tableau historique s.l. 1788

Quatremère de Quincy, Antoine-Chrysostome: Considérations morales sur la destination des ouvrages de l'art, ou de l'influence de leur emploi sur le génie et le goût de ceux qui les produisent ou en recoivent les impressions
Paris: Chapelet 1815

Quatremère de Quincy, Antoine-Chrysostome: Histoire de la vie et des ouvrages des plus célèbres architectes du XIe siècle jusqu'à la fin du XVIIIe
Paris 1830

Quatremère de Quincy, Antoine-Chrysostome: Dictionnaire historique d'architecture
Paris 1832

Raffin, Chanoine Leonce: La Madeleine, son histoire et ses oeuvres d'art
Paris: Impr. Maison de la Bonne Presse 1950

Richard, Jules-Marie: Deux lettres de Dom Vandendriesche, prévôt de Saint-Michel-lez-Arras, relatives à la construction de l'église de Saint-Vaast
In: Bulletin de la Commission départementale des antiquités du Pas-de-Calais,
Arras 1875

Ritter, Joachim/*Gründer*, Karlfried (Hg.): Historisches Wörterbuch der Philosophie
Basel: Schwabe & Co. 1976

Roberts, L.N.: Art as Icon. An Interpretation of Ch. W. Morris
In: Studies in American Philosophy, 1955, 75-82

Rosenau, Helen: Boullée & Visionary Architecture. Including Boullées "Architecture, Essay on art"
London 1976

Rousseau, François: Histoire de l'abbaye de Penthémont depuis sa translation à Paris jusqu'à la Revolution
In: Mémoires de la Société d'histoire de Paris et de l'Ile de France, 45, 1918, 171-227

Rousseau, François: Le Couvent de Penthémont
In: Bulletin de la Société d'histoire et archéologie des VIIe et XVe arrondissements de Paris: 5, 1925-1934, 72-83

Rykwert, Joseph: The first moderns: the architects of the 18th century
Cambridge, Mass.: MIT Press 1980

Saint-Foix, Augustin Pollain de: Essais historiques sur Paris
Paris 1777

Saussure, Ferdinand de: Cours de linguistique générale, posthum hrsg. von Charles Bally und Albert Sechehaye.
Lausanne/Paris [1]1916 ... [3]1969 (dt. Übers. v. Hermann Lommel: Grundfragen der allgemeinen Sprachwissenschaft. Berlin [1]1931, [2]1967)

Savignat, J.-M.: Dessin et architecture du moyen age au XVIIIe siècle
Paris: Ecole nationale supérieure des Beaux-Arts [2]1983

Sedlmayr, Hans: Die Schauseite der Karlskirche in Wien
In: Epochen und Werke. Gesammelte Schriften zur Kunstgeschichte. 2 Bände; Bad. 2, 174-187
Wien: Herold 1959

Sedlmayr, Hans: Verlust der Mitte. Die bildende Kunst des 19. und 20. Jahrhunderts als Symptom und Symbol der Zeit
Frankfurt a.M., Berlin, Wien: Ullstein 1977

Seibt, Ferdinand: Utopica. Modelle totaler Sozialplanung
Düsseldorf: Schwann 1972

Schaeffler, Richard: Einführung in die Geschichtsphilosophie
Darmstadt: Wissenschaftliche Buchgesellschaft 1980

Schlaffer, Hannelore u. Heinz: Studien zum ästhetischen Historismus
Frankfurt a.M.: Suhrkamp [1]1975

Schmitt, Heinrich. Hochbaukonstruktion. Die Bauteile und das Baugefüge. Grundlage des heutigen Bauens
Düsseldorf: Bertelsmann [5]1974

Schnädelbach, Herbert: Geschichtsphilosophie nach Hegel. Die Probleme des Historismus
Freiburg, München 1974

Schneider, René: Quatremère de Quincy et son intervention dans les arts (1788-1830)
Paris: Libr. Hachette & Cie 1910

Soubies, Albert: Les Membres de l'Académie des Beaux-Arts depuis la Fondation de l'Institut. Deuxième Serie, 1816-1852
Paris: E. Flammarion 1906

Summerson, John: Die klassische Sprache der Architektur (= Bauwelt Fundamente)
Braunschweig: Vieweg 1983

Szambien, Werner: Neoclassicism et rationalism
In: Monumens historiques,
Paris 1980, 108, 63-67

Tadgell, Christopher: Ange-Jacques Gabriel (= Studies in Architecture, 19)
London 1978

Tafuri, Manfredo: Theories et histoire de l'architecture
Paris: Ed. S.A.D.G. 1976

Tafuri, Manfredo: The Historical 'Projekt'
In: Oppositions, New York, Summer 1979:17, 55-75

Teyssot, Georges: Emil Kaufmann and the Architecture of Reason: Klassizismus and "Revolutionary Architecture"
In: Oppositions, New York, Summer 1978:13, 47-75

Thieme, Ulrich/*Becker*, Felix, (Hg.): Allgemeines Lexikon der Bildenden Künstler von der Antike bis zur Gegenwart. 36 Bände
Leipzig 1907-1947

Thiery, Luc-Vincent: Guide des amateurs et des étrangers voyageurs à Paris, ou description raisonnée de cette Ville, de la Banlieu, & de tout ce qu'elles contiennent de remarquable. 2 Bände
Paris: Hardouin & Gattey 1787

Traeger, J.: Monument-Museum-Mausoleum. Aspekte neo-klassizistischer Unsterblichkeit
In: Haskell, F. (Hg.): Saloni, gallerie, musei e loro influenza sullo sciluppo dell'arte dei secoli 19 e 20 Atti del XXIV Congresso C.I.H.A., 7, Sept. 1979, Bologna, CLUEB, 1981, 37-41

Van Drival, Eugène-François: L'abbaye des Saint-Vaast d'Arras, déscription et histoire des bâtiments
Arras 1877

Vauthier, G.: Pierre Vignon et l'Eglise de la Madeleine
Paris: Société de L'Histoire de l'Art Français 1911

Venturi, Robert: Komplexität und Widerspruch in der Architektur, (Hg.) H. Klotz (= Bauwelt Fundamente, 50)
Braunschweig, Wiesbaden: Vieweg 1978

Venturi, Robert/*Scott Brown*, Denis/*Izenour*, Stephan: Lernen von Las Vegas. Zur Ikonographie und Architektursymbolik der Geschäftswelt (= Bauwelt Fundamente, 53)
Braunschweig, Wiesbaden: Vieweg 1979

Verzy siehe *Paris Embelli*

Vidler, Anthony: The Idea of Type: The Transformation of the Academic Ideal, 1750-1830
In: Oppositions, New York, Spring 1977:8, 95-115

Vidler, Anthony: The Consumption of Styles
In: Oppositions, New York, Spring 1977:8, 117

Vidler, Anthony: Editorial. After Historicism
In: Opposition, New York, Summer 1979:17, 1-5

Viel de Saint-Maux, Charles François: Lettres sur l'architecture
Bruxelles 1779-1784

Viollet-le-Duc, Eugène-Emanuel: Les Eglises de Paris
Paris: C. Mapon & E. Fammarion 1883

Vitruvius Pollio, Marcus: Zehn Bücher über Architektur. Übers. u. mit Anm. vers. von Curt Fensterbusch
Darmstadt: Wissenschaftliche Buchgesellschaft [3]1981

Vogt, Adolf Max: Boullées Newton-Denkmal: Sakralbau und Kugelidee
Basel, Stuttgart 1969

Vovelle, Michel: Die Französische Revolution - soziale Bewegung und Umbruch der Mentalitäten
München, Wien: Oldenbourg 1982

Wellmer, Albrecht: Zur Dialektik von Moderne und Postmoderne. Vernunftkritik nach Adorno
(= suhrk. tb wissensch. 532)
Frankfurt a.M.: Suhrkamp [1]1985

Werner, Fritz: Klassizismus und Klassiker. Tendenzen europäischer Gegenwartsarchitektur
Stuttgart: Deutsche Verlags-Anstalt 1985

Wilhelm, Jacques: Modèles et plans en relief de monuments et de quartiers de Paris
In: Bulletin du Musée Carnavalet, 4, 1953, 2, 8-15

Wolfzettel, Friedrich: Einführung in die französische Literaturgeschichtsschreibung
Darmstadt: Wissenschaftliche Buchgesellschaft 1982

Abbildungsverzeichnis

Abbildungsnachweis

Berlin, Kunstbibliothek: 53, 56;
Bochum, Archiv des Kunstgesch. Instituts der Universität: 1-9, 19, 20, 27-29, 36, 40, 41, 44, 46-49, 50-52, 57-60;
Paris, Archives Nat.: 21, 24, 25, 42, 43
Paris, Bibl. Nat.: 12, 16, 23, 30-32, 34, 35, 37-39, 54
Paris, Musée Carnavalet: 17, 18;
Stuttgart, Württ. Landesbibliothek: 10, 11, 13-15;
Archiv Herbert Engbring: 22, 26, 33, 45, 55.

Archive und Bibliotheken

Arras	:	Archives départementales du Pas-de-Calais, Collections de Saint-Vaast
Berlin	:	Kunstbibiliothek
Condé-sur-Escaut	:	Archives de la mairie
Paris	:	Archives Nationales (A.N.)
	:	Archives de Paris et de l'Ancien Département de la Seine (Archives ... de la Seine)
	:	Bibliothèque Nationale (B.N.)
	:	Bibliothèque Nationale, Cabinet des Estampes
	:	Musée Carnavalet
	:	Musée Carnavalet, Cabinet des Estampes

Abbildungen

Abb. 1) Paris, Sainte-Clotilde, Innenansicht

Abb. 2) Paris, Sainte-Clotilde, Fassade

Abb. 3) Condé-sur-Escaut, Saint-Wasnon, Innenansicht

Abb. 4) Versailles, Schloßkapelle

Abb. 5) Cambrai, Saint-Géry (vorm. St-Aubert)

Abb. 6) Besançon, Madeleine-Kirche von N. Nicole

Abb. 7) Paris, Ostfassade des Louvre

Abb. 8) Arras, Saint-Vaast, Innenansicht

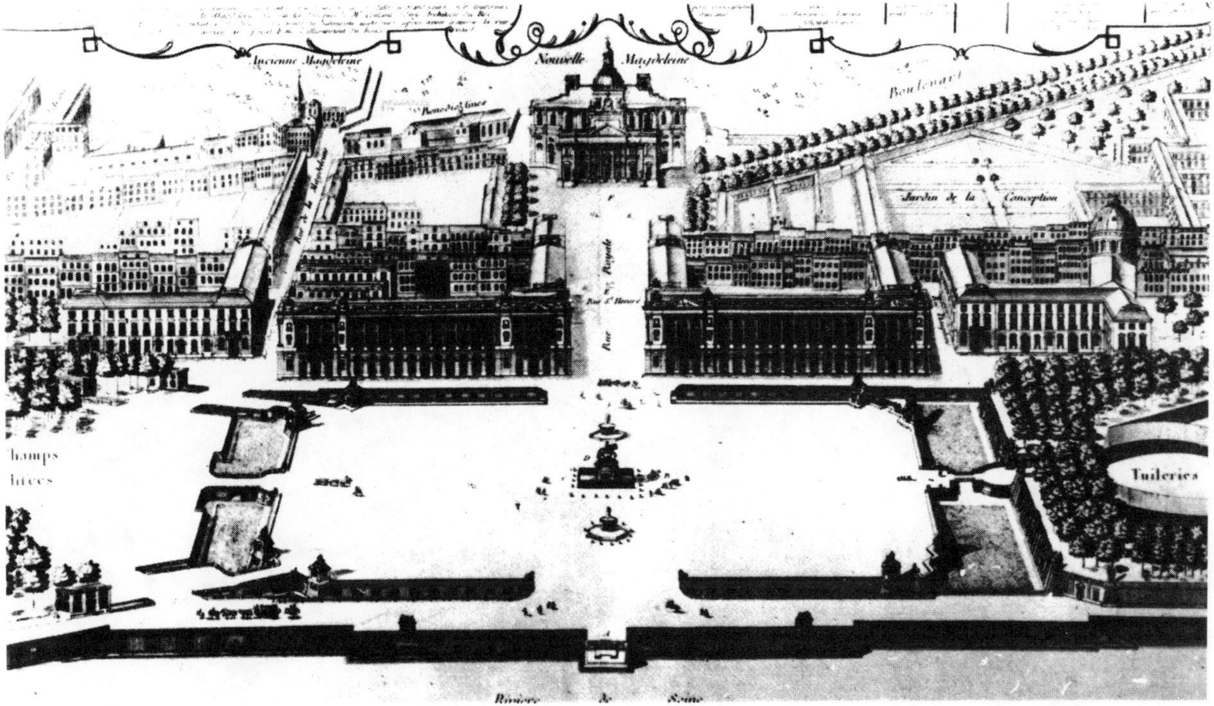

Abb. 9) Paris, Place Louis XV (heute Place de la Concorde), Stich von Lerouge

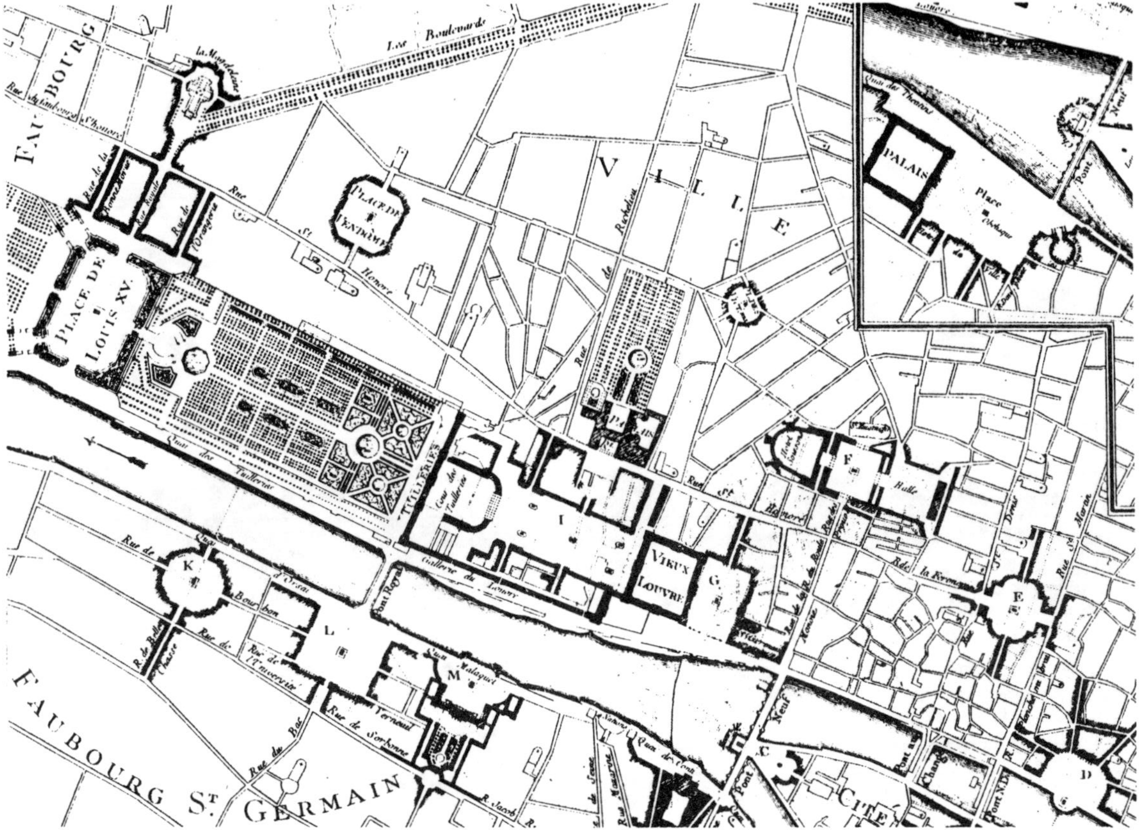

Abb. 10) Ausschnitt aus dem Pariser Stadtplan (nach Patte 1765/67)

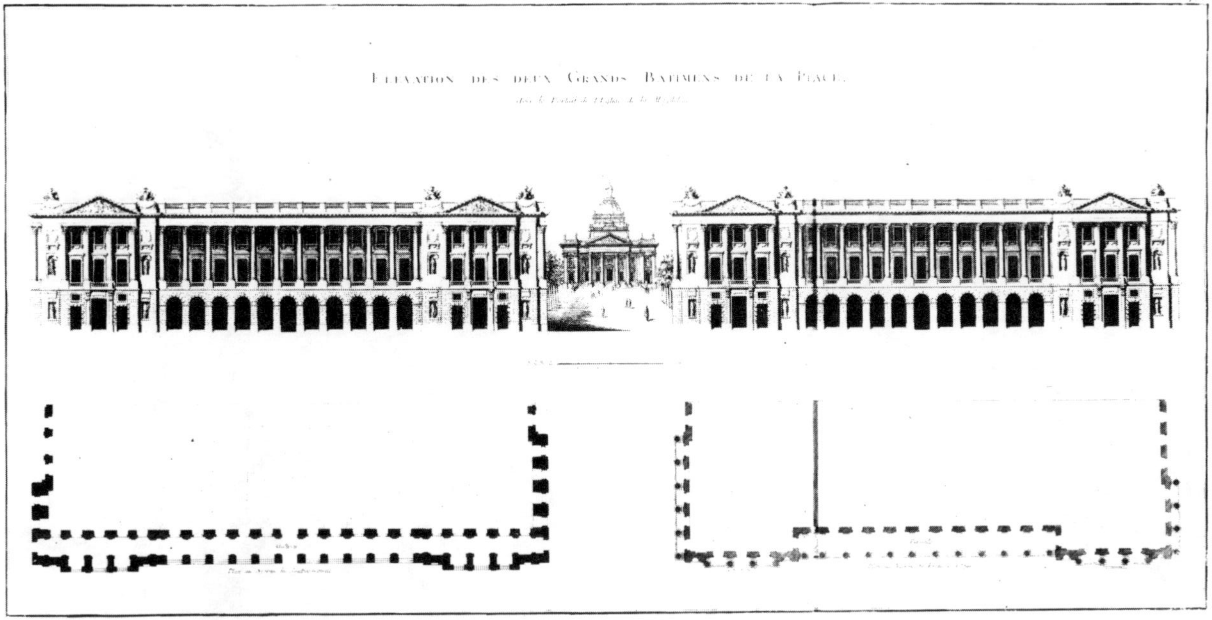

Abb. 11) Nordfront der Place Louis XV mit Portalansicht der Madeleine-Kirche (nach Patte 1765/67)

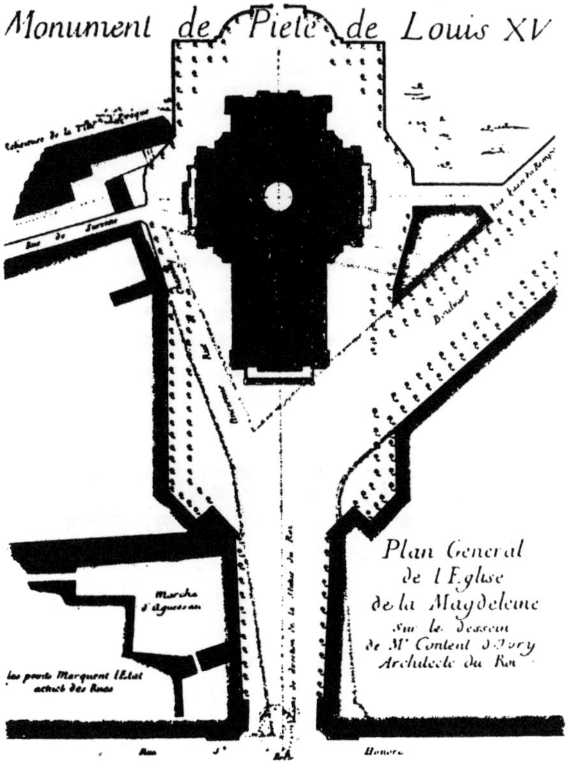

Abb. 12) Contant, Lageplan der Madeleine-Kirche in Paris von 1761

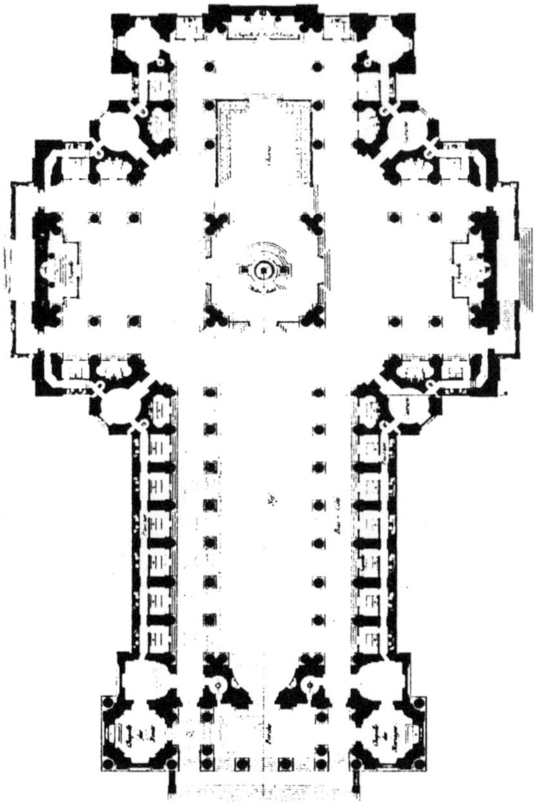

Abb. 13) Contant, Grundriß von 1761 (nach Patte 1765/67)

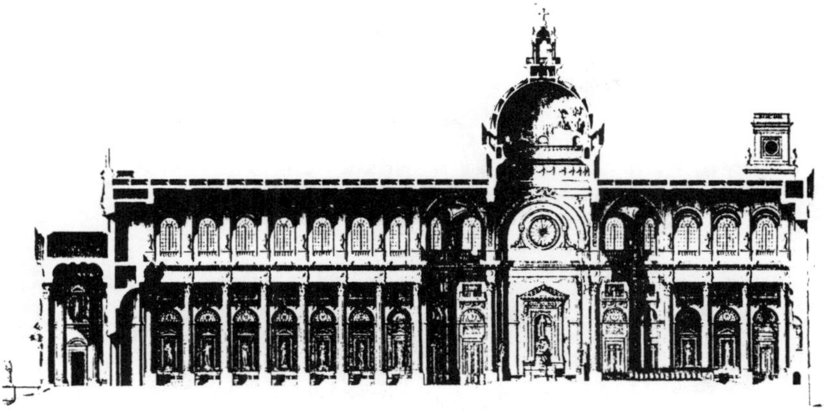

Abb. 14) Contant, Längsschnitt von 1761 (nach Patte 1765/67)

Abb. 15) Contant, Fassade von 1761 (nach Patte 1765/67)

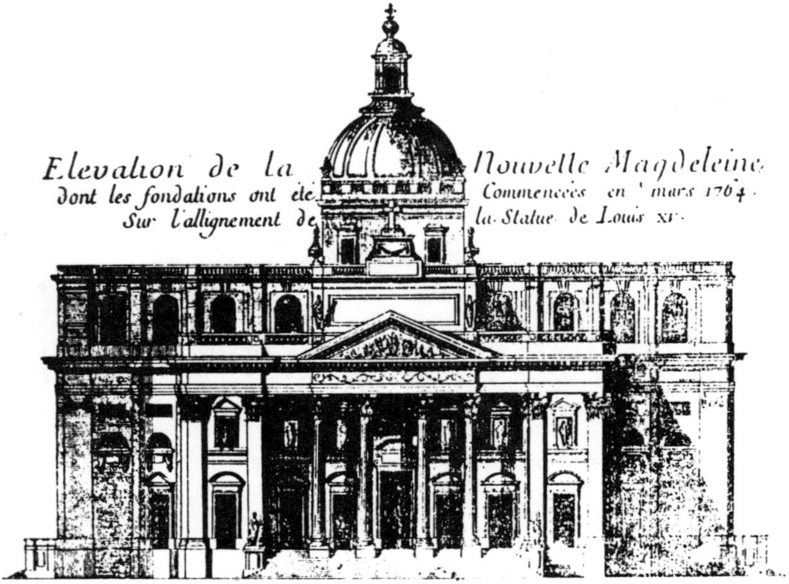

Abb. 16) Contant, Fassade der Madeleine-Kirche von 1764

Abb. 17) Portalansicht der Madeleine-Kirche um 1770 (Gipsmodell der Musée Carnavalet, Paris)

Abb. 18) Innenansicht der Madeleine nach dem Gemälde von DeMachy 1763

Abb. 19) Paris, Sainte-Geneviève (heute Panthéon), Innenansicht

Abb. 20) Paris, Sainte-Geneviève, Fassade (Stich von Poulleau nach Lequeu 1781)

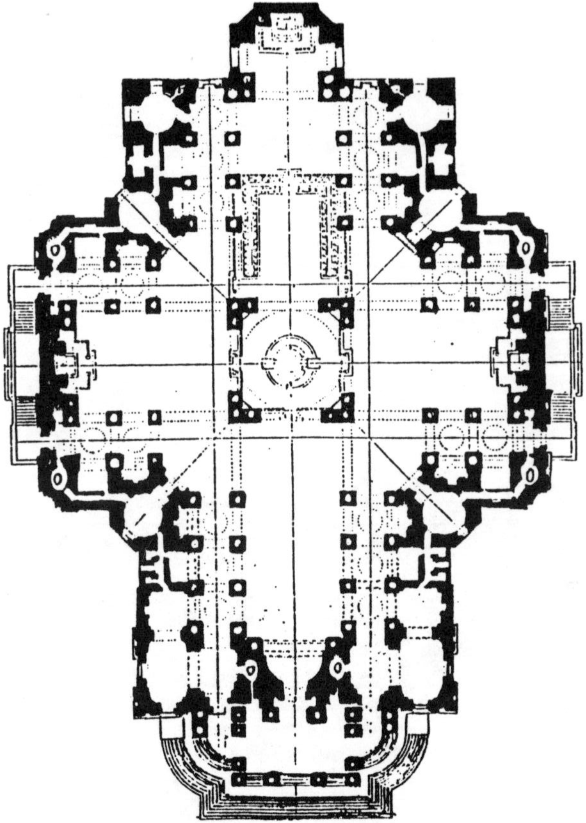

Abb. 21) Contant, Entwurf für die Madeleine-Kirche mit drei Langhaustravéen (um 1770)

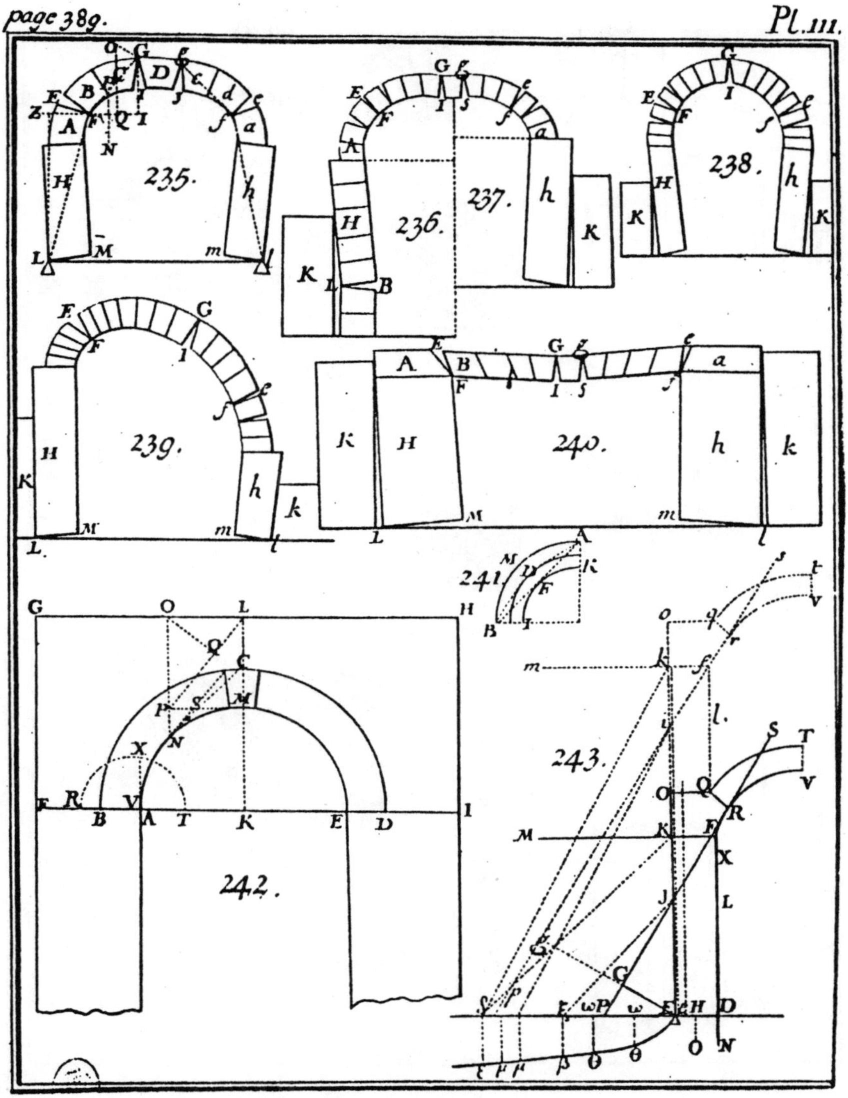

Abb. 22) Frézier "De la poussée des voûtes" (aus: "Théorie et pratique de la coupe des pierres et des bois", 1737-39)

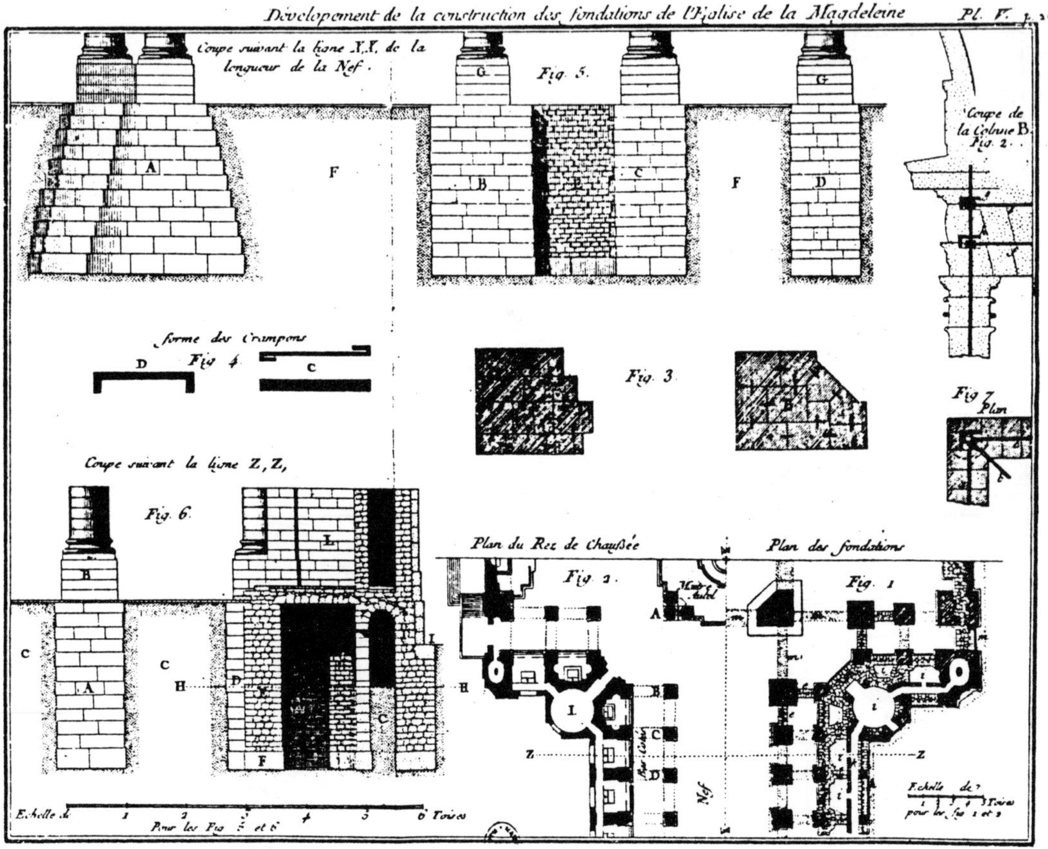

Abb. 23) Patte, Fundamente der Madeleine-Kirche in Paris, 1769

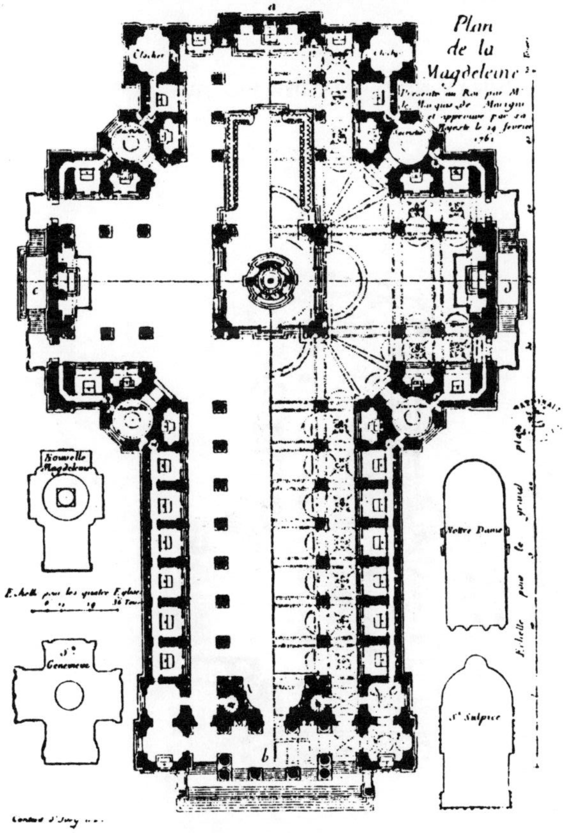

Abb. 24) Contant, Grundriß der Madeleine-Kirche in Paris, 1761 (mit der Einzeichnung namhafter Kirchenbilder)

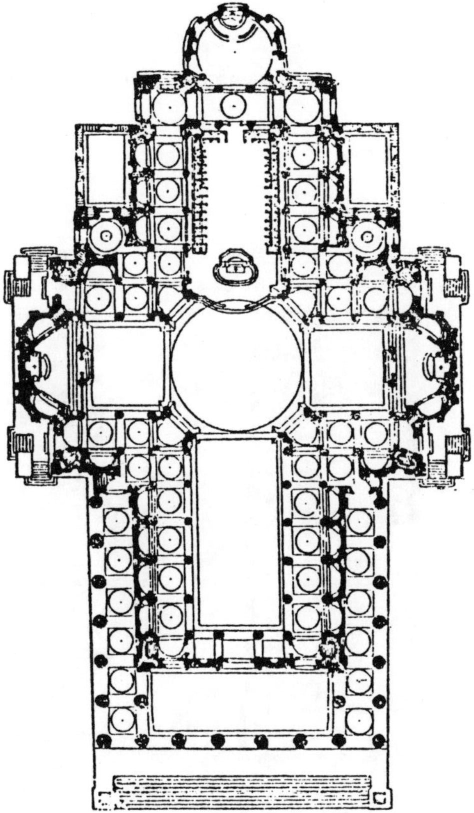

Abb. 25) Couture, Grundriß der Madeleine-Kirche (ab 1777)

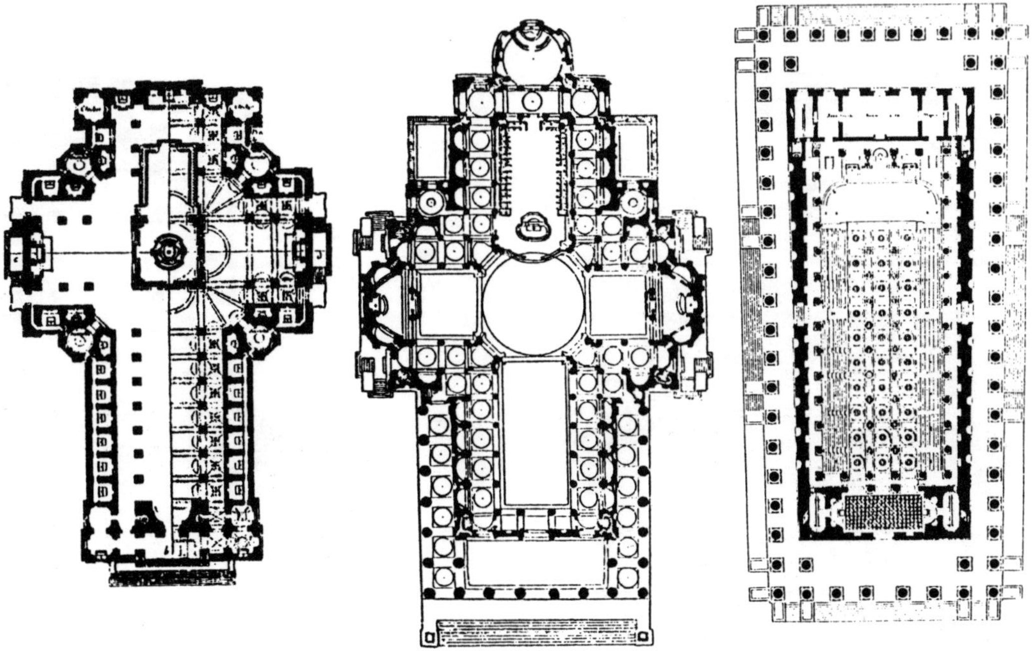

Abb. 26) Madeleine-Kirche in Paris, Grundrisse (v. links n. rechts): Contant 1761, Couture 1777, Vignon 1807

Abb. 27) E.-L. Boullée, Projekt für die Madeleine-Kirche in Paris (um 1780), Fassade

Abb. 28) E.-L. Boullée, Projekt für die Madeleine-Kirche in Paris (um 1780), Längsschnitt

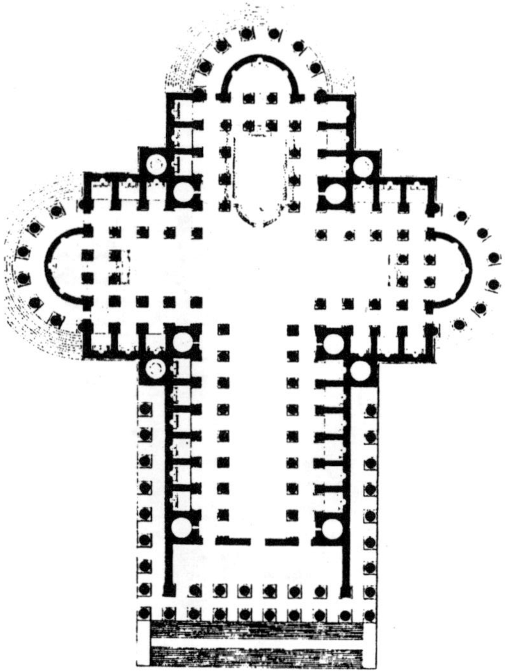

Abb. 29) E.-L. Boullée, Projekt für die Madeleine-Kirche in Paris (um 1780), Grundriß

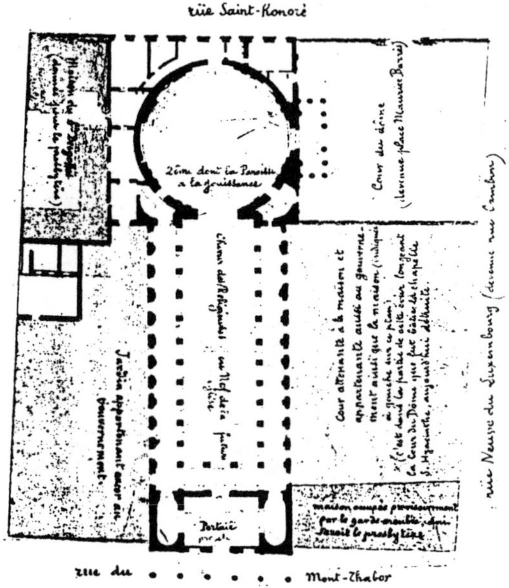

Abb. 30) Costaz, Entwurf für die Madeleine-Kirche 1803

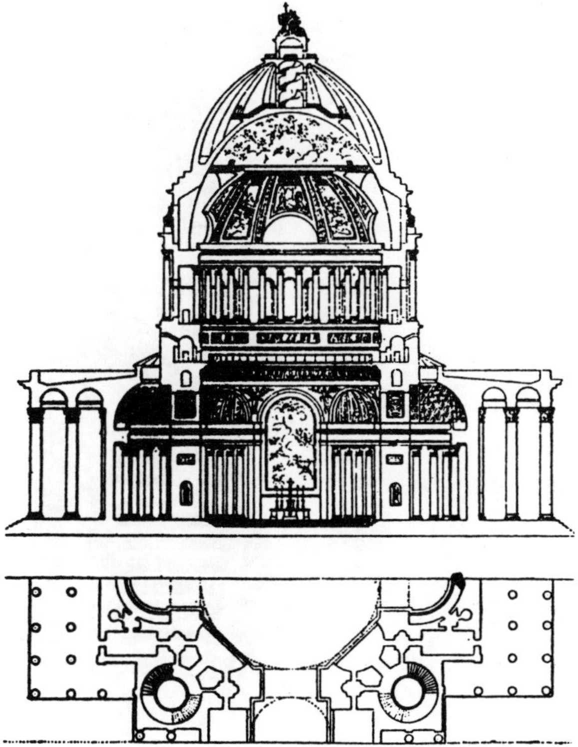

Abb. 31) Davy-Chavigné, "Temple de la Concorde" 1800/1801, Fassade

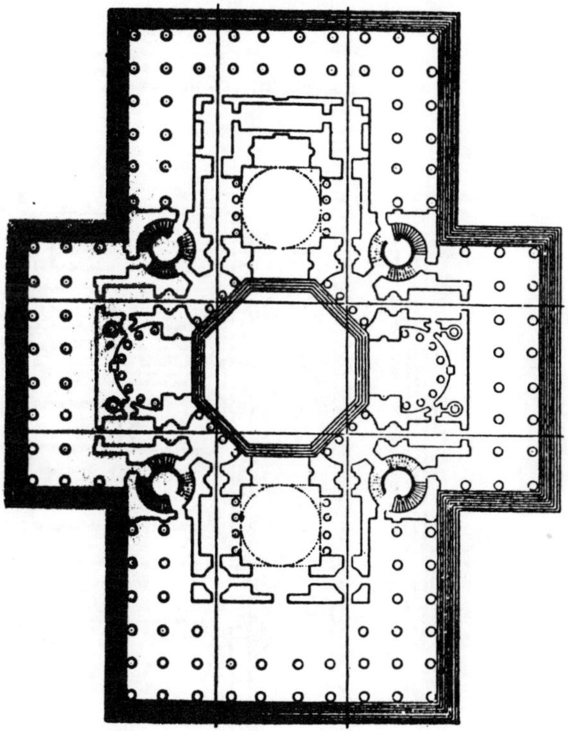

Abb. 32) Davy-Chavigné, "Temple de la Concorde" 1800/1801, Grundriß

Abb. 33) Vaudoyer, "Eglise en Rotonde" 1805, Fassade

Abb. 34) Legrand/Molinos, Gebäude der Gesetzgebenden Versammlung 1792, Fassade

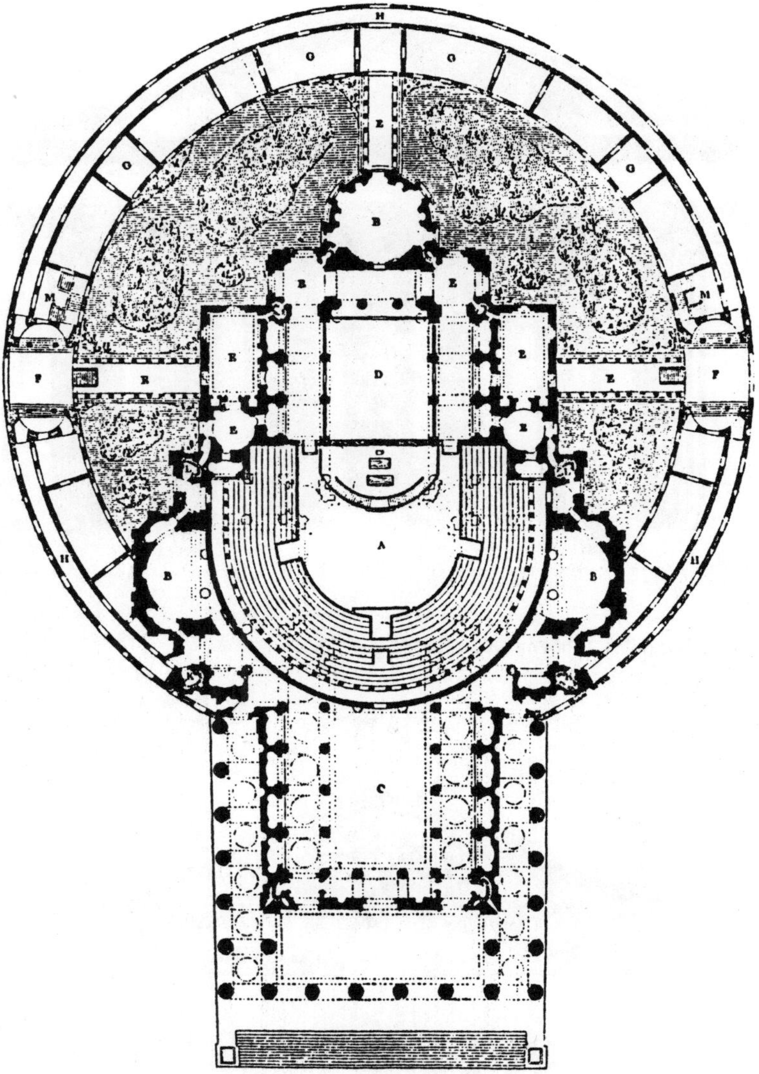

Abb. 35) Legrand/Molinos, Gebäude der Gesetzgebenden Versammlung 1792, Grundriß

Abb. 36) Brogniart, "Théâtre Napoléon" (Oper), 1800

Abb. 37) Robit, Portikus, Wettbewerbsentwurf 1807

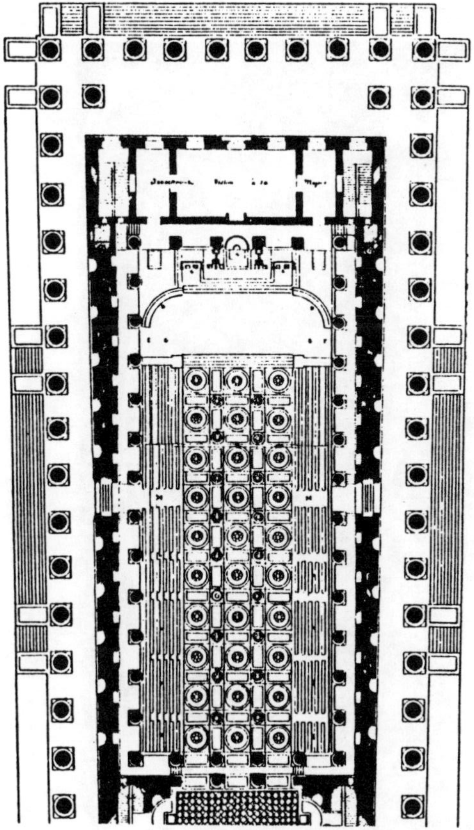

Abb. 38) Vignon, Grundriß für "monument dédié à la Grande Armée", Wettbewerbsentwurf 1807

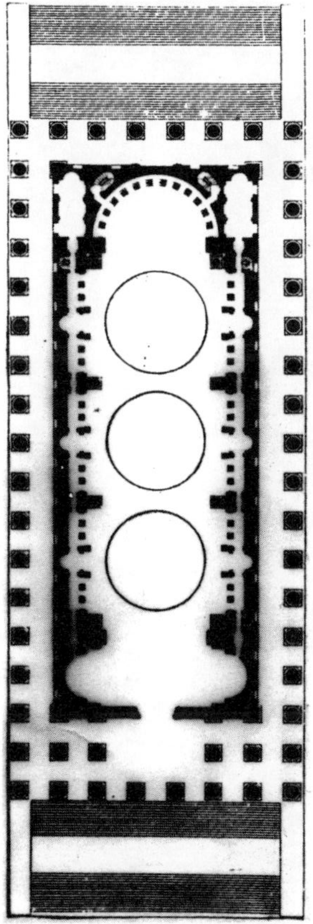

Abb. 39) Vignon, Grundriß für die Madeleine-Kirche (ab 1818)

Abb. 40) Lemaire, Giebelfeld der Madeleine-Kirche in Paris

Abb. 41) Ziegler, Apsisgemälde der Madeleine-Kirche

Abb. 42) Revolutionsfest zu Ehren von Simoneau, 3. Juni 1792

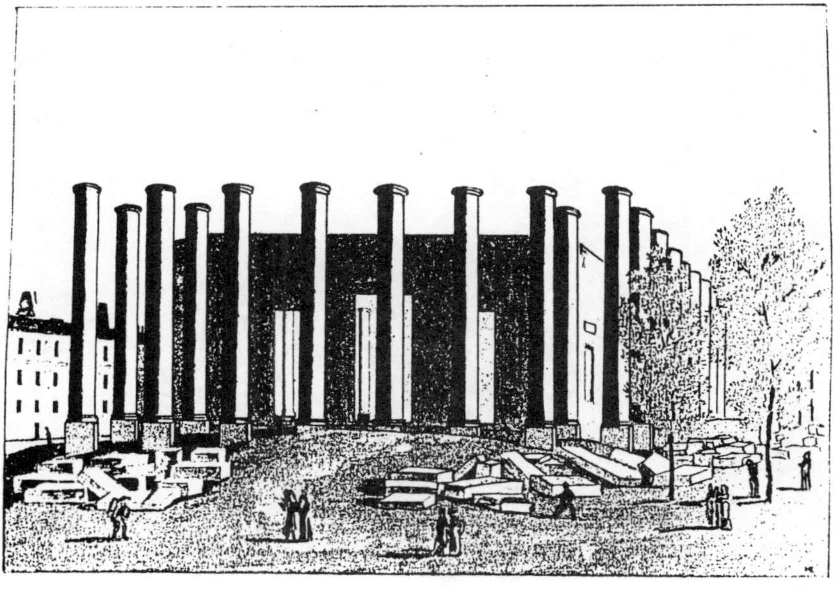

Abb. 43) Die Madeleine-Kirche unter Pierre Vignon (ab 1807)

Abb. 44) Paris, Madeleine-Kirche (ab 1842)

Abb. 45) Paris, Madeleine-Kirche, Innenansicht (Stich von Benoist)

Abb. 46) Rom, Caracallathermen, Rekonstruktion des Frigidarium von Blouet (1828)

Abb. 47) Marochetti, "Erhebung Mariens"

Abb. 48) Rude, "Taufe Christi"

Abb. 49) Pradier, "Vermählung Mariens"

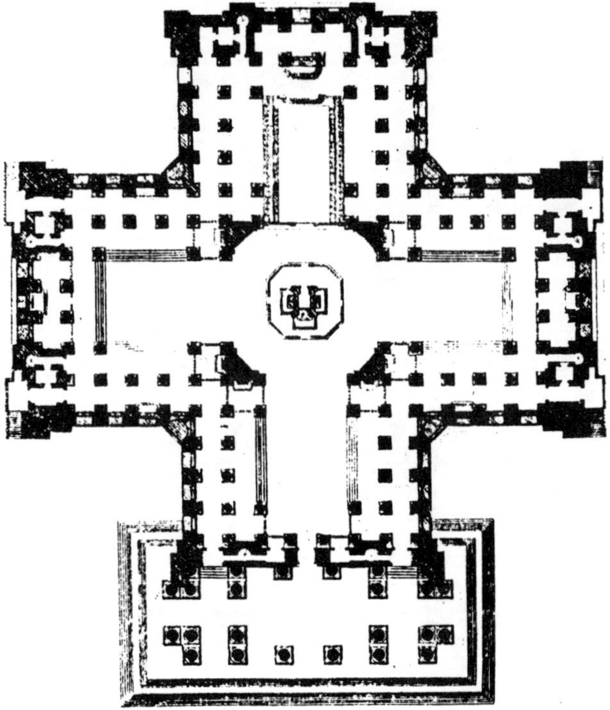

Abb. 50) Paris, Sainte-Geneviève (Panthéon), Grundriß

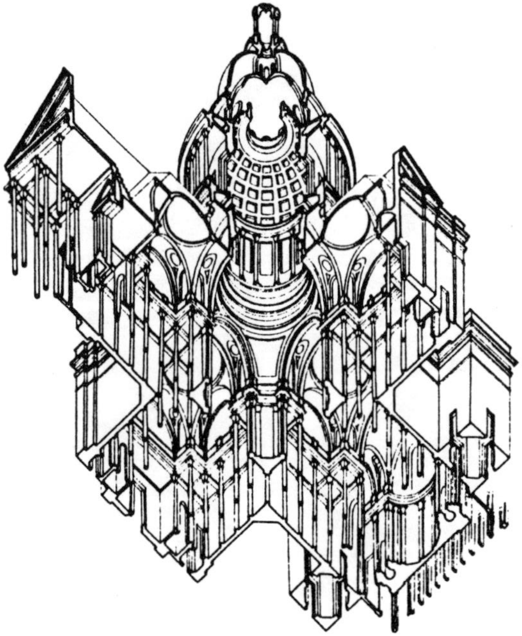

Abb. 51) Paris, Sainte-Geneviève (Panthéon), Konstruktionssystematik

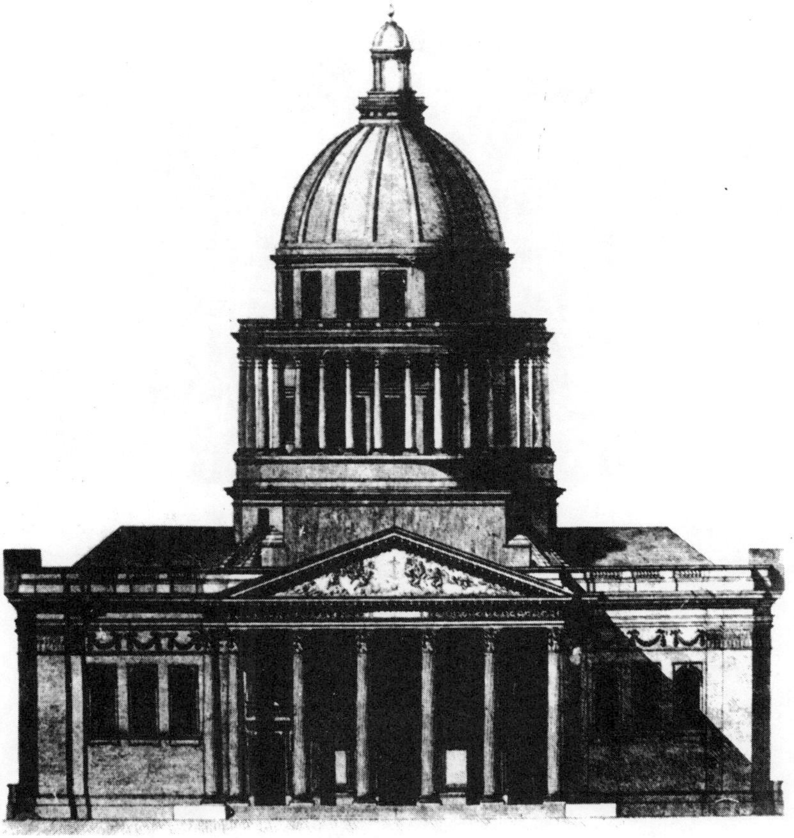

Abb. 52) Paris, Sainte-Geneviève, Westfassade (Stich von Jean Hugues Taraval, 1777)

Abb. 53) Piètre, Idealentwurf für die Madeleine, 1787

Abb. 54) Dubois aîné, Fassadenentwurf für den Wettbewerb 1807

Abb. 55) Karl Friedrich Schinkel, Entwurf für die Werdersche Kirche in Berlin, Innenansicht

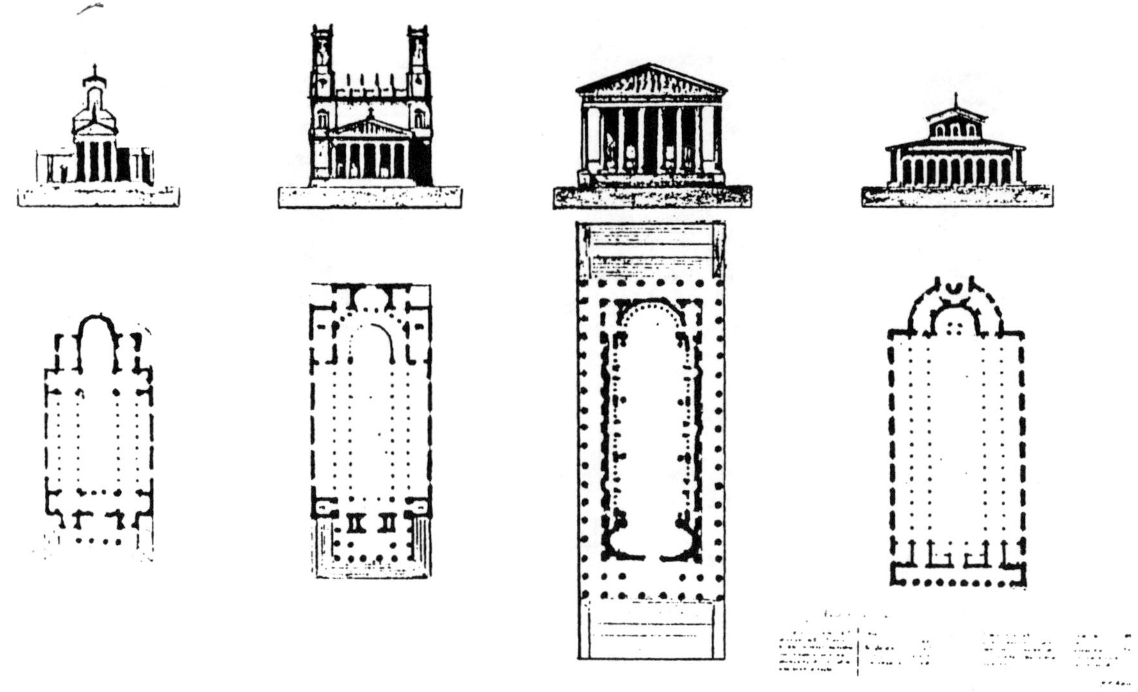

Abb. 56) Jacob Ignaz Hittorff, "Parallèle", 1845

Abb. 57) Haupthalle der Pennsylvania Railroad Station in New York (1906-1910, abgerissen 1965) von McKim, Mead & White

Abb. 58) Liverpool, St. George's Hall, ab 1838 von Harvey Lonsdale Elmes erbaut

Abb. 59) Birmingham, Joseph Hansom, Rathaus (ab 1832)

Abb. 60) Washington, Lincoln Memorial von Henry Bacon, 1917

Kunst – Geschichte und Theorie

Herausgegeben von PD Dr. Kunibert Bering

Band 1 **Arthur Engelbert**

Die Linie in der Zeichnung

Klee – Pollock – Twombly

Essen 1985 (vergriffen)
278 Seiten mit 78 Abb. ISBN 3-924368-76-7 Preis: DM 38,–

Band 2 **Lieselotte Kugler**

Studien zur Malerei und Architektur von Pietro Berrettini da Cortona

Versuch einer gattungsübergreifenden Analyse zum Illusionismus im römischen Barock

Essen 1985, 348 Seiten mit 85 Abb. ISBN 3-924368-77-5 Preis: DM 42,–

Band 3 **Ulrich Wilmes**

Rosso Fiorentino und der Manierismus

Ein Beitrag zur Entwicklung der Tafelmalerei im 16. Jahrhundert

Essen 1985, 251 Seiten mit 39 Abb. ISBN 3-924368-78-3 Preis: DM 36,–

Band 4 **Hans Günter Golinski**

Kurt Weinhold (1896–1965)

Sinnbildschaffende Malerei des 20. Jahrhunderts in Deutschland

Essen 1985, 374 Seiten mit 50 Abb. ISBN 3-924368-85-6 Preis: DM 42,–

Band 5 **Kunibert Bering**

Kunst und Staatsmetaphysik des Hochmittelalters in Italien

Zentren der Bau- und Bildpropaganda in der Zeit Friedrichs II.

Essen 1986, 240 Seiten mit 86 Abb. ISBN 3-924368-86-4 Preis: DM 27,–

Band 6 **Kunibert Bering**

Die Rolle der Kunst in der Philosophie Ludwig Wittgensteins

– Impulse für die Kunstgeschichte?

Essen 1986, 103 Seiten mit 11 Abb. ISBN 3-89206-119-X Preis: DM 16,80

Band 7 **Anja Thomas-Netik**

Gerhard Richter

Mögliche Aspekte eines postmodernen Bewußtseins

Essen 1986, 217 Seiten mit 44 Abb. ISBN 3-89206-129-7 Preis: DM 27,–

Band 8 **Michael Henning**

Die Tafelbilder Bartholomäus Sprangers (1546–1611)

Höfische Malerei zwischen „Manierismus" und „Barock"

Essen 1987, 264 Seiten mit 34 Abb. ISBN 3-89206-163-7 Preis: DM 42,–

Band 9 **Alarich Rooch**

Stifterbilder in Flandern und Brabant

Stadtbürgerliche Selbstdarstellung in der sakralen Malerei des 15. Jahrhunderts

Essen 1988, 379 Seiten m. 28 Abb. ISBN 3-89206-205-6 Preis: DM 49,–

Band 10 **Kunibert Bering/Roland Mönig**

Herrschaftsbewußtsein und Herrschaftszeichen

Zur Rezeption staufischer Architekturformen in der Baupropaganda des 13. und 14. Jahrhunderts

Essen 1988, 148 Seiten m. 86 Abb. ISBN 3-89206-209-9 Preis: DM 24,–

Band 11 **Angelika Engbring-Strysch**

Die Madeleine-Kirche in Paris

Entstehungsgeschichte – Rezeption – architekturtheoretische Debatte

Essen 1989, 216 Seiten m. 60 Abb. ISBN 3-89206-226-9 Preis: DM 42,–

Band 12 **Ralf-Peter Seippel**

Architektur und Interpretation

Methoden und Ansätze der Kunstgeschichte in ihrer Bedeutung für die Architekturinterpretation

Essen 1989, 216 Seiten m. 20 Abb. ISBN 3-89206-269-2 Preis: DM 34,–

Band 13 **Gerhard Graulich**

Die leibliche Selbsterfahrung des Rezipienten

– ein Thema transmodernen Kunstwollens

Essen 1989, 321 Seiten m. 66 Abb. ISBN 3-89206-286-2 Preis: DM 46,–

Band 14 **Hans-Jürgen Schwalm**

Individuum und Gruppe

– Gruppenbilder des 20. Jahrhunderts

Essen 1989, 260 Seiten m. 33 Abb. ISBN 3-89206-329-X Preis: DM 46,–

Band 15 **K. Bering/U. Ladwig/R. Mönig/A. Rooch**

Frag-Würdigkeiten der Postmoderne

Decodierung aktueller Tendenzen in der Architektur

Essen 1989, 160 Seiten m. 69 Abb. ISBN 3-89206-331-1 Preis: DM 34,–